기독교문서선교회(Christian Literature Center: 약칭 CLC)는 1941년 영국 콜체스터에서 켄 아담스에 의해 시작되었으며 국제 본부는 미국 필라델피아에 있습니다.
국제 CLC는 59개 나라에서 180개의 본부를 두고, 약 650여 명의 선교사들이 이동도서차량 40대를 이용하여 문서 보급에 힘쓰고 있으며 이메일 주문을 통해 130여 국으로 책을 공급하고 있습니다. 한국 CLC는 청교도적 복음주의 신학과 신앙 서적을 출판하는 문서선교기관으로서, 한 영혼이라도 구원되길 소망하면서 주님이 오시는 그날까지 최선을 다할 것입니다.

한국교회사

The History of Korean Church

Written by Gieun Chae

All rights reserved.

Korean Edition Copyright ⓒ 2019 by Christian Literature Center, Seoul, Korea

한국교회사

1977년 9월 25일 초판 인쇄
2010년 8월 27일 초판 8판 인쇄
2019년 3월 15일 개정증보판 발행

지은이	|	채기은
편집	|	변길용
디자인	|	전지혜
펴낸곳	|	(사)기독교문서선교회
등록	|	제16-25호(1980.1.18)
주소	|	서울특별시 서초구 방배로 68
전화	|	02-586-8761~3(본사) 031-942-8761(영업부)
팩스	|	02-523-0131(본사) 031-942-8763(영업부)
이메일	|	clckor@gmail.com
홈페이지	|	www.clcbook.com
송금계좌	|	기업은행 073-000308-04-020 (사)기독교문서선교회

ISBN 978-89-341-1944-9(93230)

이 도서의 국립중앙도서관 출판예정도서목록(CIP)은 서지정보유통지원시스템 홈페이지 (http://seoji.nl.go.kr)와 국가자료공동목록시스템(http://www.nl.go.kr/kolisnet)에서 이용하실 수 있습니다. (CIP제어번호: CIP2019005328)

이 책의 저작권은 저자와 (사)기독교문서선교회가 소유합니다. 신저작권법에 의하여 한국 내에서 보호 받는 저작물이므로 무단 전재와 무단 복제를 금합니다.

개정증보판

한국교회사

채기은 지음

CLC

목차

머리말   8

제1부 초대 한국교회사   12

제1장 민족사화(民族史話)   13
제2장 국가 호칭   19
제3장 임진왜란과 천주교   23
제4장 천주교의 전래   28
제5장 천주교의 수난   32
제6장 병인교난(丙寅敎難)   39
제7장 영국인 전교(英國人傳敎)   48
제8장 문호 개방과 선교   55
제9장 미국인 전교   60
제10장 교회 설립 준비   64
제11장 선교사와 선교 정책   71
제12장 선교사와 선교 행정   81
제13장 평양신학교   86
제14장 한국교회와 문화 선교   96
제15장 예장 총회 창립   101
제16장 남북 연합선교   106

제2부 일제 치하의 교회사   110

제17장 민족 수난과 항일 활동   111
제18장 교회와 구령 운동(救靈運動)   116
제19장 한국교회와 3·1독립 운동   123
제20장 백 년 전진 운동   132
제21장 자유주의 신학과 이단 소동   137
제22장 교회와 극한 시련   142
제23장 교회와 조상 숭배   148
제24장 조선신학교   153
제25장 장로교회의 분열   159

제3부 해방 후의 한국교회사   167

제26장 통합과 합동의 분열   168
제27장 감리교단의 총회 분립   176
제28장 고신교단의 총회 분립   182
제29장 기장교단의 총회 분립   192
제30장 합동과 통합 측의 총회 분립   196
제31장 장로교 합동 운동   200
제32장 개혁, 합신교단의 총회 분립   214

제4부 한국교회의 특징 — 217

제33장 경제 자립 — 218
제34장 여전도회 활동 — 222
제35장 청년면려회 운동 — 226
제36장 학생 신앙 운동 — 230
제37장 문학 활동 — 234
제38장 자립교회 — 239
제39장 교육대회(敎育大會) — 243
제40장 부흥 운동(復興運動) — 247
제41장 교회 일치 운동 — 257
제42장 구제 활동 — 261
제43장 한국교회와 해외 선교 운동 — 264

제5부 한국교회의 문제와 전망 273
   제44장 교파의 분열과 전망 274
   제45장 WCC 에큐메니컬 운동 278
   제46장 KNCC 운동 285
   제47장 ICCC 운동 294
   제48장 국기와 주일 문제 301
   제49장 국내 이단 종파의 내력 306
   제50장 부흥 운동의 역사적소고(歷史的小考) 311
   제51장 기독교와 3·1운동 315
   제52장 민족 수난과 부흥 운동 330
   제53장 한국 기독교와 공산당 336
   제54장 재일교포 선교 문제 350
   제55장 한국교회 선언문 비판 355
   제56장 엑스폴로 74와 한국교회 361
   제57장 장로교 합동 문제 367

부록 1 WCC 부산 총회에 대한 평가 395
부록 2 한국 문서선교의 역사와 방향 425

머리말

채기은 목사

　필자는 역사신학자가 아니고 크리스쳔 저널리스트라고 자처한다. 필자는 평생을 개혁주의 신학과 민족교회의 소망과 역할을 강조해 온 한국 기독교계 언론의 한 증언자이자 한국교회 역사의 격동기에 현장을 목격하고 취재했던 기자이다.
　"역사를 잃은 교회(민족)에게는 미래가 없다."
　따라서 본서는 현장을 취재한 기자의 살아 있는 역사적 한 기록물이다.
　필자는 1933년 평양에서 숭실전문학교 영문과를 졸업하고 언론계로 진출할 생각이었다. 당시 교수인 양주동(梁柱東) 박사의 소개장을 갖고 서울에 올라와 일간 신문사에 취직하려고 했었다. 그러나 그런 꿈은 사라지고 12년 동안 잡업(상점 서무, 보험 외무원, 채광부)으로 생활하다가 해방을 맞이하게 되었다.
　1946년 2월에 38선을 넘어 서울에 올라와 처음으로 직업을 갖게 된 곳이 일간 신문사였다. 1950년 6·25동란이 터져 9.28수복이 될 때까지 필자가 관련한 신문사는 5개 신문사다. 「대동신문」(기자), 「평화일보」, 「한국일보」,「연합신문」(이상 편집국 부국장) 등이다. 일간 신문사에서 내근, 외근, 취재, 편집 등등 저널리스트로서의 과정을 모두 실습한 것이다.

1954년 총회신학교가 대구에서 서울로 수복됐을 때 필자는 신학교 졸업반(3학년)에 재학 중이었다. 당시 교계 주간 신문으로는 「기독신보」(사장 겸 주필 강수악)와 「기독공보」뿐이었다. 「기독공보」의 편집국장 조동진 목사가 사임하게 되자 내가 그의 편집국장 바톤을 이어 받게 되었고, 필자는 오늘날까지 줄곧 교계 신문에서 손을 떼지 못하고 있다.

「기독공보」에서 1946-1959년까지 편집국장으로, 「한국기독시보」에서 1960-1961년 발행인으로, 「크리스천신문」에서 1961-1966년까지 주필 겸 편집국장, 상임 이사, 상임 논설위원 등을 역임하였고, 잠시 「교회연합신문」의 명예 주필을 거쳐서 1967년 3월에 「기독신보」에 입사하여 오늘의 사장 자리에 이르고 있다.

필자가 교계 신문에 종사하면서 기사 해설을 쓰기 위해서는 교계 풍토, 사건의 역사적 경위와 배경 등을 제대로 파악하지 못하고는 기사를 쓸 수가 없었다. 여기에서 필자는 크리스천 저널리스트의 처지에서 한국교회의 역사를 현장 체험을 하면서 연구하게 되었다.

1972년 봄학기에 총회신학대학 역사신학 교수 김의환 박사의 호의로 내가 그의 담당 과목인 "한국교회사" 강의를 맡게 되면서 강의 노트를 작성하였다. 오늘날 그것을 근간(根幹)으로 해서 칼빈신학교와 서울신학교에서도 강의를 계속하고 있다. 그리고 1976년 2월부터 "平信徒를 위한 韓國 敎會 史話"란 제목으로 40회에 걸쳐 「기독신보」에 게재된 것이 오늘 본서의 원본이라 할 수 있다. 1977년에 초판 출간 후 6쇄를 발행했고 이제 개정판을 내놓는다. 독자들에게 진심으로 감사를 드린다.

기독교문서선교회(CLC)의 한국 대표되신 박영관 박사의 부탁으로 필자의 졸고(拙稿)가 단행본으로 나오게 된 것은 한편 감사하면서도 송구한 마음을 금할 수가 없다. 신문 독자를 위해 쓰면서 간단하게 사건을 다루었고 참고 서적이나 문헌을 전부 밝히지 못한 흠이 있다. 그러나 과거의 교회 역사는 이미 인정된 사실인데 기록하는 사람의 시각과 처지가 어떠하냐에 따라서 사건을 다루는 각도가 달라질 것이 분명하다. 역사의 흐름이란 오늘의 상황 만으로 측정할 수가 없다. 그 사건의 역사적 근원에서부터 상고해야만 정확하게 사건을 파악하게 되고 거기에서 역사의 방향을 진단할 수도 있다고 본다. 필자의 졸고가 책으로 나오기까지 애써 주시며 원고 정리와 교정에 수고하신 기독교문서선교회(CLC) 직원 여러분들에게 진심으로 감사의 뜻을 표하는 바이다.

1995. 仲秋를 몇 날 앞두고

著者 謹識

/ 일러두기 /

저자 소천 후의 참고 자료, 개정 및 부록은 기독교문서선교회(CLC) 편집부에서 추가하였음을 밝히며, 내용 역시 저자의 초판 당시 상황의 경우, 현재형으로 표현되어 있음을 밝힌다.

제1부

초대 한국교회사

제1장 민족사화(民族史話)
제2장 국가 호칭
제3장 임진왜란과 천주교
제4장 천주교의 전래
제5장 천주교의 수난
제6장 병인교난(丙寅敎難)
제7장 영국인 전교(英國人傳敎)
제8장 문호 개방과 선교
제9장 미국인 전교
제10장 교회 설립 준비
제11장 선교사와 선교 정책
제12장 선교사와 선교 행정
제13장 평양신학교
제14장 한국교회와 문화 선교
제15장 예장 총회 창립
제16장 남북 연합선교

제1장

민족사화(民族史話)

1. 민족 구성

　우리 민족은 셈의 잃어버린 후손이다. 창세기 9장에 의하면 노아는 방주에서 나온 뒤에 자기 자손들의 장래에 대하여 예언하는데 특히 맏아들 셈에 대하여는 "셈의 하나님 여호와를 찬송하리로다" 하여 그의 후손들이 종교성을 많이 지니고 있을 것을 예언하였다고 본다.
　셈의 후손인 우리 민족도 종교적 감수성이 많은 것을 역사가 증거하고 있다. 우리 민족의 고대 부족들은 해마다 10월이 되면 하늘 제사를 드렸다. 고구려에서는 그것을 동맹(東盟)이라고 불렀고, 부여에서는 영고(迎鼓)라고 불렀으며, 예맥에서는 무천(舞天)이라고 불렀다. 연중 행사인 하늘 제사는 엄숙하면서도 흥취 있게 거행하였다. 강화도 마니산에는 단군(檀君)이 제사를 드리던 곳이라 하여 오늘날 우리나라에서 전국체육대회가 개최될 때에는 거기서부터 소위 성화를 릴레이 식으로 전달하였다. 물론 성화 자체를 인정하지 않는다.

그리고 하나님이란 고유 명사를 예수교가 들어오기 전부터 우리 말 가운데서 우리 선민들이 불러 왔다.

물론 우리의 선민이 부르던 하나님이나 혹은 하느님의 개념이 현재 우리가 믿고 섬기는 하나님에 대한 본체나 개념과 같을 수는 없으나 셈의 후손답게 오직 하나님에 대한 종교 개념이 전통적으로 전해 온 증좌(證座)로 봐도 되지 않을까!

이러한 우리 민족에게 참된 하나님을 믿고 섬기는 예수교가 전해질 때 우리의 믿음에 감동은 크게 일어나게 되었다. 그러므로 지금도 우리가 불신자에게 전도하면 하나님께 대한 고마움과 반드시 하나님은 섬겨야 한다고 대답하는 사실을 많이 대하게 된다. 그 하나님이 비와 이슬을 내리게 하고, 오곡백과(五穀百果)를 자라게 하고 풍성하게 한다고 믿는다. 다만 그 하나님께서 만민을 구원하기 위해서 그 아들 예수 그리스도를 세상에 보내시고 예수를 통해(죄 사함을 받고) 구원 얻는다는 복음을 증거 하는데 약간의 시간이 걸리는 것뿐이다.

2. 복음의 향방

사도행전 기록에 의하면 "예루살렘에 있는 교회에 큰 핍박이 나서 사도 외에는 다 유대와 사마리아 모든 땅으로 흩어지니라"(행 8:2)고 했다. 그러므로 그들이 복음을 들고 북진하여 마침내 수리아 안디옥이 선교의 중심지로 변하였고, 여기서 바울은 제1차, 제2차, 제3차 선교 여행을 계속해 왔다. 사도행전은 다음과 같이 기록하고 있다.

성령이 아시아에서 말씀을 전하지 못하게 하시거늘 브루기아와 갈라디아 땅으로 다녀가 무시아 앞에 이르러 비두니아로 가고자 애쓰되 예수의 영이 허락지 아니하시는지라(행 16:6).

그리고 바울은, "밤에 환상이 바울에게 보이니 마개도냐 사람 하나가 가서 그에게 청하여 가로되 마개도냐로 건너와서 우리를 도우라"는 환상을 보고 마게도냐, 곧 유럽으로 건너가 선교 활동을 하게 되었다.

물론 얼마 뒤에 바울이 아시아로 돌아와 선교한 흔적도 있으나 만일 예수의 영이 바울이 아시아 선교를 활발하게 계속하게 하셨더라면 그 당시의 소(小)아시아 지방은 말할 것도 없고 우리의 동방 나라에도 복음이 일찍이 전파되었을는지 알 수 없지 않은가!

그러므로 우리 아시아인으로서 섭섭함은 말로 다 할 수 없으나 다만 하나님의 섭리를 기다릴 수밖에 없었다.

3. 사도들의 행적

사도행전은 베드로와 바울의 행적이 주로 기록되었으나 다른 사도들의 행적은 교회사와 다른 문헌으로 그들의 행적을 알 수 있다. 초기 교회사나 다른 문헌에 의하면 예수의 다른 제자들이 예루살렘을 떠나서 선교에 착수한 때에 대부분이 동방으로 향하였던 흔적이 많다. 가령 마태는 퍼시아(Persia)에, 가나안 사람 시몬은 인도에, 도마는 수리아를 거쳐 인도 마드라스에, 바돌로매도 인도에, 요한은 소아시아 에베소에 영주하였다고 한다. 특히, 에렛사를 중심으로 발전한 기독교는 헬라의 문화권 밖에서 시리아 문화를 배경으로 하는 동방 기독교의 발상지이기도 하다.

4. 경교의 전래

동방 기독교는 네스토리안(Nestorian), 곧 경교(景敎: 광명의 종교)라는 이름으로 635년 일찍이 중국에까지 전파되어 왔다. 경교는 콘스탄티노플 주교였던 네스토리우스(Nestorius)가 마리아를 "그리스도의 어머니"(Mother of Christ)라 불러야 한다고 주장하던 것을 이단으로 정죄하면서부터 생겨났다. 주후 431년에 에베소 회의에서, 그리스도를 낳았으므로 그리스도의 어머니라는 주장은 그리스도의 두 품성인 인성과 신성을 너무도 명확히 갈라놓았기에 그리스도를 둘로 갈라놓은 이단이라고 정죄되었다.

635년에 페르시아 사람 알로펜(Al open, 阿羅本, 아브라함)이 당나라 태종(629-649년) 9년에 경교의 교회(大秦寺:로마라는 한자인 大秦혹은 波斯寺: 페르시아에서 왔다는 파사사)를 세웠다. 그 당시의 기념비가 1625년 중국 서안(西安)에서 발견되었으며, 그 모조품 비석이 우리나라 금강산 장안사 뜰에 세워진 것이 1917년경이다.

1595년 명나라에 왔던 마테오 리치(Matteo Ricci)가 흩어져 있는 기독교의 역사 흔적을 찾아보고 경교가 성행하였던 사실을 증명하고 있다. 그가 저술한 『천주실의』(天主實義)란 책을 이수광, 허균이 중국에 내왕하면서 갖고 왔으며, 정약용(丁若鏞) 등 많은 학자도 그 책에 의하여 기독교회에 대한 구도심을 갖게 되었다고 본다. 한편 그가 그린 세계 지도는 현재 세계에 1장 내지 3장 정도로서 우리나라의 숭실대학교기독교박물관에 1장이 보존되어 있다. 이것은 매우 희귀한 역사적 문헌이다.

그러나 당나라와 옛날 우리나라와의 정치적 관계로 보아 우리나라 사람들이 당나라에 내왕하였을 때에 경교인들과 접촉하였는지 확실히 알 수는 없다. 그러나 조선 시대 실학파를 비롯한 지식인들이 중국의 기독교 신자들과 교류한 것을 비롯해 고려 시대 기독교 신자인 원나라 관리들이 고려국 행정에 깊숙이 관여한 사실이 담긴 문헌이 있다.[1] 그리고 김양선 목사는 1956년 불국사 경내에서 발견된 돌 십자가와 마리아의 모습을 닮았다는 관음상을 제시하며 경교의 선교 흔적을 제시한다.[2]

5. 건국의 이념적 기초

한국교회는 광복 이후 이념적 유대, 자원 동원 역량, 변화 적응력, 국제 감각 등에서 탁월했다. 이를 바탕으로 대한민국 건국의 이념적 기초를 제공하고 자유민주주의 도입에 앞장섰다. 해방 후 한국교회의 역할과 활약상은 대단했다. 한국교회는 현실 정치에 적극적으로 뛰어들면서 정치·사회 단체에 주도적으로 참가했고, '조선기독교청년동맹,' '기독신민회' 등 교회 재건과 국가 건설을 위한 기독교 사회 단체들을 조직했다. 우파의 최대 결집체인 '한국민주당'에 참여해 민주·보수적 세력을 주도했고, 1945년 11월 27-30일에 열린 '조선기독교 남부대회'를 계기

---

[1] 최상한, 『불국사에서 만난 예수』(서울: 돌베게, 2012), 12.
[2] 김양선, 『간추린 한국 교회사』(서울: 대한예수교장로회 총회교육부, 1962), 8.

로 본격적인 국가 건설 운동에 나섰다.

1946년부터는 미국과 소련의 신탁통치를 지지하는 '찬탁'을 민족의 배신 행위로 규정하고 반탁 운동을 전개했으며, 유엔 총회의 결의에 따라 시행된 총선거에도 적극적으로 참여했다. 개신교인이 한국인의 0.52%(약 10만 명)에 지나지 않았는데도 건국 운동을 주도할 수 있었던 것은 변화에 대한 적응력이 뛰어나고 인적 자원이 풍부했기 때문이었다.

한국교회는 공산주의에 대한 반대 입장도 분명히 했다. 천주교와 대종교도 공산주의에 반대했지만, 인적 자원이나 국제 감각이 부족했고, 불교와 유교, 천도교에는 전문적 훈련을 통해 이론과 논리로 무장한 좌파세력이 있었다.

"자유민주주의, 반공, 사유재산권 보장, 종교의 자유 등 대한민국 건국의 성격을 고려할 때 기독교는 다른 종교에 비해 매우 특별한 역할을 했다."

경교
<출처: 중국 산시성 시안시 비림구 비림박물관에 보관되어 있는 대진경교중국유행비 사진 = 시안 민경중>

제2장

국가 호칭

1. 우리나라의 이름

우리나라의 이름은 그 왕조가 바뀔 때마다 다르게 불렸다. 단군 시대의 나라 이름과 기자 시대의 나라 이름이 다르고, 고구려, 신라, 백제의 세 나라가 비록 이름이 다르고 왕조가 달랐으나 이 모든 나라가 말과 풍습이 같은 종족임은 틀림없다. 그런데 우리나라의 이름이 특히 유럽 국가에 전해질 때는 역사적으로 비슷하게 하나로 알려졌다.

우리나라의 존재가 유럽에 알려진 것은 초대교회인 네스토리안 경교(景敎)를 통해 알려졌는지 분명치 않으나 1253년 몽골 수도 화림(和林)에 왔던 천주교 교황 인노센트(Innocent) 4세의 특사 카르피니(Plano Carpini)와 신부 루브루크(G. Rubruc)에 의해 비로소 알려졌다. 그들이 어떻게 몽골에까지 왔었는가 하면, 몽골군이 팔레스틴을 점령하고 기독교들에 성지 순례의 자유를 주었기 때문에 교황이 사절단을 몽골 수도에 보내왔다.

당시 팔레스틴은 이슬람교들에 점령을 당하고 있어서 성지 순례가 허락되어 있지 않았다. 그러므로 유럽의 기독교들이 십자군을 일으켜 여러 차례의 진군을 했으나 그때마다 실패하였었는데 몽골군이 팔레스틴을 점령한 후 순례가 자유롭게 되었다.

루브르크(Rubruc) 신부는 당시 몽골이 일본을 침공하기 위해 우리나라에 막대한 군비를 강요하고 선박 건조를 재촉하고 있을 당시에 우리나라 북쪽 국경인 압록강(얄루강)에까지 왔다가 돌아갔는데 압록강 남쪽에는 Caule. Cauli, 곧 고려(高麗) 나라가 있다고 교황에게 보고한 것이다. 그러므로 우리나라의 이름이 유럽에 소개될 때에 C의 큰 글자가 머리글자로 나타나기 시작하여 Coree로 불렸다.

2. 화란인 하멜 표류

1627년 남만인(南蠻人, 중국인들이 남양 사람을 그렇게 호칭한다)으로 지목되는 사람 셋이 경주에서 잡혔다. 그들은 화란 사람들로서 배가 파선되어 표류하다가 동해안에 상륙하였다. 그 가운데 한 사람은 병자호란(丙子胡亂) 때에 전공이 있다고 하여 우리나라에 귀화하여 박연(朴延; 朴燕, John J. Weltevree)이라 불렸다. 그 후 1653년 8월 15일에 같은 화란 사람 하멜 일행 36명이 제주도 화순포에 표류되어 잡혔고 제주 목사 이원진의 심문 후 13년간이나 본토에서 억류되어 있었다. 그 가운데 하멜(Handrik Hamel)을 포함한 8명이 우리나라를 탈출하여 일본 나가사끼에 들렸다가 화란으로 귀국하였다.

하멜(Hamel)이 1668년에 화란어로 『하멜표류기』(漂流記)와 『조선 왕

국기』(朝鮮王國記)를 발표하여 우리나라에 대한 자세한 것을 유럽에 소개하였다. 그 뒤에 이 책이 프랑스어로, 독일어로, 영어(1740년)로 각각 번역되었는데 이 책들에서 우리나라 이름을 Coeree, Coree, 또는 Corea로 소개하였다. 이렇게 우리나라 이름이 C자로 시작되는 Corea인데, 그 뒤에 Korea로 바뀌게 된 것은 앵글로 색슨어(영미계)에서만 그렇게 되었고 다른 나라에서는 지금도 Corea를 통용하고 있다.

그런데 하멜(Hamel)은 기독교인임을 스스로 입증하였으며, 우리나라 역사가 이병도(李丙燾)는 『하멜표류기』 번역 서문에 하멜이 개신교 신자라고 했다. 그러므로 우리나라에 기독교인으로서 처음 발을 디딘 사람은 개신교인이었다.

3. 주기도문 번역

로마 가톨릭 신부는 압록강 북쪽 언덕에 서서 우리나라를 바라보다가 돌아갔으며, 화란 개신교인 하멜은 13년 동안 우리 민족의 사는 모습들을 체험하고 귀국하여 우리나라를 유럽에 소개하였다. 『하멜표류기』에는 우리 민족은 종교가 없다고 기록되어 있다. 물론 미신(샤머니즘)이 성행하였으나 종교는 없었다. 『하멜표류기』를 읽은 선교사가 동남아를 순회하다가 기회를 얻어 우리나라에도 발을 디디었다. 그가 바로 칼 구츨라프(Karl F. A. Gutzlaff) 목사이다. 그는 1803년 프러시아(Prussia) 출생으로 1826년에 화란교회 선교사로 임명을 받아 타이(옛 이름 샴) 선교사로 부임하여 1831-51년까지 마카오(Macao)에서 선교하였다.

그러다가 1832년 7월 17일에 동인도(東印度) 회사원들의 통역으로 상선을 타고 우리나라 해안 군산만(群山灣) 고금도(古今島)에 상륙하였다. 그는 중국어로 번역된 한문 성경을 갖고 와서 우리 서민들과 접촉하여 전도하였으며, 주기도문을 우리 글로 번역하게 하였다.[1]

그는 어학자로서 태국어 성경과 일본어 성경 번역에도 성공하였다고 한다. 그는 『하멜표류기』를 읽고 우리나라에 대한 예비 지식을 갖고 있었다. 그는 『조선어론』(朝鮮語論)도 서술하였다고 한다. 그리고 그는 8월 17일 통상 관계가 이루어지지 않았으므로 제주도에서 일본으로 향하였다. 그가 비록 선교에는 성공하지 못하였으나 감자를 전해 주었으며, 세종대왕이 훈민정음(訓民正音) 28자를 창제 반포하신 지 386년 만에 우리 글자로 성경의 몇 구절인 주기도문이 번역되는 기록을 남겼다.

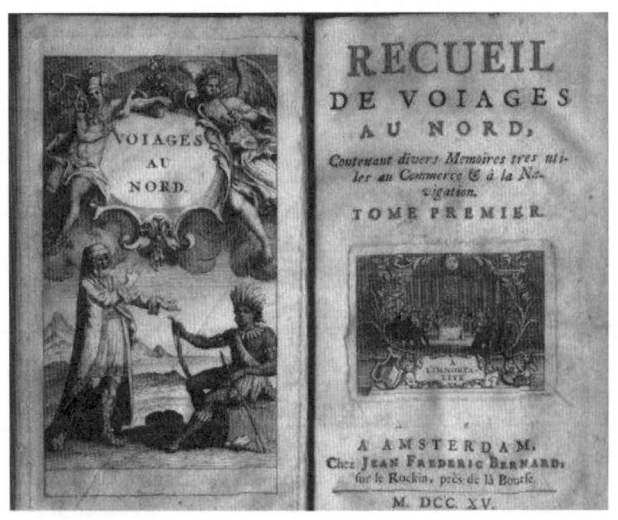

하멜 표류기
<출처: 조선일보>

---

[1] Charles Dallet, 『한국천주교사』(분도출판사, 1979), 283.

제3장

임진왜란과 천주교

1. 고니시 유기나가(小西行長)와 천주교

　우리나라에 일본인 기독교인으로 첫발을 디딘 사람은 불명예스럽게도 침략군의 인솔자인 일본의 천주교인 고니시 유기나가(小西行長)를 들수밖에 없다. 일본의 야심가인 도요토미 히데요시(豊臣秀吉)는 기독교인 고니시 유기나가(小西行長)로 하여금 한 군단을 거느리고 우리나라를 침략하도록 하였다. 그러므로 고니시 유기나가는 1592년 5월 24일 부산에 상륙하여 20일 만에 서울을 점령하였다. 그가 서울에 입성할 때에는 십자가를 그린 기(旗)를 들고 입성하였다고 한다.

　임진왜란은 1592-1598년에 걸친 전쟁으로 우리나라의 피해는 말로다 할 수가 없다. 7년 동안에 수십만 명이 학살되었고, 수만 명이 포로가 되었으며, 또 그 대부분이 남양(南洋)으로 팔려갔다고 한다. 한 사람의 값이 포르투갈 돈으로 "원 스쿠디"(One Scudi)로 일화 200원이었다고 한다.

그뿐 아니라 재산 피해도 엄청났으며, 많은 학자와 기술자가 납치되어서 갔고, 귀중한 문헌과 활자도 약탈해 갔다. 이들 학자와 기술자들이 일본 문화 발전에도 크게 영향을 끼쳤다고 한다. 왜군들의 사기를 높이기 위해서 한국인의 머리에 상금을 달았고, 머리 대신에 코 한 개나 귀 두 개를 머리 하나로 간주하여 상금을 주었으며, 그것들을 일본으로 보내어 묻었는데 지금도 오사카(大阪) 근방에 코 무덤이 있다고 한다.

그러나 이처럼 불행한 가운데서도 유럽 사람에게 노예로 팔려 간 대부분 사람이 기독교에 개종하여 영세를 받은 사람이 많으며, 그 가운데, 빈센트 강(Vincent Kang)이란 사람은 1603년에 예수회 전도사로 임명되어 중국을 거쳐 만주에서 본국으로 입국하려다가 실패하고 일본에 건너갔다가 1624년에 체포되어 일본에서 순교하였다고 한다.

그런데 십자가를 그린 기(旗)를 들고 한국에 입성하였던 왜군이 인도적 이기보다도 그들의 포악함으로 서울의 노변에는 굶어 시체가 여기저기 흩어져 있었으며, 산 자들은 솔잎과 풀이나 나무뿌리로 목숨을 겨우 지탱해 갔으며, 어린이들은 죽어 있는 어머니의 젖을 빨며 방황하였다고 한다.

우리나라에 상륙한 지 20일 만에 서울을 점령한 왜군이 파죽지세로 북상하였으나 곳곳에서 일어난 의병들의 치열한 반격과 명나라의 원군에 의해서 왜군은 울산과 웅천을 잇는 18개 성으로 퇴거하지 않을 수 없었다. 이때 고니시 유기나가(小西行長)는 휘하 군단의 사기 앙양을 위해서 일본의 예수회 교구장인 베드린 코메즈(Comez)에게 종군 신부를 요청했다.

2. 종군 신부 세스페데스

이때 종군 신부로 왔던 사람이 바로 포르투갈 사람 그레고리 세스페데스(Gregorio de Cespedes)로 성직자로서 우리나라 땅에 처음 발을 밟은 사람이다. 그는 1551년 스페인의 마드리드(Madrid)에서 출생하였고 18세에 예수회에 입단하였다. 그는 고니시 유기나가와 친분이 두터웠고 일본어 구사에 능통하였다. 그가 상륙한 날짜는 1594년 12월 28일이었으며 그는 민간인과는 접촉하지 못하였고, 포로나 또 거리에서 빈사 상태에 있는 어린이들을 접촉하였을 뿐이다. 그는 일본군 진영에서 종군 신부의 일상적인 업무인 미사를 드리는 일, 고해성사를 받는 일 등을 비롯하여 임종 직전의 병사들로부터 마지막 고해를 듣고 종부성사를 집례하는 일을 했다.

그가 침략군의 종군 신부로서 우리나라에 처음 발을 디디었다고 하나 조선인 전도는 하지 않았기에 이것은 영광스러운 일이 되지 못했다. 그러나 그는 일본에 돌아간 후에 전쟁 중에 노예로 끌려 온 한국 사람들을 위해 교리서를 번역하고, 교리를 가르쳐 2천여 명의 천주교 신자를 배출하고 포로들에게 영혼의 안식을 제공했다.

3. 재침과 교단 통합

7년간의 임진왜란은 거북선 함대를 지휘하여 왜군의 해군을 격퇴한 충무공(忠武公) 이순신(李舜臣)의 전공으로 왜군을 이 땅에서 몰아내게 되었다. 그 뒤 일본에서도 도쿠가와 이에야스(德川家康)가 대권을 잡게 되면서 대한(對韓) 정책은 변화를 가져왔다.

많은 포로가 귀환하였다. 도쿠가와 이에야스는 기독교 박멸에도 한 몫하여 많은 신자가 박해를 당할 때 한국인 신자들도 많이 순교하였다 하며, 고니시 유기나가도 도쿠가와 이에야스에게 사형당하였다고 한다. 그 뒤 300여 년간 우리나라와 우호 관계를 유지했으나 소위 명치유신(明治維新) 시대에 정한론(征韓論)을 주장하는 극단적 국수주의자가 있었으며, 일본 신자들까지도 1894년에 일어난 청일 전쟁(淸日戰爭)을 성전이라고 하여 일본에 대한 정책을 지지하였다.

일본은 1895년 극악무도하게도 우리의 왕비 민비(閔妃)를 시해하는 만행을 저질렀으며, 1904년 아일(俄日) 전쟁의 승리의 기세를 몰아 1905년에 을사보호조약(乙巳保護條約)을, 1910년에 한일합방을 강요하여 국권을 탈취한 것이다. 그 뒤 일본은 중국 대륙 침략의 발판으로 만주를 점령하여 괴뢰 만주국을 건설하였으며, 1936년에는 중국 대륙을 침략하는 중일 전쟁을 도발하였다.

그리고 1941년에 영·미국에 선전 포고하여 소위 태평양 전쟁으로 전선이 동남아로까지 확대되었다. 이때 일본, 특히 조선총독부는 우리나라 교회를 단속하여 어용 기독교로 변질시킬 책략을 수행하였다. 1934년 장로교계의 학교인 목포 영흥중학교가 신사 참배(神社參拜)[1]를 반대한다고 폐교당했으며, 1935년 평양 숭실(중학, 전문학교)학교 교장 윤산온 박사가 신사 참배를 거부한다고 교장에서 파면되었으며, 1938년 드

---

[1] 한국교회는 1930년대 중엽부터 1945년 해방이 되기까지 일제의 신사 참배 강요로 말미암아 혹독한 시련을 겪었다. 일제는 한국민의 일본 황국 신민화 정책을 위해 일본 황실의 조상과 전몰장병을 참배하도록 신사(神社)를 건립하였다. 신사 참배를 강요하고 기독교를 말살하려는 일제의 박해 아래서 순교의 고난을 겪었고, 신학은 보수주의와 자유주의로 양극화되었다.

디어 숭실전문학교가 폐교되고 말았다.

　1938년 9월 조선예수교장로회 제27회 총회가 신사 참배를 결의하게 하였으며, 많은 교역자와 신자들이 투옥되었다. 1943년 조선총독부는 안식일교회와 침례교회와 성결교회를 해산시켰으며, 장로교회와 감리교회는 일본기독교단 산하의 조선장로교단, 조선감리교단으로 조직이 변경되었으며, 1945년에는 양 교단을 일본기독교단 조선연맹으로 통합하였다. 그러나 1945년 8월 15일 일본이 연합국에 대하여 무조건 항복함으로 우리 민족과 교회는 일본의 질곡에서 해방되었다.

진주 성벽에 대나무사다리를 걸치고 기어오르는 왜군을 격퇴하고 있는 진주대첩 기록화. 사진 제공 = 전쟁기념관
<출처 : 경남일보(http://www.gnnews.co.kr)>

제4장

천주교의 전래

1. 예수회의 동양 진출

1517년 마틴 루터(Martin Luther)의 종교개혁 운동에 자극을 받은 천주교는 크게 각성하여 1540년에는 이그나티오스 로욜라(Ignatio Loyola)가 예수회(Jesuit)를 일으키어 종교개혁 운동에 반대하는 한편 교황과 천주교의 질서에 충실하면서 교회 내부의 쇄신을 도모하였다. 그는 고해성사를 듣는 것과 교육과 외국 전도에 힘을 쓰게 되었다.

그 뒤 로욜라의 친구 프란시스 사비에르(Francis Xavier)이 1541년 동양 전도의 길에 올랐다. 그는 1541년 4월에 포르루갈의 리스본을 출발하여 인도(印度)로 향하였는데 인도 총독의 함대에 편승하여 아프리카 남단 희망봉(Cape of Good Hope)을 돌아서 이듬해 5월에 인도 고아(Goa)에 도착하였다.

인도에 도착한 뒤에는 전도 사업에 전력하여 복음을 전하고 젊은이들을 모아서 글을 가르치며, 말레지아의 말래카(Malaeca)와 실론(Ceylon)

등에도 전도하였다. 1549년 8월에는 일본에 갔으며, 2년 뒤에 고아로 돌아갔다가 다시 중국에 전도하려고 홍콩 서쪽에 있는 삼주도(三洲島)에 이르러 병들어 거기서 1552년 12월 2일에 죽었다. 그의 전도를 받은 일본 천주교 교인 가운데 고니시 유기나가는 1592년 임진왜란의 군단장으로 우리나라에 침입해 왔었다.

프란시스 사비에르는 중국 선교를 이루지 못하였으나 1583년부터 마테오 리치(Matteo Ricci)가 큰 성공을 거두기 시작하였다. 그는 1595년에 중국어로 『천주실의』(天主實義)라는 책을 저술하였는데 이 책이 우리나라 학자들에게도 크게 영향을 주었다. 실학의 선구자인 이수광은 자신의 저서 『지봉유설』(芝峰類說)에서 이 책을 논평하여 우리나라에서 최초로 소개하였다. 그 밖의 『홍길동전』(洪吉童傳)의 저자인 허균(許筠)은 1610-1618년 사이에 중국에 가서 전도를 받고 신자가 되어 게(偈) 12장을 소개하여 유교를 비판하였다고 한다.

그리고 1636년 청나라의 침입을 받은 우리나라는 1637년에 항복하고 소현 세자(昭顯世子)가 인질로 청국의 도읍지인 심양관(奉天)에 잡혀갔다가 1644년 북경에서 예수회 소속 독일 신부 아담 샬(Adam Schall)에게 전도를 받았다. 그러나 소현 세자는 돌아와 곧 세상을 떠났기 때문에 아담 샬이 그를 통하여 선교하려던 계획은 물거품처럼 사라져 버렸다.

2. 최초의 영세자 이승훈

1783년 이승훈(李承薰)이란 젊은 학자는 그의 아버지를 따라 북경에 가서 1784년 2월에 루이 드 그라몽(Louis de Gramont) 신부에게 한인 최초로 영세를 받고 한국교회의 주춧돌이 되라는 의미의 베드로라는 이름을 받았다.

이것은 선교에 의해서가 아니라 구도 때문에 신자가 된 예이다. 그는 3월에 귀국할 때 교리 서적과 십자가상(十字架像)과 성화와 묵주와 기하학(幾何學) 책을 갖고 왔다고 한다. 그런데 이승훈이 북경에 가게 된 것은 이벽(李檗)의 권유였다고 하며, 그는 이승훈에게 세례까지 받고 세례명을 요한이라 하였다고 한다. 이들이 권일신(權日身), 권철신(權哲身)과 정약용(丁若鏞)의 3형제에게 선교하여 1785년 봄부터 진고개 김범우(金範禹)의 집에 주일마다 모여 예배를 드리고 교리도 연구하였다. 이곳이 지금의 서울 명동성당이다.

그러나 1788년 형조판서는 진고개의 김범우(金範禹)를 체포하고 다른 사람들은 훈방하였다. 유하원(柳河源) 등 성균관 유생들이 "천(天)이 있는 줄만 알고 임금과 어버이가 있음을 모르며, 천당과 지옥이 있다는 설로 백성을 속이고 세상을 의혹게 함이 큰 홍수나 무서운 짐승의 해보다 더하다"라고 했다. 이것이 수난의 첫 신호이다. 김범우는 옥고를 치르고 충청도 산골에 정배 갔다가 수 주일 만에 세상을 떠났다. 첫 순교자이다. 이러한 수난으로 최초의 영세자 베드로 이승훈은 1790년에, 이벽은 1786년에 핍박을 이기지 못하고 각각 배교하였으며, 이벽은 배교의 고민을 안고 33세로 세상을 떠났다.

이승훈도 1795년 밀입국한 중국인 신부 주문모(周文謨)에게 다시 성사를 받으려고 했으나 뜻을 이루지 못하고, 1802년 2월 26일 신유교난(辛酉敎難) 때에 희생되었다. 신유교난이란 1802년 11세로 등극한 순조(純祖)의 섭정으로 들어앉은 순조의 증조 대비(曾祖大妃-貞純王后)가 수렴청정하면서 천주교를 탄압하여 교인들을 투옥, 참형한 사건을 말한다.

이보다 앞서 신해 1791년에 진산(珍山) 사람 양반 가문의 권상연(權尙然)과 윤지충(尹持忠)이란 사람이 천주교를 믿으면서 조상의 신주(神主)를 불태운 일이 있었다. 이 일은 그때의 유교 풍속에 의하여 패륜의 행동이라고 손가락질을 받게 되었다.

그러나 나라 안에는 서교 신봉을 묵인하는 신서파(信西派)와 서교를 공격하는 공서파(攻西派)로 나누어 대립하고 있었으며, 신서파의 채제공(蔡濟恭)이 영의정(領義政-총리대신)에 올라 교인들을 두호(斗護)하는 처지에 있었고, 이에 맞서 공서파의 홍락안(洪樂安)은 신주 소각 사건을 들어 공격하게 되므로 정론(政論)이 시끄럽게 되었다.

불행하게도 1799년 채제공이 세상을 떠나고 정순 왕후(定順王后)가 섭정하게 되면서 정세는 역전(逆轉)하여 1801년 1월 11일에 채 제공의 관직은 사후탈직(死後脫職)이 되고 서교(西敎)를 금하는 교서(敎書)가 내리게 되었다. 특히, 천주교인을 색출(索出)하기 위해 5가작동법(五家作統法)을 시행하여 철저히 천주교를 금하였다.

권철신, 이가환(李家煥)은 혹형으로 옥사하고, 이승훈, 최필공(崔必恭), 정약종(丁若鍾)은 참수(斬首)당하였고, 정약용(丁若鏞)은 강진(康津)으로 정배갔다.

이때 1794년 12월 23일에 밀입국하였던 중국인 신부 주문모(周文謨)는 자수하여 순교하였다. 성직자로서 최초의 순교자다. 주 신부에게 세례를 받았던 왕족 은언군(恩彦君)의 부인 송마리 나와 그의 며느리인 마리아도 사약을 받았으며, 얼마 뒤에 은언군도 천주교 신봉의 주동자라는 누명을 쓴 채 사약을 받았다. 이렇게 해서 구도자에 의하여 전교된 한국 천주교는 크게 서리를 맞게 되었다. 더욱이 황사영(黃嗣永)의 백서(帛書)는 불난 집에 휘발유를 끼얹은 격이 되었다.

제5장

천주교의 수난

1. 황사영의 백서

　황사영은 경상도 창원(昌原) 사람으로 정다산의 큰형 정약현(丁若鉉)의 사위로 아내의 이름은 정명란이다. 바로 이 정명란과 결혼함으로써 황사영의 운명은 결정된다. 1791년(정조 15) 17세의 어린 나이에 진사시에 합격하여 시험관을 놀라게 했고 임금이 친히 손을 쓰다듬어 주며 각별한 애정과 칭찬을 아끼지 않았다. 그러나 그는 임금의 약속과 기대에 부응하지 않고 전혀 다른 인생의 길을 가게 된다. 혼인 후 처가와 장인의 유명한 동생들로부터 그는 천주교 신앙을 배웠고, 주문모 신부가 입국하자 아예 그의 비서격이 되었다.
　그는 주문모 신부에게 영세를 받았다(알렉산더-영세명). 주 신부가 자수하여 참형을 당한 뒤, 1801년 2월에 체포령이 내리자 충북 제천(提川)에 있는 배론(舟論)에 피하여 있다가 친구와 함께 교회 수난 사실을 북경(北京) 주재 구베아(Alexandre de Gouvea, 湯士選) 주교에게 밀서로 알리기로 하였다. 그리하여 길이 62cm, 너비 38cm의 비단에 1만 3천여 자의 가는 글자로 채워 백서(帛書)를 청국에 비밀히 보낼 계획을 세웠다. 이 밀서는 비단에 쓰였기 때문에 백서라고 일컫게 되었다.

일찍이 주문모 신부도 1796년 9월에 비단에 한국교회 현황을 라틴어로 기록하여 북경 주교에 비밀히 보낸 일이 있었다. 그러므로 황사영도 그것을 모방하여 수난 상황을 보고하려고 하였다. 그러나 불행하게도 황해도 앞바다에서 배를 타기 전에 밀서를 갖고 가던 천주교인 황심(黃心)과 옥천희가 포졸(捕卒-순경)에게 잡히고 백서는 압수되었으며, 백서의 최종 수신인은 교황이다. 그런데 그 백서의 내용이 문제가 되었다.

> 참으로 가엾습니다. 어찌 이러한 지경에 이를 수 있겠습니까?
> 이번 교난이 있고 난 뒤에 아직 특별한 은총이 없어, 예수 그리스도의 성스러운 이름이 장차 이 나라에서 아주 많이 끊어져 버리려 합니다. 말과 생각이 이에 미치니 간장이 갈기갈기 찢어집니다.
> 중국과 서양의 교우 선배들이 이 위태롭고 괴로운 사정을 들으면, 어찌 불쌍히 여기고 마음 아파하지 않겠습니까?
> 감히 바라건대, 교황께 자세히 아뢰시어 각국에 널리 알리시고, 진실로 저희를 구원할 수 있는 일은 모두 강구하시어, 우리 주님의 넓은 사랑의 은총을 본받아, 성교에서 가르치는 바대로 모든 이를 두루 사랑하시는 뜻을 드러내어, 저희의 이 간절히 바라는 정성에 보답게 하여 주십시오.
> 저희는 마음을 가다듬고 눈물을 흘리면서 어려운 사정을 호소하고, 목을 늘이고 발돋움하여 오직 기쁜 소식이 있기만 기다립니다.
> 우리 주교 각하께서는 부디 글로써 다 아뢰지 못하는 저희를 가련히

여겨 주십시오.

황사영은 백서에서 신유박해의 전말과 순교자들의 약전을 기록하고 조선교회를 구해 줄 4가지 사항을 건의했다.

① 조선교회에 대한 서양 제국의 동정과 조선 정부에 대한 압력을 행사해 줄 것.
② 신앙 자유에 대한 청황제(清皇帝)의 동의와 서양인 신부를 보내 줄 것.
③ 조선을 청에 부속시키고 친왕(親王)으로 조선국을 감독케 할 것.
④ 약소국 조선에 배 수백 척과 군대 5, 6만을 보내 선교의 자유가 보장되게 해 줄 것.

훗날 『백서』를 번역한 불란서인 귀스타브 뮈텔(Gustave Charles Marie Mutel) 주교는 이에 대해 "음모의 대부분이 공상적이며 위험천만한 것으로 조선 왕조(정부)가 필자에게 엄벌을 가했다는 점도 이해할 수 있다"라고 평가했다. 뮈텔이 서문에서 내리고 있는 이 판단은 현재까지 황사영과 그의 백서에 대한 일반적인 판단이기도 하다. 그러나 임금의 약속과 기대를 저버리고 유학자의 길로부터 신앙의 길로 나아간 청년 황사영이 겪어 나갔던 현실을 생각해 본다면, 그리고 이토 히로부미(伊藤博文)를 사살한 안중근 토마스가 드디어 신원 복권되는 정황을 헤아려 본다면, 이제 황사영의 공상도 공상만은 아니며 위험천만한 음모만도 아닐 것이다. 고립무원 상태에서 끝까지 신앙의 순결을 지켜나갔던 황사영의 편지가 교황에게 전달되지 못했던 것이고, 그가 신앙의 순수함만큼이나 믿고 기대했던 교황 쪽에서 응답하지 않았을 뿐이다.

『백서』는 북경으로 가지 못하고 압수되었다. 황사영은 1801년 음력 9월 29일 배론에서 체포되어 한양으로 압송되었다. 그는 10월 9일부터 11월 2일까지 여섯 차례에 걸쳐 국문을 받고 11월 5일 대역 부도죄의 판결을 받은 후 서소문 밖에서 능지처참형으로 순교하였다. 나이 26세였다. 가산을 몰수당하고 어머니는 거제도, 아내 정명련은 제주도, 5살짜리 아들은 추자도에 각각 유배되어 그의 집안 역시 절멸됐다.

황사영의 『백서』는 신유박해 후 근 백 년 동안 의금부 창고 속에 보관돼 있었다. 1894년 갑오경장 후 조선 교구의 뮈텔 주교의 손을 거쳐 바티칸에 보관되었으며, 1925년 로마에서 조선 순교복자 79명의 시복식이 거행될 때 교황에게 전달되었다. 1801년으로부터 124년이 흐른 뒤에나 전달된 셈이다.

2. 신부들의 밀입국

황사영의 매부(妹夫)인 정하상(丁夏祥)은 1816년에 북경에 두 차례나 가서 주교를 만나 한국교회의 수난 사정을 호소하였다. 이 호소의 글이 1827년 라틴어로 번역되어 교황 레오 12세에게 전달되고 선교 가능성을 파리선교회에 타진하였다. 그해에 한국 선교에 가장 열의를 보인 선교성(宣教省) 장관 카펠랄리(Capelali) 추기경(樞機卿)이 레오 12세(世) 후임으로 교황(그레고리 16세)이 되면서 한국 교구를 북경 교구에서 독립시켜 설정하고, 초대 주교로 태국에서 선교하던 프랑스 사람 부르기에(Brugulere) 신부를 1832년에 임명하였다.

그러나 그는 자기를 환영하지 않는 나라에 들어가는 것이 마음에 걸려 4년간이나 만주 벌판을 헤매다가 우리나라에 들어오지 못하고 객지에서 1835년 10월 20일에 죽었으며, 1836년 겨울에 동행하였던 피에르 필리베르 모방(Pierre Philibert Maubant) 신부는 국경에서 수챗구멍으로 기어 시내에 잠입하였다가 상제 복장을 하고 서울에 도착하였으며, 1837년 겨울에는 쟈크 샤스땅(Jacques Chastan) 신부가, 1838년 겨울에는 제2차 주교 로랑 조셉 마리 앙베르(Laurent Joseph Marie Imbert)가 임지에 도착하였다. 그런데 1839년에는 기독교에 대해 유화 정책(宥和政策)을 쓰던 섭정 순원 왕후(攝政純元王后)가 은퇴하고 기해년 3월 5일 반천주교 당인 우의정 이지연(右義政李止淵)이 행정권을 잡으면서 사학(邪學=天主敎) 박멸을 주장하게 되었다.

앙베르 주교는 이 박해가 외국인을 상대로 일어난 줄 알고 자수하는 동시에 동료 신부에게도 자수를 권하였다. 그들은 체포되어 1839년 9월 21일 사형을 당하였으며, 그들의 유해(遺骸)는 서울 노고산(老姑山)에 매장되었다(지금 西江大學校가 그 자리를 잡고 있다). 그해 10월 18일 국왕 헌종(憲宗)은 국한문으로『척사윤음』(斥邪綸音)이란 교서(敎書)를 발표하여 서교(西敎)를 금하였다.『척사윤음』이란 유교는 정당한 반면, 천주교는 부당하다는 것이다.

3. 정하상(丁夏祥)의 호교론(護敎論)

1839년 기해교난이 한참 진행되고 있을 때 정하상은『척사윤음』에 답하여『상채상서』(上宰相書)란 호교론을 써서 천주교를 변호하였다. 상재상서는 천주교가 이로운 종교임을 이해시키려는 9천4백 자 정도의 분량에 지나지 않으나 문장은 아름답고 논리가 명쾌 정확하여 한국 최초의 변증서인 신학적 저술이라고 할 수 있다. 이 책은 1887년 홍콩에서 인쇄되어 널리 알려졌다.

정하상이 『상재상서』(上宰相書)를 쓰게 된 동기에 대하여는 대략 이러하다. 본래 우리나라에서는 고려(高麗) 말(末) 유신(遺臣)들과 이조(李朝) 건국의 공신(功臣) 유학자(儒學者)들이 가졌던 척불론(斥佛論)이 퇴계(退溪)에 이르러서는 정통 이념으로 굳어졌다. 그런데 기독교에서 주장하는 천당 지옥설이 불교와 같으며, 조상 제사를 폐하는 것이 무부무군(無父無君)의 해를 가져오는 사교(邪敎)로 그릇 인식되어 『척사윤음』이 발표되었으므로 이에 대하여 정하상은 기독교를 변호하게 된 것이다.

첫째, 정하상은 『상재상서』(上宰相書)에서 천주교의 교리를 설명하였다.

그는 먼저 불교를 공박하여 기독교와 다른 점을 밝혔다. 천주교는 오히려 현실적이며, 나라를 다스리는 이치의 근원이 될 수 있다고 강조하였다. 특히, 십계명은 충노효제 인의예지(忠怒孝悌仁義禮智)가 다 포괄되어 있으므로 수신, 제가, 치국(修身, 齊家, 治國)의 이념에 비해 부족함이 없음을 변증하였다.

둘째, 교회 역사를 통하여 천주교가 그 사회에 미친 영향을 고증하였다.

특히, 중국에 있어서 당(唐)나라 때의 경교(景敎), 명과 청나라에 있어서 선교사들의 업적을 들어 천주교의 우수성, 사회성을 드러내었다.

셋째, 교인들도 왕의 적자임을 호소하였다.

임금과 백성의 관계는 부자와 같은데 "오호라, 저들 성교를 믿는 자들만이 홀로 우리 임금의 적자가 아니오리까. 이 사람들을 불쌍히 여길 일이 이와 같이 극도에 이르렀으되 어찌하여 생각하여 주시지 않으시나이까"라고 호소하였다. 정하상은 1839년 9월 22일 목이 잘려 순교하였다. 그의 나이 45세였다.

정하상 바오로 (丁夏祥 Paul. 1795-1839)
<출처: 가톨릭 성인 - 굿뉴스>

제6장

병인교난(丙寅敎難)

1. 친불방아(親佛防俄) 정책

앙베르 신부와 정하상이 순교한 뒤 1845년 9월에 제3대 주교로 임명받은 페레올(Jean J. Ferreol) 주교가 한인 최초의 신부인 김대건(金大建)과 함께 우리나라 서해안 강경(江景)을 거쳐 서울에 잠입하였다. 반년 뒤 김대건(안드레)은 체포되어 1846년 9월 15일에 새남터에서 25세의 나이에 참수형을 당하였다. 그는 충남 내포(현재 당진군, 牛江面新宗里) 출신으로 모방 신부에게 발탁(拔卓)되어 16세에 마카오에 유학하여 깔레리(Callery) 교장의 조선신학교에서 수업을 받았고 1845년 8월 17일에 신부로 성품을 받았다.

1984년 교황 요한 바오로 2세가 한국 천주교회 창설 200주년을 축하하기 위해 내한하여 복자 103위에 대해 성인칭호 시성식을 할 때 김대건을 포함하였다. 페레올 주교는 병사(病死)하였고, 1855년에 제4대 주교 베르누(Simon F. Berneux, 張敬一) 신부가 젊은 신부들을 대동하고 입국하여 선교함으로써 교세가 확장되기 시작하였다.

그리하여 신자의 수가 1857년에는 1만 3천여 명이었고, 1865년에는 신부가 12명이나 밀입국하여 활동하고 있었다 한다. 심지어 궁중에도 신자가 있어 고종(高宗)의 젖어머니도 영세를 받아 박 마르다라고 불렀다. 그런데 그 당시의 국내의 정치적 상황은 외국의 침략 세력이 호시탐탐하고 있었다. 특히, 러시아는 남하 정책을 취하여 함경도에 침공하여 통상을 강요하였으므로 시끄러웠다.

이러할 때에 천주교인 홍봉주(洪鳳周), 김기호(金起浩), 남종삼(南鍾三) 등은 프랑스와 영국의 협조를 얻어 한(韓), 영(英), 불(佛) 3각 동맹을 체결케 함으로써 러시아의 남하 정책을 방어하는 동시에 신교의 자유를 취득할 길을 터보려고 하였다. 그 당시의 섭정(攝政)인 대원군(大院君)은 남종삼을 접견(接見)하여 베르누 주교를 만나고 싶다고 하였다. 그러나 베르누 주교는 정치 문제에 개입하기를 꺼렸으며, 대원군의 심정도 변하게 되었다. 우리나라 조야(朝野)에서는 치열한 배외 사상(排外思想)이 일어나 쇄국(鎖國) 양이(攘夷) 정책을 강행할 것을 호소하는 격문(檄文)이 사방에서 빗발처럼 일어나게 되었으므로 대원군은 마침내 여론에 호응하여 천주교 박멸에 나서게 되었다. 그것이 곧 1866년 이른 봄의 일이다. 역대 천주교의 교난 가운데 가장 크고 또 마지막 교난이다.

2. 리델 신부의 망동

1866년 2월 남종삼이 잡히고, 2월 23일에는 베르누(Berneux) 주교가, 8월에는 보레티늬즈(Breteniers), 비유리(Beaulieu), 도리(Dorie) 신부 등이,

3월 11일에는 페티트니코라스(Petitnicolas), 보르디에(Pourthie) 신부 등이 체포되어 대원군에게 직접 심문을 받고 개종을 권유받았으나 끝끝내 거절하고 3월 21일에 처형을 당하였다. 이 병인교난에 피 흘린 신도의 수는 12만 명이란 설도 있으나 3년 동안에 약 8천 명으로 간주한다.

그런데 이 교난에 숨어다니다가 국외로 피신한 신부는 리델(Felix C. Ridel, 李德兒)인데 그는 동료 신부 2명과 한국인 신자 11명과 함께 충청도 해안(海岸)을 빠져나가 중국 산동(山東) 지푸로 출범하였다. 이들은 지푸를 거쳐 천진(天津)에 있는 프랑스 공사관을 찾아가서 프랑스 신부들의 수난을 보고하였다.

프랑스 대리공사 벨로네(Henrie de Bellonet)는 매우 흥분하여 청국 총리아문(總理衙門)에 공문을 보내어 한국에 함대를 파견하여 침공할 것을 밝혔다. 그리하여 프랑스의 인지함대(印支艦隊) 사령관 로즈(P. G. Roze) 제독은 한국을 침공하여 한강변 서강(西江)과 일본에 있던 병력까지 동원하여 그해 10월에 군함 7척이 강화도 앞바다에 들이닥쳤다.

이 함대에 리델 신부가 통역으로 함께 타고 와서 수로를 안내하는 역할을 담당하였다. 이들이 강화도에 상륙하여 사고(史庫)에 불을 놓았으며 갖은 만행을 저질렀다. 그러나 그들은 실패하고 돌아갔으며, 그들의 만행은 천주교 전교에 크게 나쁜 영향을 미치었다. 대원군은 프랑스 함대가 깊숙이 들어왔던 양화진(楊花津) 가에서 이런 결심을 표명하였다.

서양 오랑캐가 더럽혔던 땅을 서학인의 피로 씻으리라.

3. 천주교의 수난

1885년 천주교 제7대 조선 대목구장인 블랑(Marie Jean Gustave Blanc) 주교는 불편한 심정으로 파리외방전교회에 보낼 편지를 써 내려갔다. 당시 조선 천주교인의 수는 1만 4039명이었다.

> 우리가 위협받고 있는 또 다른 곤경은 프로테스탄트 목사들의 내한입니다. 이미 10여 명 이상의 목사와 2-3명의 여전도사가 들어와 있습니다.

블랑 주교는 100년 늦게 전래된 개신교가 순교를 경험한 천주교보다 활발하게 포교하는 데 대한 무거운 심정을 가감 없이 편지에 담았다.

> 오류를 설교하는 이 신교(新敎) 목사들은 활보하고 다니는데, 반면 진리와 참된 자유의 설교자인 우리는 나쁜 짓을 저지른 사람처럼 숨어서 돌아다닐 수밖에 없는, 말하자면 손과 발이 묶여 있는 상태입니다.

블랑 주교의 불편한 심기는 천주교의 순교사와 직결되어 있다. 그는 개신교를 '열교'로 비하하며 견제했다. 한국 천주교는 이승훈이 1784년 베이징에서 영세를 받으면서부터 시작됐다. 그러나 조상 제사를 반대한다는 이유로 '임금도 없고 아비도 없는 종교'(無君無父)라며 공격을 받았다.

천주교는 다만 천(天)이 있는 줄만 알고 임금과 어버이가 있음을 모르며 천당과 지옥이 있다는 설로서 백성을 속이고 세상을 의혹케 함이 큰물이나 무서운 짐승의 해보다 더하다(1785년 유하원의 상소문).

이런 분위기에서 수많은 천주교 신자들이 억울하게 투옥되거나 처형됐다. 조선 최초의 신부 김대건도 1846년 참수형을 당했다. 학계에선 조선 후기 천주교인 1만여 명이 순교한 것으로 추정하고 있다. 천주교는 이처럼 한국에서 많은 희생을 치렀다. 반면 개화기에 입국한 개신교 선교사들은 천주교에 비해 자유롭고 개방적인 분위기 속에 선교를 시작했다. 개신교가 의료, 교육, 신분의 자유를 앞세워 단기간 급성장하자 조선에서 기득권을 갖고 있던 천주교는 조바심을 드러내며 개신교를 견제하기 시작했다.

이런 갈등 관계는 신도 충돌 사건으로 표출됐다. 천주교인과 개신교 청년들이 맞붙은 명동성당 구타 사건(1894년), 기사에 불만을 품은 천주교인들의 황성신문사 난입 사건(1899년) 등이 대표적이다. 중요 선교지였던 황해도와 전라도에서도 재령군 향내동 사건(1898년), 장연 사건(1901년), 고부 덕촌 충돌 사건(1905년) 등 충돌이 잇따랐다. 갈등의 골은 교세가 역전되면서 더욱 깊어졌다.

1905년 천주교와 개신교 신자 수는 각각 6만 4070명과 3만 7407명이었으나 1907년엔 개신교가 7만 2968명으로 천주교(6만 3340명)를 앞질렀다. 자신을 '성교'(聖敎)로, 개신교를 '열교'(裂敎·분열하고 나간 종교)라고 불렀던 천주교는 위기 의식을 느끼고 개신교 비판서인 '신교지기원'(新敎之起原, 1923년) 등을 제작해 내부 단속에 나섰다.

4. 제사 문제

한국 천주교는 알려진 대로 초창기에 조선의 지식인들이 독학(獨學)으로 먼저 교리를 공부하고 외국인 신부를 초빙해 왔다. 초기 조선의 천주교는 1만 명 이상의 희생자를 냈다. 제사(祭祀) 문제 때문이었다. 오는 8월 16일 시복식(諡福式)에서 복자(福者)가 되는 대상자의 대표자 격인 윤지충 바오로가 대표적이다. 전라도 진산(현재의 충남 금산·논산)의 양반가 출신인 윤지충 바오로는 고종사촌 정약용 형제를 통해 처음 신앙을 접했다. 그는 요즘 말로 하면 지독한 '원리주의자'였다. 제사 문제는 초기 천주교인들에게 풀기 힘든 문제였다. 그래서 '높은 분'께 문의했다.

1790년 베이징에 있던 프랑스 출신 구베아 주교에게 물어 본 결과 "제사는 안 된다"라는 답변이 왔다. 그러자 윤지충은 이종사촌인 권상연과 함께 집 안에 있던 신주들을 불살라 버렸다. 또 이듬해 어머니가 세상을 떠나자 천주교식으로 장례를 치렀다. '스캔들'이었고 이내 체포된 윤지충은 전주 감영으로 이송돼 처형됐다. 윤지충을 시작으로 1만 명(2만 명 이상으로 보는 경우도 있다) 이상의 순교자들은 대부분 제사 문제로 세상을 떠났다.

당시 구베아 주교가 제사를 금지한 데 대해서는 '오해' 때문이라는 해석도 있다. 조상의 신주를 하느님 이외의 신(神)으로 이해한 당시 천주교 지도층이 금지했다는 것이다. 초기 천주교인들은 신앙을 꿋꿋이 지키며 심지어 참수되는 순간에도 고개를 빳빳이 들고 숨겨 갔다. 조선의 반상(班常)의 질서도 허물었다. 흔들리던 늙은 왕국 조선은 용납할 수 없는 국기 문란 행위로 다스렸으나, 서구의 신앙 앞에 무기력했다. 천주교 신앙의 자유를 위해 서구 열강의 조선 침략을 요청했던 '황사영

백서 사건'(1801), 이후로도 천주교인들 사이에는 교황청 혹은 서구 열강이 천주교를 박해하는 조선 왕조를 혼내 줄 것이란 믿음이 있었다.

천주교 신앙의 자유가 허락된 것은 제국주의의 침략 이후. 병인양요 이후인 1886년 조선은 조불조약과 교민조약(敎民條約, 1899)을 계기로 종교의 자유를 얻었다. 그렇지만 1910년 일제가 조선을 강점한 이후 천주교는 일제에 강력히 저항하지 않았다. 1909년 침략의 원흉 이토 히로부미를 처단한 안중근 토마스 의사(義士)를 천주교가 인정하지 않았던 것은 당시 분위기를 보여 준다.

1945년 광복 후 사정이 조금씩 달라진다. 노기남 대주교를 비롯해 김수환 추기경, 정진석 추기경이 잇따라 안중근 의사의 명예 회복과 복권(復權)을 도모하고 '귀감'(龜鑑)이 되는 인물로 추앙했다. 또 광복 이전 프랑스, 독일, 미국 등 외국인 선교사들이 대부분이었던 전국 각 교구가 차츰 한국인 사제들로 바뀌었다. 그리고 이에 앞선 1939년 교황청은 제사를 허용했다. 조상을 섬기는 것이 '다른 신'을 숭배하는 것과 다르다는 것을 이해하게 된 것이다.

5. 천주교의 성장

한국 천주교의 폭발적 성장에 관한 해석에서 '김수환 효과'는 빠지지 않는다. 1969년 한국 최초의 추기경이 된 김수환은 추기경 혹은 천주교에 대해 잘 모르던 한국 국민에게 천주교와 추기경의 위치와 역할이 뭔지를 각인시켰다. 김수환 추기경이 취임하던 당시 100만 명 수준이던 한국 천주교는 그가 선종(善終)한 2009년엔 500만 명을 훌쩍 넘어 있었다. 불과 40년 만에 5배 이상 신자가 늘어났다.

2013년 한국 천주교 신자는 544만 2,996명. 총인구의 10.4%이며 2012년보다 8만 명이 늘었다. 사제 수도 꾸준한 증가세로 2013년 현재 3,995명으로 전년보다 2% 늘었다. 세계적으로 유례가 없는 성장세다. 천주교 오경환 신부(가톨릭대학교 명예 교수)가 1990년 분석한 자료에 따르면 한국 천주교는 1960년대 이후 복음화, 토착화, 참여와 나눔, 종교적 투신 등 4가지 분야에서 타종교와 차별화됐다.

조선 500년 동안 억압받았던 불교가 생활 문화로 남고, 개신교가 반공 이데올로기에 앞장서는 동안 천주교는 1970년대 민주화 운동 등에서 단연 돋보이는 활약을 했다. 1980년대 명동성당은 민주화 운동의 성소(聖所)가 됐고, 김수환 추기경은 그 중심의 인물이었다. 박정희 유신정권 하에선 특히 현실 정치에 좌절한 지식인들이 김수환 추기경의 발언을 듣고 천주교에 귀의하는 경우가 많았다. 1970년대 '동아자유언론수호투쟁위원회'(줄임말 '동아투위') 출신의 한 인사는 "당시엔 김 추기경이 젊은이들에게 희망의 등불 같았고, 그래서 지식인 사이에 천주교 입교(入敎) 붐이 일었다"라고 말했다.

1983년 171만 명 수준이던 천주교 신자는 1987년 민주화 운동 이후 1992년에 300만, 2000년에 400만, 2008년에 500만을 넘어섰다. 요한 바오로 2세가 로마 교황으로는 처음 한국을 두 차례 찾았지만 통계 수치만으로 봤을 땐 '요한 바오로 2세 효과'는 그다지 크지 않았던 것으로 보인다.

2000년대 중반 한 설문 조사에 따르면 개신교 신자 중 천주교로 개종한 사람들은 "개신교는 시끄럽고, 천주교는 엄숙하다"라고 대답한 경우가 대다수를 차지한 적도 있다. 지금 종교계의 관심은 과연 '프란치스코 효과'가 어느 정도일까이다. 프란치스코 교황은 요한 23세의 제2차 바티칸 공의회 이후 '침체기'에 빠졌던 세계 가톨릭의 위상을 새롭게 정립한 교황으로 평가되고 있다.

프란치스코 교황은 교황청 재정을 개혁하고 마피아를 파문(破門)하는 한편, 사회주의 몰락 이후 견제 세력 없이 질주하던 신자유주의의 무자비함과 비도덕성을 질타하고 있다. '가난한 이들의 벗'이란 별칭처럼 권위주의를 깨면서 소탈하고 파격적인 언행으로 '월드스타'로 부상했다. 이 때문에 사그라들던 유럽 가톨릭이 다시 부활하고 있다는 이야기까지 나온다.

국내에서도 교황 관련 책이 최근에만 30여 종이 쏟아져 나올 정도로 인기를 누리고 있다. 천주교계는 내심 '프란치스코 효과'를 기대하고 있겠지만 공식적으로는 '표정 관리' 중이다. 교황방한준비위원회 홍보분과 허영엽 신부는 지난 8월 5일 주례 브리핑에서 프란치스코 효과에 관한 질문이 나오자, "교황님은 '개종(改宗)을 강요하지 말라'고 말씀하신다"며 "신자로서 세상에서 올바르게 사는 것이 필요하지 외적으로 신자 수를 늘리려 하는 것은 무의미한 일"이라고 말했다.

제7장

영국인 전교(英國人傳敎)

1. 토마스 목사의 순교

리델 신부가 한국인 교인 11명을 데리고 북경에 갔을 때 그는 한인 교인 김자평(金子平), 최지혁(崔智赫)을 인도하여 스코틀랜드성서공회 중국 총무 윌리엄슨(Alexander Williamson)을 찾아간 일이 있었다. 그런데 그들이 교난을 피하여 조국을 떠나 중국에 망명했으나 성경에는 매우 무식하였다고 한다. 윌리엄스는 성경을 이미 중국어로 번역 출판하여 보급하는 일에 힘을 쓰고 있었다. 그의 번역 성경이 선교사 또는 항해하는 사람들을 통해 우리나라에도 전해졌다.

그런데 리델 신부가 윌리엄스를 찾아갔을 때 거기에 스코틀랜드 자유장로교 선교사 로버트 J. 토마스(Robert J. Thomas, 1839-1866)[1] 목사가 동

---

[1] 토마스 선교사에 대해 북한 사학계와 일부 사학자들이 1980년 중반부터 제너럴 셔먼(General Sherma)호를 미국 해적선으로 규정하고 제국주의 침략과 연관되었으며 분명한 선교 업적이 없다는 이유로 "침략자 토마스 선교사"로 주장하고 있다. 특히, 이만

참하였다. 그는 리델 신부를 통하여 한국의 병인교난(丙寅敎難)을 자세히 듣게 되었으며 함께 탈출한 한국 신자 김, 최도 소개받았다.

여기서 모험심이 강한 27살의 젊은 토마스 목사는 한국 선교의 뜻을 품게 되었다. 그는 1840년 스코틀랜드의 웨일스에서 회중교회 목사의 아들로 태어나서 런던대학의 신학 과정을 마쳤으며, 1863년 하노버(Hanover)교회에서 목사 안수를 받고 런던선교회 선교사로 임명받아 부인과 함께 중국에 부임하였다. 그는 1864년 아내와 사별하고 임지를 북경으로 옮겨 와 있었으며, 1865년 9월에 한국 해안을 답사하기 위하여 백령도에 왔을 때는 5개월간 체류하면서 한국말을 배우기도 하였다.

그 뒤 리델 신부에게 한국 병인교난 소식을 듣고 그 해 1866년 7월 미국 상선 제너럴 셔먼호가 한국으로 출발할 때에 통역으로 동승하여 한국을 향하였다. 그해 8월 하순 달빛도 없는 그믐밤에 대동강을 한강으로 잘못 알고 대동강 하류를 거슬러 쑥섬에 이르렀다. 쑥섬에서 주민들과의 충돌 사건이 확대되어 마침내 상선은 화공법(火功法)에 의해 불타고 승무원 24명(백인 5명, 아시아인 19명)이 1866년 9월 4일 참살을 당하였다.

언덕에 헤엄쳐 올라갔던 토마스 목사는 한문 성경책을 전하다가 박춘권의 칼을 가슴에 맞고 순교하였다. 그의 시체는 토막 내서 강변에서

열이 1985년 한국 교회사 특강에서 제너럴 셔먼호가 조선에 입국할 때 중무장을 하고 불법으로 들어온 제국주의 침략 선인데 그 배를 타고 온 사람이 선교사일 수 없다는 것은 왜곡이다. 토마스 선교사는 불타는 뱃머리에서 "야소, 야소"를 외치며 성경을 뿌렸다. 그는 대동강 백사장에서 무릎을 꿇고 기도를 드리며 희미하게 미소 지으며 순교했다. 그는 국가 지원을 거부하고 독자적인 선교 사역을 지향했던 비국교도였으며 북경의 중서학원(Anglo-Chinese School)의 책임자 자리를 제안받았을 정도로 국제 정서를 잘 알고 있던 인물이었다.

불태워졌다. 그러나 그의 한문 성경을 전해 받은 병사가 예수 믿고 구원받은 사실을 후일 마포삼열 선교사에게 찾아와 고백함으로써 밝혀졌다. 토마스 선교사의 순교의 피는 한국 개신교의 선교를 열어주는 계기가 되었다. 그가 런던선교회에 보낸 편지에는 이렇게 쓰여 있다.

> 나는 상당한 분량의 책들과 성경을 가지고 떠납니다. 조선 사람들에게 환영을 받을 생각에 가슴이 부풉니다. 런던선교회 이사들이 성경의 교훈을 전하기 위해 아무런 인간의 과오가 혼합되지 아니한 심정으로 미지의 나라로 떠나는 나의 노력을 언젠가는 인정해 주리라 믿으면서 나는 갑니다.

2. 월리암슨 목사의 노력

1653년 신교인 화란의 하멜(Hamel)이 우리나라에 표류하여 억류되어 있다가 13년 만에 탈출하여 귀국하였으며, 1832년에는 독일계 화란 선교사 구츨라프(K. Gutzlaff) 목사가 군산만에 상륙하여 40여 일간 체류하면서 주기도문을 번역하였다는 것을 앞에서 이미 설명하였다. 만일 그들과의 통상과 선교가 이루어졌더라면 우리 교회의 풍토가 지금과는 달라졌을 것이다. 그들은 우리나라를 포함하여 동북아시아 선교를 포기하고 그 정치적 배경을 남양(南洋)으로 돌려 인도네시아 등지로 선교의 방향을 돌린 듯하다.

이런 일들이 있었던 뒤 1866년 9월 중국 선교사로 파송되었던 스코틀랜드장로교 선교사 토마스 목사는 평양 대동강 깊숙이 들어왔다가 순교의 피를 이 땅에 뿌리었다. 그의 나이는 27세였다 한다. 그런데 토마스 목사를 우리나라에 파송을 알선한 사람은 알렉산더 윌리암슨(Alexander Williamson) 목사이며, 그도 스코틀랜드 사람이다.

그는 1865년에 런던선교회 선교사로 임명되어 중국 상하이에 와서 그리피스 존(Griffie John) 등과 함께 선교하였다. 윌리암슨 목사는 과로로 2년간 본국에 돌아가 있다가 다시 중국에 와서 산동성 지푸에 거주하면서 1863년에 스코틀랜드성서공회의 대표가 되어 선교하였다. 특히, 그는 1867년 토마스 목사의 생사를 알아보려고 만주에 내왕하는 한인들을 몇 차례 접촉하였다.

첫째, 양력 4월 춘계 개시기 즉 고려문(高麗門)에서 열리는 시장 개시기에 한인들과 접촉하여 한문 성경과 전도 문서를 반포하였으며, 특히 북경 사절 이풍익(李豊翼) 일행을 만났다.

둘째, 추계개시기(秋季開市期)에 한인에게 전도하는 동시에 한국에 관한 사정을 광범위하게 수집하여 그의 저서인 『북중국, 만주, 동몽고 여행기 및 한국 사정』을 수록하여 1870년 런던에서 발간하였다. 이 저서는 우리나라의 인문과 문화에 관하여 유럽인에게 알려준 귀중한 문헌이다.

3. 로스 목사의 성경 번역

또 한 사람의 스코틀랜드연합장로교 선교사 존 로스(John Ross) 목사의 공적은 크다. 그는 자기 매부 존 매킨타이어(John Mcintyre) 목사와 함께

1870년 만주에서 시작한 선교 사역은 한국장로교회의 여명이며 한국 땅에 복음의 씨앗이 뿌려지는 출발이다. 물론 가을에 만주에 탐색 여행을 하였으나 그의 1차 여행은 실패하였다. 한인들이 그를 스파이로 의심하였기 때문에 접촉할 수 없었다.

다음 해 그의 2차 여행은 성공하였다. 한국어 개인 교사가 되겠다는 한인 이응찬(李應贊)을 만났었다. 그는 의주인(義州人)으로 만주에 장사차 갔다가 로스 목사와 접촉하여 그의 한국어 교사가 되었다. 그는 교인이 되어 로스와 맥킨타이어 목사와 함께 누가복음을 번역하는 일에 참여하였다. 1876년 이응찬은 맥킨타이어 목사에게 세례를 받아 한인으로서는 최초의 개신교인(改新敎人)이 되었다.

이응찬 이외에도 의주인 이성하(李成夏), 백홍준(白鴻俊), 김진기(金鎭基), 이익세(李益世) 등이 세례를 받았으며, 백홍준은 권서(勸書-성경책 파는 사람)가 되어 본국에 돌아와 전도하였다. 이성하도 권서가 되어 국내에 여러 차례 모험적으로 돌아와서 성경을 반포하고 후일에 의주(義州) 교회와 교회학교에서 봉사하였다고 한다. 그 뒤 1878년 홍삼 행상으로 만주에 건너갔던 서상륜(徐相崙)은 장티푸스에 걸려 중태에 빠져 있을 때 로스 목사와 접촉되어 선교회 경영 병원에 입원 치료하여 생명을 건지고, 완쾌를 보았다. 서상륜은 1879년 로스 목사에게 세례를 받고 봉천(奉天)에 가서 성경 번역과 출판 사업에 종사하였으며, 그의 아우 서경조(徐景祚, 본명 상우)는 본국으로 돌아왔다. 서상륜도 권서인이 되어 만주를 거쳐 고향에 돌아왔다.

그 뒤 1887년 로스 목사는 마침내 신약성경을 번역하였는데 그는 만주 봉천(奉天)에 인쇄소를 설치하여 번역된 신약성경을 출판하였다. 그 성경책 이름을 『예수 셩교 젼셔』라고 불렀다. 성경책 이외에도 『한영

문전 입문』(韓英文典入門)을 엮었으며, 영문으로 『한국지: 그 역사·생활·습관』이란 저서를 출판하였다.

4. 국내 최초의 소래교회

로스 목사가 성경 번역 사업을 시작하여 1882년 가을에 『예수성교 누가복음전서』와 『요한 내 복음전서』를, 1883년에는 『요한복음』과 『사도행전』을 간행하였으며, 1884년에는 『마태복음』과 『마가복음』을, 1887년에는 신약성경이 번역 간행되었다. 최초의 수세자(受洗者)들은 이 번역 성경을 갖고 국내에 들어와서 전하며 전도하였다. 백홍준은 1883년 의주, 위원(渭原), 강계(江界) 등지에서 배포하였다. 반년도 못되어 십여 명의 신자를 얻었으며 주일마다 모여 예배를 드렸다. 이것이 하나의 최초의 기도처가 되었다.

그리고 서상륜도 국내로 들어왔으나 금지된 종교이므로 고향 의주에서 전하기가 두려워 황해도 장연군(長淵郡), 송천(松川)(속칭 솔내, 소래)으로 옮겨가 전도한 결과 1886-7년에 초가집 소래교회가 세워졌다. 이것이 한국 최초의 교회이며 또한 장로교회의 시초이다. 서상륜의 동생 서경조는 1887년 언더우드에게 세례를 받았고 그는 소래교회를 시작하였다. 그는 1907년 조선예수교장로회신학교(세칭 평양신학교) 제1회 졸업생 7인 가운데 한 사람으로 그 해에 조선예수교장로회 제1회 노회에서 안수를 받아 초대 목사가 되었다. 서상륜 형제의 열심 있는 전도 때문에 얼마 안 되어 소래 마을의 58세대 가운데서 50세대가 포섭되고, 1896년에는 자신들의 재력으로 8간 짜리 예배당을 신축했다. 또한, 동학란 때

문에 피난 온 사람들을 합하여 교인이 200명이나 되었다.[2]

언더우드는 1887년 9월 27일 14명의 한국인 신자와 함께 새문안교회를 조직하고 서상륜과 박홍준 두 사람을 장로로 장립하였다.

런던선교회 토마스 선교사 최난헌[순교자. 1840-1866]
<출처: 한국컴퓨터선교회>

---

[2] 서경조, "서경조의 신도와 전도와 송천교회 설립역사," 「신학지남」, 1921년 5월호.

제8장

문호 개방과 선교

1. 불, 미 함대의 실패

  1839년과 1866년 두 차례에 걸친 프랑스 선교사들의 피살 사건으로 중국 북경 주재의 외교관들은 중국 정부에 대하여 책임을 추궁하였다. 그 까닭은 한국이 중국에 예속된 줄로 알았기 때문이다. 그러나 중국 정부는 책임을 회피하였다. 여기에서 프랑스는 한국을 독립국으로 인정하고 로즈 제독에게 전함 7척을 주어 한국에 파견하였다. 그들이 한때 강화도를 점령하였으나 우리는 작은 배들을 강구(江口)에 가라앉혀서 서울로 들어오는 물곬을 막고 약 5천 명의 군대를 보내어 침략자를 몰아내었다.

  로즈는 큰 손해를 입고 후퇴하였다. 그 뒤 1871년에 미국은 1866년에 있었던 미국 상선 제너널 셔먼호 침몰 사건의 책임을 묻고 통상조약 체결을 강요하기 위해 아세아함대 사령관 로저스(John Rodgers)와 북경 주재 미국 공사 로우(F. F. Low)를 원정대로 강화에 파견하였다. 그들은 감찰선 2척을 한강 수로로 올려 보냈다. 한국 포대는 그것을 포격하였다. 미국 전함은 일제히 응전하여 강화 포대를 탈취하였으나 우리는 많은 사상자를 내면서 강화부(江華府)를 사수하였다.

2. 병자수호조약

미국인들은 조약 체결의 희망이 없음을 깨닫고 후퇴하였다. 이러한 사태들은 대원군의 자만심을 높여 주었으나 1873년 대원군은 정부에서 떠나고 민비파(閔妃派)가 정권을 잡았다. 대원군의 퇴진은 오랫동안 닫혀있던 문호를 개방하는 새 기원을 가져오게 되었다. 1876년 2월 26일 한일수호조약(韓日修好條約)이 체결되어 항구를 개방하고 외국인의 거주를 허락하였다.

강화도에서 맺었기에 강화도조약 또는 병자수호조약이라고 한다. 이 조약 제1조에 의하면, "조선국은 자주국이며 일본과 평등한 권리를 보유한다"라고 되어있다. 그러므로 그 당시의 일본과의 관계에 있어서 우리는 자주국으로 대등하게 조약을 체결함으로써 세계에 독립국의 면모를 증거가 된 뜻이 컸다. 그러나 이 조약으로 인해 결국 일본에 나라를 빼앗기고 민족은 고난의 세월을 보낼 단초가 되는 비극의 서막이 되었다.

3. 구미제국(歐美諸國)과의 수호

이 당시 유럽인들이 우리나라와 접근하는 방법으로는 세 가지이다.

① 직접 접근하는 길.
② 중국을 통하는 길.
③ 일본을 통하는 길.

그러므로 미국은 중국을 통하여 우리나라와 접근하기를 꾀하여 드디어 성공을 보게 되어 1882년 5월 22일에 한미수호통상조약에 조인하였고, 1883년 4월 7일 비준서를 교환하였다. 그리고 동년 6월 6일에는 한영(韓英)수호조약 조인(1884년 4월 4일 비준서 교환), 동년 6월 30일에는 한독(韓獨)수호조약 조인, 1884년 6월 26일에는 한이(韓伊)수호통상조약 조인, 동년 7월 17일에는 한로(韓露)수호통상조약 조인, 1886년 6월 4일에는 한불(韓佛)수호통상조약이 각각 체결되었다.

이렇게 하여 우리나라는 유럽 국가들과 수호 관계를 맺게 되어 문호를 활짝 개방하였다. 그러나 이 수호 관계로 곧 선교의 자유가 허락되는 것은 아니었다. 한미조약에서는 양쪽의 문화인이 피차의 나라에 왕래하며 학문이나 언어, 예술을 비롯한 사업들을 학습하고, 또 피차 도와서 우의를 돈독히 한다는 정도에 그쳤으며, 한·영·독조약에서는 유럽인들이 그들 사이에서는 지정된 거주지에서 그들이 신봉하는 종교의 예식 집행이 가능하다는 것이며, 한불 조약에서는 특히 교회(敎誨)한다는 문구가 삽입된 건이었다.

"...學習戒敎誨語言文字格致律例技壞均得保護相助..."

교회란 곧 가르치는 일이다. 여기에서 많은 순교자를 낸 프랑스인들은 기독교 교리와 의식을 가르치는 길을 터놓았다. 마침내 다른 교파들도 용기를 얻어 선교에 착수하게 되었다.

4. 개신교 선교사 알렌

1884년 9월 20일 미국북장로교가 파송한 의료선교사 알렌(Horace Newton Allen)이 제물포에 상륙함으로써 한국주재 선교사의 첫발을 디디었다. 그는 1858년 4월 23일 미국 오하이오(Ohio) 델라웨어(Delaware)에서 출생하여 1881년 웨슬리안대학을 졸업하고 이학사 학위를 받았으며, 1883년 마이애미의과대학을 졸업하고 의사 면허증을 받았다.

그는 중국 선교사로 임명받아 1883년 10월 25세의 나이로 중국 상하이에 부임하여 의료 선교를 하다가 한국에 의사가 없다는 소식을 듣고 뉴욕선교부의 허락을 받아 한국 선교사로 임명받아 한국에 부임한 것이다. 그는 내한 즉시 서울에 있는 미국 공사관과 외교 기관의 관의(官醫)로 임명되었다. 1884년 12월 8일 개화파 김옥균(金玉均), 박영효(朴泳孝) 등이 수구파 거세를 위해서 우정국 낙성식 때 쿠데타를 일으켜 수구파 거두인 근위대장 민영익(閔泳翊)을 칼로 난자하여 중상을 입혔는데 알렌 의사가 그를 치료하여 생명을 구해 주었으므로 고종(高宗)의 신임을 받게 되었다.

고종은 알렌 의사를 시의(侍醫)로 임명하였고, 알렌은 한국 정부에 요청하여 서양식 병원 신설 허가를 받아 1885년 2월 25일 광혜원(廣惠院)을 개원하였다. 이것이 최초의 서양식 병원으로 국립병원(國立病院)이었으며, 그는 책임자가 되었다. 후에 이 병원이 세브란스병원과 의과대학이 되었다. 광혜원은 제중원(濟衆院)으로 바뀌었는데 이곳이 잠시 한국 선교의 거점이 되었다.

알렌 의사는 1887년 선교부와의 관계를 끊고 미국 공사관 서기관이 되었다가 1897년에는 주한(駐韓) 미국 공사 겸 총영사로 승진되었고, 1901년에는 특별전권 대사로 임명되어 1905년까지 우리나라에 주재하였으며, 3차에 걸쳐 고종 황제로부터 훈장을 받았다고 한다. 1885년 4월 5일 부활주일 아침에 제물포에 상륙하였던 최초의 선교사 언더우드(Horace G. Underwood) 목사는 선교를 시작하기 전에 알렌 의사의 광혜원에서 그를 도와주었다.

호레이스 알렌(1858-1932) 선교사
<출처: 한국컴퓨터선교회>

제9장

미국인 전교

1. 칼빈 매티어 내한

　순교자 토마스 목사가 타고 왔던 제너럴 셔먼호는 미국의 상선이었다. 그러므로 미국은 극동에 파견된 미국 해군과 또는 외교 경로를 통하여 그 상선과 선원들의 실정을 알아보려고 노력하였다. 북경에 주재하고 있는 미국 공사관 서기 윌리암스(W. Williams)는 중국 정부를 경유하여 우리나라에 공한을 보내어 셔먼호와 선원들의 사정을 탐문하였다. 우리나라는 이러한 회답을 보냈다.

　　1866년 7월(음력) 이양선(洋船) 한 척이 평양에 내박하고 발포와 난동을 부리다가 배는 지방민에 의하여 불타버리고 선원들도 피살되었는데 그중에 최난헌(崔蘭軒, 토마스 목사의 中國名)이란 영국 사람과 덴마크 사람 이팔행(李八行)과 마귀자(馬鬼子) 등이 있을 뿐이요, 미국인은 없었으나 윌리암스가 평양의 영국인 소익(燒溺) 사건을 미국인으로 오인한 것이라고 하였다.

　미국 극동해군사령관은 1867년 1월에 군함 와츄세트(Wachusett)호를 다시 보내어 셔먼호의 행방을 알려고 하였다. 그러나 뜻을 이루지 못하고 돌아갔다. 그 뒤에 다시 셔란도안(Sherandoan)호를 한국에 보냈다. 이 배가 대동강 구에 정박하였다. 이 배에는 미국북장로교 선교사 칼빈 매티어(Calvin W. Matteer, 狄考文) 목사가 통역으로 함께 왔다. 이 배는 3주간이나 정박하고 있었으며, 셔먼호의 선원이 전부 죽었음을 확인하였다. 매티어 목사는 해안 촌락에 나와서 한문 성경과 전도문을 반포하였다. 그의 일기에 이런 기록이 있다.

　　　우리는 제일 높은 산꼭대기까지 올라갔다.… 거기서 십자가 하나를 보게 되었다. 십자가가 거기에 있는 이유를 알 수 없었다.… 나는 이 십자가가 기독교와 관련성이 있다고 믿는다.

2. 해외 선교사들의 호소

　일본에 와 있던 미국교회의 선교사들은 우리나라의 유학생, 또는 망명객들과 접촉할 기회가 있었다. 선교사들은 감리교의 맥클레이(RobertS. Maclay), 장로교의 낙스(George W. Knox)와 성서공회의 루미스(Henry Loomis) 목사 등이 있었다.
　그들은 한국 청년 망명객들에게 영어를 가르치고 교회 계통의 학교에 인도해 주었다. 그리고 그 가운데 나이가 많고 지도적인 사람으로 신자가 된 사람을 한국어 성경 번역에 참여하게 하였다. 그가 곧 이수정(李樹廷)이다. 이수정은 1882년 6월 구식 군대가 신식 군대에 대한 불만으로 촉발된 임오군란(壬午軍亂)때 민비 왕후를 극적으로 구출하였다. 그는 이 일로 종 4품 선략장군 직을 하사받았으며, 같은 해 9월 임오군란의 뒤처리를 위해 박영효 일행이 일본 수신사로 갈 때 그의 비공식 수행원이 되어 일본으로 건너갔다.

그는 일본으로 가는 도중 한국의 어느 항구에서 중국어 성경과 마가복음 주석과 말틴(A. W. Martin)의 『천도소원』(天道溯源)을 얻어 가지고 갔다. 그는 이 서적을 연구하는 가운데 기독교 신앙의 줄거리를 알게 되었다. 그는 일본인 목사를 통하여 미국인 선교사 낙스(G. W. Knox)와 맥클레이(R. S. Maclay)와 사귀게 되었다. 그는 중국어 성경과 일본어 성경을 가지고 미국성서공회의 성경 번역에 가담하였다. 1884년 마가복음서가 출판되었으며, 한국 최초의 선교사 언더우드 목사가 일본을 거쳐서 우리나라에 올 때 이 쪽 복음서를 갖고 들어왔다.

한편 중국에 있는 미국 선교사들도 한국 선교를 위해서 본국에 호소한 사람이 있다. 곧 리이드(Gibert Reid) 목사는 1884년 4월 14일부로 지푸에서 다음과 같은 편지를 보냈다.

> 나는 지금도 역시 한국 선교지의 즉시 점유(占有)를 열망하고 있다. 나의 의견은 일본 측에서, 중국 측에서, 만주 측에서, 그리고 한국 측 자체로부터 얻은 실정 보고에 의한 것이다. 나의 의견은 귀하가 일찍이 귀하의 편지에서 지적한 바와 같이 선교사로서가 아니라 교사와 의사의 자격으로 선교 사업을 시작해야 한다는 것이다. 교사와 의사는 모두 만반의 준비하고 와야 할 것이다. 곧 교사는 영어를

가르치기에, 충분한 서적을 가지고 와야 할 것이며, 의사는 각종 약품과 의료기를 장만해야 할 것이다. 이렇게 만반의 준비하고 오면 부임 즉시로 민중들의 존경을 받을 것이다.

이러한 호소에 대하여 미국 선교본부는 처음에는 관심을 기울이지 않았다. 그러나 현지 선교사들은 한국 선교를 위해서 끊임없이 그 길을 모색하였다.

1883년 중국 지푸에 주재하고 있는 선교단 소속 다우드웨이트(A. W. Douthwaite)는 스코틀랜드성서공회의 대리인 윌리암슨(Alexander Williamson)의 요청에 따라 한국의 여러 항구를 역방(歷訪)하고 스코틀랜드성서공회의 사업으로 성경을 반포하였다.

그 성과나 자세한 내용은 알 수 없다. 다만 한국의 미국 남감리교회 창설자 리이드(D. F. Reid, 李德) 박사의 보고에 의하면, 다우드웨이트(Douthwaite) 박사는 자기가 양육한 신자의 한 사람인 중국 병사에게 복음서와 전도지를 공급해 주었는데 그가 1883년에 원세개(袁世凱)와 같이 한국에 왔었다. 중국인 병사는 한국인들에게 기독교 서적을 반포하고 전도하다가 한국 관헌에게 발각되었고 본국으로 추방되었다고 한다.

이러한 정세 아래서 1882년 한미조약이 체결된 뒤 1884년 9월 20일에 미국북장로교 의료선교사 알렌(Horace Newton Allen) 의사가 우리나라에 처음으로 발을 디디게 되었다. 미국북장로교가 선교하는 중국 선교사 리이드(Gilbert Reid) 목사의 편지와 같이 실천한 것이다.

"의사는 각종 약품과 의료기를 장만해야 한다. 이렇게 만반의 준비하고 오면 부임 즉시로 민중들의 존경을 받게 될 것이지마는…."

제10장

교회 설립 준비

1. 성경 번역

　우리 교회의 기초는 예수 그리스도시다. 예수 그리스도는 반석이시며, 이 반석 위에 지은 집(교회)은 튼튼하다. 예수 그리스도는 부활 승천하셔서 하나님 우편에 계시며, 영으로 우리와 함께 계시다. 우리는 현실적으로 예수 그리스도를 만날 수 있으며, 예수 그리스도의 뜻을 충분히 알려고 할 때는 성경을 기도하면서 읽을 때 이루어진다. 성경은 그러므로 우리 믿음의 기초이며, 교회의 터가 되는 것이다. 그러므로 우리가 예수 그리스도를 올바르게 전하는 방법은 그의 생애와 그의 교훈과 그의 내력을 설명한 성경을 전달하는 것이 첩경(捷徑)이 된다.
　따라서 우리나라에 복음을 전하려고 하던 초대 선교사들이 성경을 우리 글로 번역하는 일에 먼저 착수한 것은 매우 지혜로운 일이라고 볼 수밖에 없다. 개신교 선교사의 선교 방법은 천주교 신부들이 십자가상이나 염주를 주는 것으로 영세의 표로 삼는 방법과 다르다.

스코틀랜드장로교 선교사 로스(John Ross, 1842-1915) 목사가 1882년에 만주에서 『마가복음』, 『누가복음』을 번역 출판하였으며, 1887년에는 신약성경을 번역, 완성하여 출판하였는데, 그 이름을 『예수성교 젼셔』 라고 하였다. 그것은 미국 선교사 언더우드 목사가 내한한 지 2년 뒤에 된 일인데 로스(Ross) 번역을 공인하여 사용하지 않는 까닭은 그 번역 원본이 한문(漢文) 성경이 있으며, 우리 말 번역에 협조한 분들이 모두 관서(關西) 인사들이었으므로 사투리가 많은 까닭이었다고 본다.

예를 몇 가지 들어보자.

> 압라함의 자손 다빗의 후예 예수 키리쓰토의 족보라 (마 1:1).
> 마암 궁빈한 쟈 복이문 텬국이 져의 나라이 되고 (마 5:3).
> 나는 참포도 남기오 나의 아반이는 농민이라 (요 15:1).
> 속키 오리라 하니 아멘 쥬 예수야 오시라 (계 22:20-21).

로스(John Ross) 목사만이 아니라 일본에서 선교하던 목사들이 우리나라의 지사인 이수정(李樹廷)과 협조하여 1884년에 『마가복음』을 번역 출판하였으며, 언더우드 선교사가 일본에 들렀을 때 그쪽 복음을 받아서 우리나라에 왔다. 여기에서 1887년 10월에 성경번역위원회가 조직되어 우리말 성경 번역에 착수하였으며, 1895년에 마태, 마가, 누가, 요한, 사도행전이 시험 번역되었고 1900년에 신약 전체가 완역되었다.

이 성경 번역에는 레이놀드(Reynolds), 김정상, 이승두의 노력이 컸다. 그리고 1900년에는 합동(合同)성서공회가 창립을 보게 되었다. 대영성서공회, 미국성서공회, 스코틀랜드공회가 우리나라에 와서 함께 협조해서 일하기 위해 합동성서공회, 곧 오늘의 대한성서공회를 창립하게 된 것이다. 그리하여 1900년 4월에 신약전서를, 1910년에는 구약전서를 번역 출판하였는데 이것을 구역(舊譯)이라 한다. 그리고 1935년에 개역(改譯) 성경이 출판되어 오늘날까지 애용되고 있다.

2. 교파별 선교사들의 입국

1885년 4월 2일, 벽안의 두 선교사가 부산항에 내렸다. 미국 감리교와 장로교에서 각각 파송한 선교사 헨리 아펜젤러(1858-1902년)[1]와 호러스 언더우드(1859-1916년)였다. 부산은 이들이 최종 목적지인 인천으로 가는 길에 들른 기착지이자 처음으로 밟은 조선 땅이었다. 아펜젤러와 언더우드는 부산에서 하룻밤을 묵은 뒤 인천으로 출발해 부활절이던 4월 5일 제물포항에 도착했다. 한국 기독교의 초석을 다진 두 선교사 아펜젤러와 언더우드 선교사는 어둠과 무지, 가난과 질병에 시달리던 우리 민족에게 복음을 전파하고 독립 정신까지 불어넣었다.

---

[1] 아펜젤러(H. G. Appenzeller, 1858. 2. 6-1902. 6. 11)는 부계의 펜실베이니아 화란개혁주의와 모계의 메노나이트파 신앙 속에서 자라다가 감리교로 옮겼다. 드루신학교에서 선교사가 되기로 결심했을 때, 그는 차가운 이성과 뜨거운 가슴을 동시에 소유하고, 정통 교리(orthodoxy)와 정통 실천(ortho-praxis) 양자 사이에 균형을 유지하고 있었다. 1883년 10월 코네티컷 하트포드신학교에서 열린 해외 선교를 위한 전국신학교동맹대회에 드루신학교 대표 5명의 한 사람으로 참석했다. 아펜젤러는 1884년 8월 선교부 총무 리드에게 편지하여 선교사로 지원했다. 리드는 연말까지 아펜젤러와 여러 통의 편지를 주고받았다. 리드가 보낸 편지 날짜는 1884년 9월 5일, 10월 17일, 11월 20일, 12월 1일, 12월 17일, 12월 20일이었다. 아펜젤러는 12월 17일 선교사로 나가기 위해 랭커스터제일감리교회에서 엘라 닷지(Ella Dodge)와 결혼했다. 두 사람이 성탄절을 보내기 위해 수더턴의 아펜젤러 부모 집에 가 있을 때, 12월 20일 자 리드 총무의 편지를 받았다. 한국 선교사로 임명되었다는 소식이었다.

두 선교사의 활동은 한국 감리교와 장로교, 현재의 대한민국의 '기초'가 됐다. 아펜젤러와 언더우드는 교단은 다르지만, 형제처럼, 때로는 친구처럼 협력했다. 두 선교사가 교파를 초월해 힘을 합쳤다는 점은 분열된 지금의 한국교회가 배워야 한다. 아펜젤러와 언더우드 선교사는 조선을 위해 자신의 모든 걸 바쳤다. 이분들의 삶과 정신을 잊지 말아야 한다.

첫째, 미국북장로교 선교사 언더우드(Horace G. Underwood)는 1885년 4월 5일 부활주일 아침 제물포(濟物浦)에 상륙하여 곧바로 서울로 올라왔다.

둘째, 미국북감리교 선교사 아펜젤러(Henry G. Appenzeller)는 언더우드 목사와 함께 제물포에 상륙하였으나 부인을 동반하고 왔다가 부인들의 상경을 삼가라는 통보를 받고 일본에 되돌아갔다가 6개월 뒤에 다시 내한하였다. 그해 5월 3일에 아펜젤러 목사와 함께 일본에 와 있던 메리 스크랜턴(1832-1909년)과 윌리엄 스크랜턴(1856-1922년) 모자(母子)도 입국해 우리나라에 복음의 씨앗을 뿌렸다.

스크랜턴(Wm.B. Scranton)[2] 목사는 감리교 병원을 설립하였다. 어머니

---

[2] 뉴잉글랜드 청교도 명문가 후손인 스크랜턴(William B. Scranton, 1956. 5. 29-1922. 3. 23)은 뉴헤이븐에서 자랐다. 홉킨스학교와 예일대학교를 졸업하고 뉴욕으로 가서, 1882년 컬럼비아대학교와 그 대학과 연결된 뉴욕의과대학을 졸업했다. 그 해에 루이자 암즈(Louisa W. Arms)와 결혼했다. 어머니인 스크랜턴(Mary Fletcher Scranton, 1832-1909) 여사도 함께 이사했으며, 1883년 6월 14일 첫 손녀 오거스타의 출생에 기뻐했다. 여사는 북감리교 여자해외선교부 활동에 적극 참여했다. 1873년부터 일본에서 선교사로 일하던 해리스(Merriman C. Harris, 1846-1921) 목사가 1884년 초여름 안식년 기간에 클리블랜드를 방문하고 스크랜턴 가족과 만났다. 그는 매클레이 목사

와 아내도 입국하여 이화학당을 설립하였다. 아펜젤러가 처음 한국에 왔던 1885년 그의 몸무게는 90kg이었다.

그런데 1890년에는 63kg으로, 1901년에는 59kg으로 줄었다고 한다며 주님의 일을 얼마나 열심히 했으면 몸무게가 이렇게 빠졌겠는가.

셋째, 오스트레일리아장로교 선교사 데이비스(Henry Davis) 목사의 남매가 1889년 10월에 내한하여 선교하다가 데이비스 목사는 마마병(천연두)에 걸려 별세하여 1890년 4월 15일에 장례식을 거행하였다. 그 뒤 호주교회는 매카이(J. H. Mackay) 목사 부처와 3명의 독신 여선교사도 파송하여 부산 초량에 정착시켰다.

넷째, 영국성공회는 1889년 웨스트민스터 사원에서 한국 선교사 임명식을 거행하였다. 선교사로 임명받은 이는 코르페(C. J. Corfe) 신부인데 그는 군목 출신으로 한국 감독에 임명되었다. 1890년 9월 30일 서울에 도착하였다.

다섯째, 캐나다침례교의 펜윅크(Malcom C. Fenwick)는 개인 자격으로 1889년 12월 8일에 내한하여 서울서 어학을 배우고 황해도 솔래에 가서 한국집을 사서 살면서 전도하였다. 또 다른 침례회선교사 폴링(C.

를 통해 한국이 개방되었다는 소식을 듣고, 한국에 의료 선교사로 나갈 것을 권했다. 그가 떠난 후 한 달간 장티푸스를 심하게 앓은 스크랜턴은 선교사로 나가기로 했고, 이어서 아내 루이자도 동의했다. 병상에서 스크랜턴 여사와 스크랜턴 부부가 기도하고 대화한 결과였다. 스크랜턴은 1884년 10월 4일 첫 한국 선교사로 임명받고, 한국에서 갑신정변이 일어난 12월 4일 뉴욕의 파크애비뉴교회에서 파울러(Charles H. Fowler) 감독으로부터 장로 목사로 안수를 받았다.

F.Pauling)과 스테드완(F. W Steadwan) 부처 등은 충청도에서 선교하다가 지쳐서 펜윅에게 선교 사업을 맡기었다.

여섯째, 영국남장로교 선교사 레이놀드(W. D. Reynolds) 목사가 전위렴(W.M. Junkin, 全偉廉), 최의덕(L. B. Tate, 崔義德), 그의 자매(Miss Mattie S. Tate), 데이비스(Linnie Davis)양 등과 함께 1892년 10월 18일에 서울에 도착하였다. 이듬해부터는 전라도를 선교 지역으로 삼아 선교하여 교회 설립, 병원 설립, 학교 설립에 주력하였다.

일곱째, 캐나다장로교 목사 메켄지(Wm John McKenzie)는 개인 자격으로 1893년 10월에 내한하여 서울서 몇 날을 지난 뒤에 솔내에 가서 한복을 입고 한식을 먹으며 전도하다가 1895년에 세상을 떠났다. 그 뒤 공식 선교사 그리슨(R. Grierson), 푸트(W. R. Foote, 富斗一) 목사 부부와 맥레이(D. W. McRae) 목사 등 5인이 파송되어 원산에 자리잡고 선교하였다.

여덟째, 미국남감리교 중국 선교사 헨드릭스(E. A. Hendrix) 감독과 리이드(C. F. Reid), 이덕 박사는 윤치호(尹致昊)의 요청에 의하여 1895년 10월에 서울에 와서 지방을 시찰하고 선교에 착수하게 되었다. 1930년에 남북감리교회가 합동하여 조선감리교회를 설립하였다.

아홉째, 1899년에 그리스정교회(正敎會), 1904년에 안식일교회(손흥조, 임기반), 1907년에 성결교회(김상준, 정빈), 1908년에 구세군선교회, 1958년에 루터선교회들이 각각 입국하여 선교에 착수하였다.

열째, 1896년에 영국 플리머스형제단(Plymouth Brethern)의 자유교회인 형제교회가 출발하였다.

언더우드(Horace Grant Underwood. 1859-1916)
<출처: 한국컴퓨터선교회>

제11장

선교사와 선교 정책

1. 의료 사업을 통한 선교

　미국북장로교에서는 한미(韓美)수호조약 체결 이후 2년 만에 의료선교사 알렌(Horace N. Allen, M. D.)을 파송하였다. 이것은 아직도 기독교에 대한 금령이 해제되지 않았으므로 직접적인 선교보다도 간접 선교 정책을 취하는 것이라고 볼 수도 있다. 알렌은 웨슬리안대학을 졸업하고, 마이애미의과대학을 졸업하고 1893년 의사 자격을 받았다. 알렌 의사가 고종의 신임을 얻어 병원 설립 허가를 받게 되어 1885년 4월 10일에 정식으로 개원되었는데 그 병원 이름이 광혜원(廣惠院, 널리 많은 사람에게 은혜를 베푼다)이다. 실제 병원 시작은 2월 25일이다. 개원한 지 두 주일쯤 지난 4월 23일 이름을 광혜원에서 제중원(濟衆院, 많은 사람을 구제한다)으로 바꾸었다.
　알렌 의사는 민영익의 중상을 이미 치료하여 효과를 받게 되었으므로 10만 량의 선물을 받았다고 하며, 우리 정부에서는 갑신정변(甲申政

變) 때에 사형된 홍영식(洪英植)의 집을 병원으로 사용하게 하였고, 파괴된 집을 6백에서 1천 달러의 비용을 들여 개장하였다고 한다.

그런데 미국북장로교 선교본부와 광혜원과의 관계를 살펴보면 장로교 본부는 시료의 책임자를 제공하는 데 그칠 것으로 분명히 하였으며, 한편 우리 정부는 건물 모든 설비 및 경상비 등을 부담하기로 했다고 한다. 이로써 우리나라에 상주하는 선교사의 사업 기초가 놓였다. 이 국립병원은 외래 환자들이 많아져서 유능한 의사의 도움이 필요하였다. 미국 북감리교 의료선교사 스크랜턴(W. B. Scranton)이 1885년 5월 내한하였을 때 알렌은 제물포까지 출영하여 맞이하였다.

알렌 의사는 스크랜턴 의사가 병원에서 일할 수 있도록 허가원을 정부에 제출하였다. 5월 29일에 시병원(施病院) 개원이 결제되었으나, 그는 5월 22일부터 일하였다 한다.

한편 소수의 한국인에게 의학을 교육할 목적으로 1885년 4월 10일 병원 안에 의과 교실을 개설하였다. 교수진은 알렌 의사, 헤론(John Heron) 의사, 언더우드 목사로 구성하였다. 두 의사는 실용 의술을 가르치고, 언더우드 목사는 물리, 화학을 가르쳤다. 스크랜턴 의사도 따로 병원을 열고 조수들에게 실용 치료술을 실습시켰다고 한다.

2. 교육을 통한 선교

우리 정부는 1881년에 일본과 중국에 학생들과 시찰단들을 파송하여 세계 정세를 공부하게 하였다. 1883년 봄에 한국 군주(君主)는 주한 미국 사절을 통하여 국립학교의 운영과 교육을 기획할 만한 유능한 청년

세 사람을 추천하여 달라고 미국 교육행정가 이톤(John Eaton) 장군에게 요청하였다. 이톤 장군은 뉴욕 유니온신학교에서 세 사람을 선택하였다. 이들 세 사람은 길모어(G.W.Gilmore, 1883년 프린스톤 졸업생), 벙커(D. Bunker, 1883년 오벌린 졸업생), 헐버트(H. Hulbert, 1884년 다트마스 졸업생) 등이다. 헐버트는 20년 동안 한국에 머물면서 영어를 가르쳤고 최초의 한국 역사책을 썼고 루스벨트 대통령에게 일본의 억압에 대해 한국을 도와주라고 건의하기도 했다. 그의 건의가 받아들여지지는 않았지만, 그는 한국을 사랑한 사람으로 알려졌고 1949년 한국 정부의 초대를 받고 방문하여 86세에 서울에서 죽었다. 절두산 근처 그의 묘지의 묘비에는 다음과 같이 기록되어 있다.

"호모 헐버트-비전의 사람이요, 한국인의 친구: 나는 웨스트민스터 사원에 묻히기보다는 한국에 묻히기를 원한다."

합정동에 있는 서울 외국인묘지 공원 안에 118명의 선교사가 묻혀 있다. 한국의 감리교와 장로교 선교의 창설자들인 아펜젤러 가족과 언더우드 가족이 포함되어 있다.

1886년 9월에 육영공원(育英公院)이 창설되어 정부에 봉사할 수 있는 인재를 길러냈다. 그러나 탐관오리 등이 학교 공금을 사용했기 때문에 바라던 목적을 얻지 못하였다. 그러므로 길모어, 헐버트, 벙커가 차례로 그만두었고, 헐버트와 벙커는 감리교 선교사가 되어 다시 내한하였다. 선교사들이 세운 교육 기관을 살펴보면 다음과 같다.

1) 이화학당

1885년 6월 스크랜턴(Mary Scranton) 여사가 내한하여 10월에 초가집을 사서 1886년 5월 30일 이화학당을 설립하고, 새로이 여자학당과 부녀원을 짓기 시작하여 1886년에 완성되어 11월부터 쓰기 시작하였다. 왕비가 이 학교를 이화학당으로 이름 지어 보내 주셨다. 한국의 배꽃은 프랑스의 나리꽃(百合花)이나, 영국 랭카스터(Lancaster)가의 붉은 장미꽃과 비슷한 꽃이다(1887년 보고).

2) 배재학당

1885년 8월 미국북감리교 선교사 H. G. 아펜젤러가 정동사택 사랑방에서 배재학당(培材學堂)을 설립했으며, 1886년 고종 황제가 배재학당이라는 교명을 내려 주었다. 1886년 6월 8일에 개교하여 7월 2일까지 6명이 입학하였다. 1909년 4월 배재고등학당으로 인가받았고, 1916년 배재고등보통학교(5년제)를 설립하여 병설 운영했다. 이화학당, 경신학교와 함께 우리나라 근대 교육의 선구적 역할을 한 선교계 최초의 사립학교이다.

초창기 학생은 20명 정도였고, 교과목은 영어였다. 개설한 지 4년 후에 학칙이 마련되어 학교의 면모를 갖추게 되었다. 1890년경에는 영어를 비롯해 한문, 천문, 역사, 지리, 생리, 수학, 수공 및 성경 등을 가르쳤다. 과외 활동으로 연설회, 강연회, 토론회 등이 있었고 야구와 농구, 축구, 정구 등 운동 경기도 있었다. 1925년 배재학당이라는 교명을 폐지하고, 미군 정하인이 1945년 다시 개교했다.

3) 경신학교와 정신학교

언더우드 목사는 고아들을 데려다 숙식을 제공하는 고아원학교를 시작하였다. 그의 희망은 기독교 대학과 신학교 설립까지도 구상하였다. 고아원은 예수교학당, 또는 구세학당(救世學堂)이라 불렸고, 오늘의 경신(敬新)학교의 전신이다.

한편 간호원으로 1886년에 내한하였던 엘러스(Annie J. Eellers) 양이 벙커(D. B. Bunker)와 결혼한 뒤에도 고아원과 관련하여 여학교 설립을 시작하였다. 이것이 정신(貞信)여학교의 전신이다.

3. 네비우스 선교 방법

1890년 6월 7명의 한국 장로교 선교사들의 초청으로 선교사 수양회의 강사로 중국에서 내한하였던 네비우스(John Nevius) 목사는 다음과 같은 선교 전략으로 3자 정책(Three-Self Principle)을 제의하였으며 이것을 채택하였다. 외부의 간섭을 받지 않고 교회를 운영한다는 것과 원조를 받지 않고 자기 교회를 운영한다는 것, 그리고 스스로 전도한다는 것이다. 네비우스는 뉴욕에서 태어나 프린스턴신학교를 졸업하고 중국에서 선교 봉사를 하였다.

네비우스 선교 정책(The nevius plan)은 40년간 중국 선교 사역을 감당했던 존 네비우스(John Livingston Nevius, 1829-1893)가 당대 서구 중심적 선교 정책에 대해 의문을 제기하면서 헨리 벤(Henry Venn, 1796-1873)과 루퍼스 앤더슨(Rufus Anderson, 1796-1880)이 제시했던 "자급, 자치, 자전(Self-supporting, self-governing, self-propagating) 정책에 근거하여 만든 것이다.

1) 네비우스(Nevius) 선교 정책

초기 한국 개신교 선교에 결정적인 영향을 미친 선교 방법은 네비우스 선교 정책이다. 네비우스 선교 정책은 주한 남.북장로교와 남감리교 선교부가 선교 정책 및 방법으로 채택하였는데 네비우스 선교 정책은 모든 주한 개신교 선교 사업에 밀접한 영향을 주었을 뿐만 아니라 향후 거의 모든 주한 선교부의 선교 정책을 규정한 것이나 다름없었다.

2) 네비우스 선교 정책(Nevius plan)의 채택 배경과 과정

한국 개신교 선교부는 기독교를 처음으로 한국에 소개하려는 선교사업의 초기에 여러 가지 어려운 문제들이 많았다. 그 이유는 선교 초기에 재정 및 인적 자원이 부족했을 뿐만 아니라 조선의 상황에 대한 지식에도 생소하였기 때문이다. 또한, 한국에 나온 선교사들이 각기 다른 신앙과 교리 배경을 가지고 있었고 선교부의 배경도 달랐기에 한국에서 선교 활동을 전개하면서 완전한 일치와 조화를 이루기가 어려웠다.

한국에서 본격적인 선교가 개시된 지 1-2년도 안 되어 선교사들 사이에 갈등이 표출되고 선교부에 사임을 표명한 사건들이 속출한 것은 이미 초창기부터 선교사들 사이의 일치된 조화가 이루어지지 못하고 있었음을 보여 주는 증거였다.

이 같은 갈등은 신앙적인 것이 아니라 선교 방법론의 차이에서 비롯된 것이었다. 초기 한국에 온 선교사들이 대부분 20대 후반에서 30대

초반에 이르는 젊은 계층이었고 본국에서 신학교를 마친 직후에 선교지로 파송되어 경험 미숙이 갈등 원인의 하나가 되었다. 이러한 현실을 누구보다도 잘 알고 있었던 언더우드는 "현장 경험이 있는 분을 우리에게 보내 달라고 계속해서 편지를 띄웠다. 그는 자신이 너무 젊어서 사역 현장에서 제기되는 수많은 문제를 놓고 쩔쩔맨다"라고 느끼고 있었다. 그런 까닭에 주한 선교사들은 처음부터 네비우스 선교 정책에 관심을 끌게 되었다.

한편, 언더우드 목사는 선교 현장에서 신자들에게 재정적 의무감을 주입하려는 방안을 강구하던 차에 네비우스 박사의 책을 읽고 그의 "자립 선교의 원칙"에 전폭 동감하게 되었다. 1890년 6월 당시 한국에 주재하고 있던 7명의 장로교 선교사들이 수양회(Missionaries' Conference) 강사로 중국에 도착하여 30년이 넘게 중국 선교에 종사하면서 그때 지부(芝罘)에서 활동하며, 오랜 선교 경험이 있는, 미국북장로교에서 파송한 네비우스 내외를 초청하였다.

네비우스(Rev. John Nevius) 내외는 2주간 서울에 머물며 새롭게 시작되는 한국의 실정에 맞는 선교 사역의 원리를 강의하였다. 한국에서 활동을 시작한 젊은 선교사들은 네비우스의 강연에 깊은 감명을 받았고 선교 정책에 대한 조언을 들으며 서로의 경험을 나누었다.

한국에 있는 선교사들은 네비우스가 출판한 책자 「선교지 교회의 설립과 발전」(*The Planning and Development of Missionary Church*)을 통하여 그의 이름을 알고 있었다. 이들이 머무는 동안 장시간의 토의 끝에 주한 선교사들은 네비우스 선교 정책을 그들의 선교 원칙으로 채택기로 결의하였고 이것은 한국교회의 선교 방향을 설정케 한 기점이 되었다. 네비우스 선교 방법은 이미 조직된 교회를 위하여서가 아니고 선교지의 초창기

선교를 위하여 적합한 방법으로 제시한 것이었다.

네비우스는 중국에서 선교 사업을 추진하는 데 있어 궁극적으로는 '독립하고 자립하며 진취적인 토착교회'(Independent, Self-reliant, and aggressive native churches) 설립이 목적이지만 실천 방법에서는 둘로 나뉜다고 하였다. 즉 종래의 방법은 봉급을 받는 본토 전도인에게 일을 맡기는 것으로 초기에 토착교회 성장을 자극하기 위해서 외국 선교 기금을 사용하는 방법인데, 자신이 제시하는 새 방법은 본토인 전도인에게 드는 경제적 지출은 최대한 줄이고 처음부터 자립의 원칙을 세워 이른 시일 안에 독립과 자립을 이룬 진취적 토착교회를 세우게 한다는 방법이었다. 선교를 수행하면서 본토인 전도인을 내세워 전도하고 교회를 설립게 하는 주역으로 삼는 데는 두 방법이 일치하나 그들의 활동에 드는 비용을 누가 부담하느냐에 따라 방법이 나뉘게 된다.

기존의 방법은 선교부에서 전적으로 맡아 지급했으나 네비우스가 제시하는 방법은 본토 교인들 스스로가 부담하게 하는 것이다. 전자의 방법이 선교 초기에 눈에 띄는 급속한 발전을 기할 수는 있으나 장기적인 안목에서 볼 때는 완전한 자립 토착교회 설립의 저해 요인이 될 수 있다고 본 것이다.

그러나 우리가 말하는 네비우스의 선교 방법은 그의 독창적인 것이 아니라 헨리 벤(Henry Venn)과 루퍼스 앤더슨(Rufus Anderson)의 선교 이론에서 온 것으로 네비우스 목사는 벤이나 앤드슨에 의하여 정립된 원리를 아시아의 선교지의 상황에 구체적으로 적용했다. 네비우스 선교 정책이 발표되기 이전의 주한 선교 사역들은 교회 개척, 의료, 교육 등의 영역에 국한되었고, 초창기 선교의 선교적 방법이 구체적으로 제시되지 못했지만 이러한 약점을 주한 선교부에 적용하여 새로운 선교 지평(地

平)을 열게 되는 계기가 되었다. 결국, 네비우스 박사 부처의 서울 방문은 주한 선교부의 선교 방향을 결정짓는 중요한 사건이 된 것이다.

첫째, 자급자립(Self Supporting)이다.

각 사람이 본래의 직장이나 업중(業中)에 남아 있어 자급자립(自給自立)이라면서 그리스도를 위해 한몫하는 일군이 되게 하며, 그 인근 친척 중에 그리스도인다운 생활을 실천하도록 가르친다.

둘째, 자전(Self Extending)이다.

본토(本土)에 있는 교회의 운영과 기구 조직은 그 교회가 가지고 있는 그 자체의 능력 범위 안에서 자전(自傳)하여 발전시킨다.

셋째, 자치(Self Governing)이다.

교회 자체가 인물과 재정을 공급할 수 있는 자치(自治) 운영을 하고 그럴 때만 전도 사업에 유자격자를 택정한다.

이상의 방법 외에 몇 가지 방법도 덧붙였다. 본토인이 자력(自力)으로 교회 건물을 짓게 하되, 건축 양식은 본토식으로 하고, 그 규모는 교회가 유지할 수 있을 정도로 한다. 또한, 지방 순회 전도, 기독교 문서의 반포, 노방 전도 등을 하였다. 병원과 학교를 통해서, 영어 교수를 통해 민중에게 접근하며, 효과적인 방법은 개인 접촉인데 남자를 위해서는 사랑방, 여자를 위해서는 안방으로 심방하여 복음이 가정 속으로 침투하였다.

네비우스 선교 방법은 한국교회의 발전에 중대한 역할을 하였다. 곽안련(C. A. Clark)은 "한국교회의 급성장이 네비우스 방법에 기인한다"라고 했으며[1] 베어드(W. M. Baird)도 "한국 선교의 성공에는 네비우스의 힘이 컸다"라고 피력하였다.[2]

존 리빙스톤 네비우스(1829-1893)
<출처: 위키백과사전>

---

[1] Spencer J. Palmer, *Korea and Christianity* (Seoul, 1967), 27.
[2] L. G. Paik, *The History of Protestant Missions in Korea* (Union Christian College, 1929), 228.

제12장

선교사와 선교 행정

1. 선교사연합공의회

1890년 미국북장로교선교회와 호주장로교선교회가 합하여 연합공의회를 조직하였다. 이 공의회에 미국북감리교, 성공회, 침례교 선교사들은 참가하지 않았다. 1893년에는 장로회 정치를 사용하는 선교회가 조직되었으며, 1901년에는 선교사와 한국인 총대가 합하여 조선예수교장로회 공의회가 조직되었다. 당시 회원으로 장로 3인(서경조, 김종섭, 방기창), 조사(助師-전도사) 6인(양전백, 송순명, 최흥서, 천광실, 고찬익, 유재열), 선교사(미국남·북, 호주, 캐나다장로교) 25인이었다. 이 공의회에서 중요한 결정을 했다.

첫째, 신학과를 설치하여 교역자를 양성하기로 하고 그 일을 시작하였다.
이것이 조선예수교장로회신학교, 곧 평양신학교이다. 학생은 김종섭, 방기창 장로이다.

둘째, 대한자유장로회 설립위원을 선정하였다.
이때 우리나라에 파송되어 온 선교 단체는 미국북장로교, 남장로교, 호주장로교, 캐나다장로교로 각각 자기파에 속한 교회, 노회, 총회를 조직하지 않고 선교회에서 자유할 수 있는 자유, 단일 행정 기구를 조직하기로 합의 결정한 것은 초대 선교사들의 현명한 처사라고 생각한다. 그 설립 방법으로 네 가지를 정하였다.

① 금후 어떤 때든지 장로 1인 이상 있는 지교회 12처, 목사에 임직할 자격 있는 자 3인 이상에 이르면 대한자유예수교장로회를 설립한다.
② 회원은 다음과 같다.
　ⓐ 전국의 목사.
　ⓑ 한국에 주재하는 선교사 가운데 안수식에 의하여 임직한 목사와 장로.
　ⓒ 전국 각 당회에서 총대로 파송하는 한국 장로 1인씩이 되어야 한다.
③ 선교사는 노회 중 한국 회원이 향유하는 일반 권리를 향유하나 여전히 각기 본국 노회원이 되어 그 관할과 치리를 받아야 한다. 미국 장로회 헌법 번역 위원을 택한다.
④ 그리스도신문을 공의회 발행물로 정하였다.

2. 선교 구역 설정

우리나라에 4개 장로교파가 선교할 때에 선교 지역을 분할하는 정책을 쓴 것은 또 하나의 찬하할 만한 일이다. 그리하여 남장로교에서는 전라도, 호주장로교에서는 경상남도, 캐나다장로교에서는 함경도, 북장로교에서는 평안도, 황해도, 경상북도를 맡아 선교하여 교회, 학교, 병원을 세웠다. 그리고 1892년 6월 11일에 미국북장로교와 북감리교가 합의해서 선교 구역을 설정하였다. 그러할 때 방한 중인 포스터(R. S. Foster) 감독이 시인하지 않아서 당분간 곤란하였으나 그 뒤에 합의가 되었으며, 지역 분할은 1909년에 최종으로 합의가 되었다.

감리교가 담당한 구역은 남감리교에서는 강원도 3분의 2, 연안(延安), 해주(海州), 원산(元山) 이남 지역, 북감리교에서는 평북 태천(泰川), 박천(博川), 영변(寧邊), 희천(熙川), 평남 강서(江西), 강원도 3분의 1, 서울 남부, 충남 지역이었다.

그리고 5천 명 이상의 읍(邑) 이상의 지역에서는 장·감 두 교파가 함께 전도하여 교회를 세울 수 있게 되었다. 이 장·감 구역 설정은 1936년까진 합의 실행했으나, 장로회 총회에서 강원도 춘천과 황해도 해주에 전도 목사를 파송함으로써 구역 협정을 깨뜨리게 되었다.

3. 독노회 조직

대한자유장로회 공의회의 결정에 따라 1907년 9월 17일 평양 장대현 예배당에서 조선예수교장로회가 조직되었다. 이것을 독노회(獨老會)라고도 한다. 한국에는 노회가 하나밖에 없다는 뜻이다. 이때 회원은 선교사 38인, 장로 40인이었으며 임원은 회장으로 마포삼열(공천하여 투표로 선출), 부회장으로 방기창, 서기로 한석진, 송린서, 그리고 회계로 이길함(Graham Lee)이 선출되었다. 이 독노회에서 처리한 중요한 사항이 있다.

첫째, 목사 안수이다.

평양신학교 제1회 졸업생 7명(길선주, 방기창, 서경조, 송린서, 양전백, 이기풍, 한석진)에게 안수하여 목사로 장립하였다. 1901년에 미국북감리교선교회에서는 김창식, 김기범(金基範)에게 안수하여 목사로 장립하였다. 이들은 신학교를 졸업하지 않았다. 이분이 한국인 최초의 목사이다. 1904년에 미국남감리교선교회에서는 김홍순(金興順)에게 목사로 안수하였다.

둘째, 선교사 파송이다.

독노회 조직을 기념으로 제주도(濟州島)에 이기풍 목사를 선교사로 임명하여 파송하기로 하였다.

셋째, 고퇴 채용이다.

오늘날 의사봉(議事棒)이라는 망치 곧 고퇴를 채용하였다. 은으로 십자를 면에 새기고, 청홍으로 태극을 머리에 그리고, 광채 있는 은으로 띠를 띠운 견고한 망치라고 한다.

넷째, 신조와 정치이다.

장로회 12신조와 장로회 정치를 채택하였다. 이 독노회가 조직될 당시의 교세는 다음과 같다. 목사 47인(선교사 포함), 장로 53인, 조사 131인, 예배 처소 984처, 세례 교인 17,890명, 원입인 21,482명, 교인 총계 69,098명, 학교 402처, 학도 8611명, 그리고 연보 신화 94,022원이다.

한편 독노회 회록을 출판할 때에 서문을 기록하였는데 그 노회록 서문의 일부는 이러하다.

> 신령하고 크도다. 이 아름다운 노회여, 교회의 머리 되시는 주 예수 그리스도께서 일찌기 사도와 문도(門徒)를 택정하여 세우사 천국의 복음을 천하에 전하여 만민의 영혼을 구원케 하셨으니… 할렐루야, 찬송하리로다. 우리 대한 인민들이 하나님을 알지 못하고 사신(邪神)과 우상을 섬기매 장차 하나님의 형벌을 피할 수 없더니 자비하신 하나님께서 우리나라 인민을 돌아 보사… 네 곳 교회 총회로 선교사를 택정하여 이곳에 보내시매… 신학교 졸업 학사 일곱 사람을 목사로 장립하고 조선예수교장로회 노회라 하셨으니 이는 실로 대한민국 독립노회이다. 할렐루야, 찬송으로 성부, 성자, 성신님께 세세토록 영광을 돌리세. 아멘.[1]

---

[1] 『조선예수교장로회 독노회록』, 3.

제13장

평양신학교

1. 연합신학교

　최초의 장로회신학교인 평양신학교는 북장로교선교회, 남장로교선교회, 호주장로교선교회, 캐나다장로교선교회 그리고 한국의 장로교 총회가 함께 운영하던 하나의 연합교육기관이었다. 1901년 조선예수교 장로회 공의회에서 교역자 양성을 위해서 평양에 연합신학교(聯合神學校)를 설치하였다. 이 당시 입학생은 김종서와 방기창 2인이었고, 이듬해에 4인이 증가하였으며, 1905년에는 40명이 재학하였다.
　그런데 처음의 입학생들이 현직 교역자이므로 장기간 신학교에 재학할 수 없었다. 그러므로 5년 동안에 신학 과정을 마칠 수 있도록 1년에 3개월씩 공부하게 하였다. 그리하여 1905년에 이 5개년 안을 선교사 공의회에서 승인하였으며, 1920년에 1년에 2학기와 3년제로 바꾸었다. 이 제도는 1938년까지 계속되었다.
　연합신학교란 미국남·북장로교, 호주장로교, 캐나다장로교선교회가 연합하여 운영한다는 뜻이다. 1901년 창립 당시에 교수는 교장에 마포삼열(S. A., Moffet, 1864-1939) 목사와 이길함(Graham Lee) 목사 두 사람뿐이었으며, 성경과 교회사, 조직신학, 실천신학을 가르쳤다. 1916년에 정교수 5인을 정하여 교수회를 구성하였으며, 1924년 가을 학기에 최초로 한국인 강사로 김선두(金善斗) 목사가, 1925년 가을 학기부터 최초로 한국인 조교수로 남궁혁(南宮赫) 목사가 각각 취임하였다.

그리고 1926년 봄학기부터 이성휘(李聖徽), 김선두 목사가 임시 교수로 가담하였으며, 남궁혁 목사는 1927년에 교수로 승진되었다. 박형룡(朴亨龍) 목사는 1928년 봄학기부터 임시 교수로 취임하여 1934년에 정교수로 승진되었다. 남궁혁 목사는 1929년 미국 리취몬드대학교에서 신학박사 학위를, 박형룡 목사는 1933년 미국 루이빌침례교신학교에서 철학박사 학위를, 이성휘 목사는 1934년 미국 하노버대학에서 신학박사 학위를 각각 획득하였다. 그 밖의 한국인 교수로 김인준(金仁俊), 고려위(高麗緯) 목사가 있었다.

브라운 선교사는 다음과 같이 말했다.

> 평양신학교는 해외 선교지에서는 가장 규모가 큰 신학교 중의 하나가 되었다. 철저한 복음주의 전도 정신으로 훈련받은 신학교 졸업생들이 나가서 담대한 신앙으로 복음을 전파하였으며, 한국교회에 지성적 리더십을 제공했다.[1]

---

[1] Brown, *One Hundred Years*, 448-449.

2. 교사와 기숙사

1901년 신학교가 시작된 곳은 평양의 마포삼열 목사 사택이었다. 그때 마포삼열 목사의 사택은 대동강가에 있는 대동문(大同門) 술막골에 넓은 정원을 앞에 두고 한국식 기와를 입힌 서양 집이었다. 1908년 미국 시카고에 사는 맥코믹(MacCormick) 여사로부터 1만 1천 원의 기부금을 받아 하수구리(下水口里) 언덕 5천 평의 대지를 사고 한국식 교사를 짓기 시작하였다.

1922년에 다시 맥코믹 여사는 7만여 원을 보내왔으므로 서양식 새 교사를 건축하는 데 큰 도움이 되었다. 1913년에 6동의 기숙사를 건축하였는데 2채는 맥코믹기념관, 1채는 알렉산더기념관(남장로교), 2채는 마르다기념관(북장로교), 1채는 빅토리아기념관(호주장로교)으로 재정 보조자의 이름을 따서 불렀다.

미국북장로교선교회에서 파송한 마포삼열(Samuel A Moffett 1864-1939) 선교사는 1890년 1월 자신의 26번째 생일에 한국 땅을 처음 밟았다. 1936년 일본과 신사 참배 문제로 갈등을 겪다 본국으로 돌아갈 때까지 46년간 이 땅에 복음의 씨앗을 뿌렸다. 평양을 중심으로 교회 1,000여 개와 학교 300여 개를 세웠다. 무엇보다 평양장로회신학교를 세워 주기철, 이기풍 목사 등 800여 명을 배출하며 한국 개신교 신학 교육의 토대를 다진 인물이다.

1906년 6월 평양에서 사역하던 마포삼열 선교사는 안식년을 맞아 아내 앨리스 피시 마페트와 귀국길에 오른다. 1,000명 넘는 평양의 기독교인이 이들을 배웅하기 위해 십 리를 걸어 역까지 나왔다. 마포삼열 선교사는 미국북장로교 선교부 브라운 총무에게 보낸 편지에서 그 순간을 이렇게 기록했다.

> 저는 겨우 16년 만에 평양시에 그토록 뚜렷한 변화가 왔다는 것을 깨닫기가 힘들었습니다. 16년 전 이달 그곳에 처음 들어갔을 때 그 도시에는 한 명의 기독교인도 없었습니다.··· 남성, 여성, 남학생, 여학생이 모두 줄지어 서서 송별 찬송가를 부르는 것을 볼 때 우리의 가슴은 벅찼습니다.··· 우리는 주님께서 한국에서 섬기는 특권을 우리에게 주신 데 대해 진심으로 감사했습니다.

마포삼열 선교사는 일기와 많은 편지를 남겼다. 그가 1904년부터 1906년까지 주고받은 편지와 각종 보고서는 매우 귀한 자료이다. 이 시기는 러일 전쟁이 일본의 승리로 끝나면서, 한반도에 대한 일본의 지배가 본격적으로 시작되던 때다. 그가 평양에 머물며 교회를 지키고 종군 기자들과 교류하며 주고받은 편지들, 1905년 기다렸던 첫아들 제임스 매키의 출생 이후 가족들과 나눈 편지 등이 남아 있다.

마포삼열 선교사는 평양 기독교의 부흥 과정을 상세하게 기록하고 있다는 점에서 한국 초창기 서북 지역 교회사라 부를 만하다. 마포삼열 선교사는 1904년 평양 선교지부 연례 보고서에서 평양 부흥의 원동력이었던 사경회에 대해 보고했다.

당시 사경회는 새벽 기도와 찬양, 오전 경건회와 성경 공부, 오후 성경공부와 찬양, 불신자 전도 이후 저녁 전도 집회 등의 순서로 진행됐다. 주제별, 성경책별, 한 절씩 주석으로 공부하는 등 다양한 방법을 썼는데 한국인들은 한 절씩 주석을 참고해 공부하기를 선호했다.

마포삼열 선교사는 이렇게 기록했다.

작년 한 해 동안 약 60%의 등록 교인과 학습 교인이 한 번 이상 사경회에 참석하는 특권을 누렸으며, 약 75%의 미조직교회가 사경회를 개최했고 사경회가 인기 있는 진정한 이유는 하나님의 말씀에 대한 사랑에 있다.

마포삼열 선교사는 미국 중서부 지역에서 성장하였고, 1829년에 설립된 맥코믹신학교(McCormick Theological Seminary)에서 신학 수업을 받았다. 맥코믹신학교는 19세기 초엽에 중서부 지역에 일어났던 부흥 운동의 결과로 배태되었으며, 장로교 목회자 양성을 위한 신학교를 필요로 했던 시대적 요구를 부응하기 위해 시작되었다. 맥코믹신학교는 초기의 신학적 특성과 신학 교육 목적을 일관성 있게 전개해 나갔으며, 무엇보다도 학문과 경건에 뛰어난 목회자를 교육하기 위해 노력하였다.

맥코믹의 신학적 토대는 바로 영감 된 하나님의 말씀에 토대를 둔 복음주의적 진리, 즉 16세기 위대한 종교개혁자들에 의해 재정립되고, 웨스트민스터 신앙고백과 교회 정치에 기반을 둔 장로교적 신앙 원리에 두었다. 이렇게 태동한 맥코믹신학교는 보수주의 신학의 온상지로서 그리고 선교사 양성소로 유명해졌으며, 그 훈련 과정은 철저한 보수주의에다 청교도적인 엄격성, 그리고 불굴의 기상을 불어넣어 주는 동시에 경건성을 위주로 실시하였다.[2]

19세기 미국장로교단 안에 내재해 있던 구학파와 신학파의 갈등은 결국 1837년에 분열하고 말았고, 그런 상태는 1869년까지 지속하였다.

---

[2] 마포삼열 박사 전기편찬위원회, 『마포삼열박사전기』, 58-59.

이러한 두 학파 간의 대립과 분열의 와중에서 맥코믹신학교는 구학파의 사상을 선호하고 있었다.³ 이렇게 초기부터 맥코믹의 신학적 입장은 구프린스톤 신학과 긴밀한 유대 관계를 맺고 있었고, 부흥 운동에 호의적인 "온건한 구학파"적 특성을 반영하고 있었다. 마포삼열의 신학도 교리적인 면에서는 구학파적 전통이 강했지만, 전도와 선교에서는 신학파적 특성도 공유하고 있었다.⁴

19세기 중반의 맥코믹신학교는 장로교단에 의해 운영되었지만, 다양한 복음주의 신앙을 신봉하는 학생들에게도 문호를 개방하고 있었다. 또한, 교수들의 신학적 분위기도 철저한 장로교 전통을 유지하고자 하면서도, 어느 한 편에 치우치는 것을 상당히 경계했으며, 믿음의 식구로서 그리스도의 십자가 보혈로 인한 구원에 감사의 마음이 흘러넘쳤다. 또한, 세계 어느 지역에 있는 성도들과도 신앙 안에서 격의 없는 교제와 사랑을 나누려는 의지가 강했다. 그리고 졸업생들은 대부분 복음 전도자나 목회자로 활동하고자 준비하고 있었으며, 초기부터 선교에 대한 관심과 열정이 시간이 지나면서 더욱 뜨거워져만 갔다.⁵

이러한 분위기 속에서 신학 교육을 받고 한국으로 파송된 마포삼열

---

3 Lefferts A. Loetcher, *The Broadening Church* (Philadelphia: University of Pennsylvania Press, 1954), 77-81.

4 마삼락 박사는 필자와의 대화에서 마포삼열은 "구학파적인 교리와 신학파적인 복음 전도와 선교에 열정적인 입장"을 취했으며, 종말론적인 입장에서도 "비교조적 전천년설"(non-dogmatic premillennialism)을 신봉했다고 언급하였다. 마삼락과 필자와의 인터뷰, 2006년 10월 5일.

5 Le Roy Halsey, *A History of the McCormick Theological Seminary of the Presbyterian Church*, 7-8, 10. 맥코믹신학교의 선교 지향적 신학 교육과 출신자들 가운데 선교사로 헌신한 상황에 대해서는 다음을 참조하라. 마포삼열 박사 전기편찬위원회, 『마포삼열박사전기』, 58-64.

을 비롯한 미국북장로교 소속 선교사들은 성경 전부가 하나님의 영감된 말씀이며 신앙과 행위의 유일무오한 법칙이라고 믿었다. 그리고 성경에 교시된 진리의 체계가 장로교회의 웨스트민스터 신앙고백과 요리문답에 잘 개괄되어 있다고 간주하였다.

웨스트민스터 교리적 표준은 한국장로교회의 신조를 구성하고 있었으며, 한국장로교회는 이 신조가 하나님의 말씀의 철저한 토대 위에서 작성되었기 때문에 이를 매우 중시하였다. 이런 전통은 교리를 중시하고 신경과 신조를 중심으로 기독교의 진리를 이해하고 전수해 나가고자 하는 구학파 장로교의 영향을 받고 있었음을 반영하고 있다.

이러한 구학파 사상이 우세한 전통은 프린스톤신학교와 맥코믹신학교의 대체적인 신학적 입장으로 보아도 무방할 것이다. 선교사로 한국에 파송된 대부분 미국북장로교 선교사들은 교리적으로는 개혁주의 신학의 입장을 지지하면서도, 전도와 선교 열정이 어느 사람보다도 강한 인물들이었다. 그런 면에서 그들의 신학적 입장을 신학교 출신으로 그리고 신학파와 구학파적 전통을 통해 이분법적으로 구분하는 것은 적절한 자세가 아니다. 왜냐하면, 19세기와 20세기 초반까지는 적어도 두 신학교가 지향하는 신학적 입장은 거의 동일했기 때문이다.

한국에 파송된 장로교 선교사들은 초기에는 맥코믹 출신들이 많았지만, 시간이 지나면서 프린스톤 출신이 더 많아졌더라도 신학적 입장에는 차이가 없었다고 보는 것이 적합한 판단이다. 19세기 미국북장로교가 중시했던 구 프린스톤 신학은 성경의 권위와 교리적 중요성을 인식하면서도, 종교적 체험의 의미도 충분히 인정한 신학이었다.[6] 바른 교리

---

6 W. Andrew Hoffecker, *Piety and the Princeton Theologians: Archibald Alexander, Charles Hodge, Benjamin Warfield* (Philipsburg: Presbyterian and Reformed Publishing Co.,

의 토대 위에서 비롯된 경건성 추구야말로 한국장로교회를 향한 중요한 공헌이었으며, 장로교 선교사들을 통해 한국에 소개되고 파급되었다.

구 프린스톤 신학은 장로교 신학적 전통을 계승해 나가면서도 개혁과 부흥을 추구할 수 있는 신앙의 토대를 갖추고 있었으며, 이러한 신학적 입장은 맥코믹신학교나 출신 선교사들에게도 거의 공통적으로 나타났다.[7]

3. 수난기의 신학교 양립

1938년 9월 30일 총회가 신사 참배를 결의한 뒤 선교회에서는 평양신학교를 폐쇄하기로 결의하였다. 1907년 제1회 졸업생 7명을 낸 이래 1939년까지 34회 7백 99명의 졸업생을 배출하였으나 신학교 문을 닫았다. 이때(1939년) 서울에서 새로운 신학교 설립 기성회가 조직되었고, 1940년 4월 승동(勝洞)교회 지하층에서 개강하였는데 이것이 오늘의 한국신학대학의 전신이다. 학원장에 김대현(金大鉉) 장로, 전임 교수에 윤

1981), 홍치모 역 『프린스톤 신학의 삼대거성』(서울: 利久출판사, 1983).
[7] Jong Hyeong Lee, "Samuel Austin Moffett," 24. 복음주의 신학의 지적 자신감은 개혁파 전통에 많은 빚을 지고 있다는 것은 주지의 사실이다. 최근의 복음주의의 발흥에 영향을 개혁주의 신학의 공헌에 대하여 앨리스터 맥그라스는 이렇게 주장하고 있다: "위대한 청교도 신학자인 조나단 에드워즈(Jonathan Edwards)의 신학이 가지고 있는 현대적 타당성과 생명력의 재발견은 복음주의 신학의 회복에 있어서 가장 중요한 발전 중 하나였고, 복음주의가 자신의 유산에 대한 새로운 자신감을 가지도록 해 주었다. 최근 19세기 미국의 복음주의에 지적 탄력성을 가져다 준 구 프린스톤 학파의 사상과 저작에 대한 새로운 관심이 일고 있다." 앨리스터 맥그라스, 『복음주의와 기독교의 미래』 신상길, 정성욱 역 (서울: 한국장로교출판사, 1997), 108.

인구(尹仁駒), 김재준, 일본인(宮內彰) 목사였다.

서울에 새로운 신학교가 설립된 데 자극을 받은 평양신학교 졸업생(목사)들은 크게 당황하여 평신(平神) 재건을 총회에 요청하여 1939년 총회에서 승인을 받게 되고 1940년 2월에 개강하게 되었다. 이 신학교를 속칭 채필근(蔡弼近, 평신 11회 졸업)신학교라고도 한다. 이 신학교가 1945년까지에 졸업생 156명을 내었으며, 조선신학교에서도 1945년까지 117명의 졸업생을 내었다. 이들 졸업생의 대부분이 한국장로교회를 사분 오열하는 데 주도적 역할을 하였다. 한편 1941년 만주(滿洲)에 흩어져 있는 교회들이 총회를 따로 세우기로 하였다. 만주에는 동만(東滿), 북만, 남만, 봉천(奉天), 안동(安東), 영구(營口)노회가 있었으며, 장로교, 감리교, 성결교, 동아기독교, 조선기독교 등 5개 교파가 연합하여 만주조선기독교회를 결성하였다.

만주 총회에서도 신학교를 따로 세워 3회에 걸쳐 수십 명의 졸업생을 내었으며, 교장 정상인(鄭尙仁, 총회장), 교수 박윤선(朴允善), 박형룡, 일본인 기꾸지, 강사 김선두, 안광국(安光國), 와다나베, 이성주, 김세진(金世鎭), 계창봉 제 목사였다. 이렇게 1940년에는 장로교계 신학교가 3, 감리교계 1, 성결교계 1로써 많은 교역자가 배출되어 한국 교계를 주름잡았다. 여기 장로교계 신학 졸업자에 대하여 몇 가지로 분류해 볼 수 있다.

① 3·1독립선언서 서명자(署名者)-길선주, 양전백(梁甸伯, 평신 1회), 유여대(劉如大, 평신 8회).
② 중국 산동 선교사-박태로(朴泰櫓, 동 5회), 사병순(史秉淳), 김영훈(金永勳, 동 6회), 방효원(方孝元, 동 8회), 홍승한(洪承漢, 동 4회), 박상순(朴尙純, 동 10회), 이대영(李大榮, 동 14회), 방지일(方之日, 동 32회).

③ 신사 참배 거부로 순교한 최봉석(동 6회), 주기철(朱基徹, 동 19회).

④ 平神 출신 1號 박사-남궁혁(1922년 15회 졸업, 1927년 본교 교수, 1929년 박사 학위, 1932년 총회장).

⑤ 관계 인사-배은희(裵恩希, 동 13회, 감찰원장), 함태영(咸台永, 동 16회, 부통령), 권태희(權泰羲, 동 31회, 국회의원).

⑥ 이색적 인사-김장호(金庄鎬, 동 7회, 최초의 자유신학 동조자), 박승명(朴承明, 동 15회, 관상가), 차광석(車光錫, 동 25회, 침례교 목사), 정지강(鄭志强, 동 27회, 감리교 목사).

평양신학교
<출처: 한국교회사연구소>

제14장

한국교회와 문화 선교

1. 출판 사업

1888년 가을에 배재학당의 교사 일부에 인쇄 시설을 차려 놓았다. 여기에 한글, 한문, 영어 등 세 나라 활자를 구비하여 세 나라 글로 인쇄할 수 있었다. 이 인쇄소 이름이 삼문(三文)출판소(The Trillingual Press)이며 잡지, 신문, 교재를 출판하였다. 그 설립 목적은 기독교 문서를 만들어 한국인과 재한 외국인에게 보급시키려 함이었다. 소책자, 전도지, 책과 그 밖의 인쇄물들을 동양 어느 곳에서보다도 한국 안에서 깨끗하고 값싸게 인쇄하기 위함이라고 그 목적을 밝혔다.

또한 배재학당 학생들에게 학비를 벌어 쓸 수 있게 해 주었다. 여기서 인쇄된 책과 신문은 다음과 같다.

첫째, 『천로역정』(天路歷程)이다.

존 번연의 『천로역정』(Pilgrim's Progress)을 우리말로 게일(Gale, 奇一) 박

사가 번역한 기독교 문학 작품이다. 1894년에 인쇄되었다. 삽화는 작중의 인물들을 한국 사람으로 옷, 살림을 모두 토착화시켜 표현한 것이 매우 인상적이었다.

둘째, 「한국유기」(*The Korean Repository*)이다.

영문 월간 잡지로 1892년 1월에 창간호가 인쇄되었다. 편집인은 올링거(Franklin Ohlinger)이었다. 이 잡지는 1893년-94년까지 정간되었다가 1895년 1월에 속간되었는데 아펜젤러와 존스(G. H. Jones)의 공동 책임 아래 편집되어 1898년 12월까지 계속 출판되어 통권 60호를 내놓았다. 「한국유기」(*The Korean Repository*)는 기록 문서의 보고요, 그 시대의 중요한 사료이다.

셋째, 「독립신문」이다.

우리나라 최초의 민간 신문인 「독립신문」이 창간된 것은 1896년 4월 7일인데 이 신문이 이 삼문인쇄사에서 인쇄되었다. 이 신문은 더불로이드판(현행 신문 1면의 절반 판)으로 4면을 인쇄하였는데 제1면엔 논설, 제2면엔 관보, 제3면엔 답보, 제4면엔 영문판으로 엮었으며, 모든 기사는 한글로 썼다. 이렇게 삼문출판사는 신약성경과 기독교 서적, 영문 주간지인 「독립신문」도 인쇄하였다. 1900년도 보고에 의하면 이 인쇄소는 1899년 5월부터 1900년 5월까지 1년간 100만 페이지를 인쇄하였다.

2. 찬송가 편찬

우리말로 번역된 찬송가 출판은 1893년이다. 최초의 신자가 된 이들이 중국 만주에서 전도를 받았던 만큼 한문역 성경과 한문 찬송으로 신자의 생활을 시작하였을 것이다. 그러므로 한국식 찬송가의 요구가 시급하였을 것이다. 그리하여 장·감 선교사들은 공동으로 찬송가 책을 발행하기로 합의를 보아 위원을 선정하였다.

감리교 존스(G. H. Jones) 목사와 장로교 언더우드(H. G. Underwood) 목사가 그 위원으로 선정되었는데 얼마 되지 않아서 존스 목사는 귀국하였고, 열심히 많은 언더우드 목사는 영어 찬송가를 우리말로 자기도 번역하고 다른 사람들이 번역한 것도 수집하여 사람들을 깜짝 놀라게 할 작정으로 아무하고도 의논하지 않고 일본에서 출판하였다.

그 뒤 감리교에서 1897년에 『찬미가』를, 미국 북장로교에서 『찬송시』를, 1900년에 침례교에서 『복음 찬미가』를, 1911년 성결교에서 『부흥성가』를, 1912년엔 『구세군가』가 각각 출판되었다. 또 그 뒤 1928년에 장·감 연합으로 『신정 찬송가』를 출판하였으나 공동 사용이 이루어지지 않았고, 장로교에서 1935년에 『신편 찬송가』를 따로 출판 사용하였다.

1945년 8월 15일 조국의 해방과 더불어 당시 사용되었던 『신정 찬송가』와 『신편 찬송가』 그리고 『부흥성가』를 『합동 찬송가』로 통일 사용하여 왔었다. 그리고 1962년 예장 승동 측과 고려 측이 합동 기념으로 『새 찬송가』를 출판하여 예장합동 측, 고려 측 등의 보수교회 계통이 사용하였으며, 그 밖의 찬송가로는 『개편 찬송가』, 『합동 찬송가』(기독교서회 발행), 『성가』(성공회 발행), 『가톨릭 성가』 등이 출판되었다. 1981

년 한국찬송가공회를 조직하여 1983년 11월 20일부터 전국의 교회가 『찬송가』로 통일 출판하여 사용하고 있다.

3. 주간 신문 잡지

1) 두개의 교계 주간 신문

맨 처음으로, 「죠선 그리스도인 회보」가 1897년 2월 2일에 창간되었으며, 이어서, 「기독교 신문」(基督敎新聞)이 1897년 4월 1일에 창간되었고, 1910년에 「예수교 회보」, 1911년에 「그리스도 회보」, 1915년 「기독신보」(基督申報)가 창간되어 1937년까지 계속되었다.

월간 신문으로 「구세공보」가 1910년에 창간되어 오늘에 그 지령을 계승하고 있다. 현재의 「한국 기독공보」는 1946년 7월 15일에 창간된 「기독교 공보」의 후신이며, 「크리스챤신문」은 1960년 7월 9일에 창간되었으며, 「기독신보」(基督新報, 예장합동 총회 기관지)와 그밖에 「교회 연합신보」 등이 있다.

2) 잡지

최초의 월간 잡지 「교회」는 1889년에 창간되어 10년간 발간되었다(발행인 언더우드). 「아희 생활」은 아동 잡지로 1926-44년, 「아이동무」도 1933-55년 각각 발간되었다. 그밖의 잡지로 「신생」(新生), 「진생」(眞生), 「활천」(活泉), 「시조」(時兆), 「성서연구」가 발행되었다.

3) 신학 잡지

「신학지남」(神學指南)은 1938년 3월 20일에 평양신학교(조선 예수교 장로회 신학교)에서 발행하여 오늘에도 계속 간행하고 있으며 감리교에서는 1900년 12월에 존스 목사가 발행인이 되어 「신학보」(神學報)를 창간하였었다. 1965년에 『웨스트민스터 신앙고백서』가 번역 출간되었다.

4) 선교 잡지

1901년 장로교 빈톤(C. Vinton)이 「코리아 필드」를, 감리교 존스(G. H. Jones)가 「코리아 메도디스트」를 각각 발행하였으나 1905년에 「코리아 미숀 필드」로 병합하였다.

5) The Korea Review

헐버트(B. Hulbert)의 편집으로 1901-1906년까지 계속되었는데, 그 당시의 시사 잡지로 중요하다.

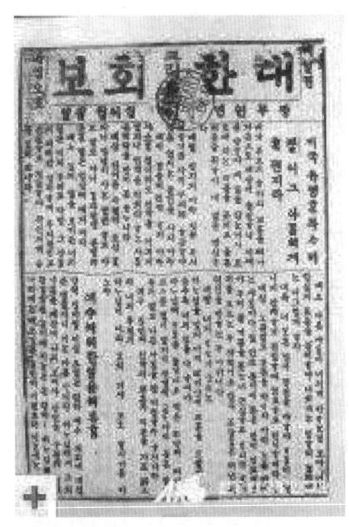

죠선 그리스도인 회보
<출처: 한국민족문화대백과사전>

제15장

예장 총회 창립

1. 총회 창립

1907년 9월 17일에 조직된 조선예수교장로회 독립노회 설립은 한국 장로교의 진정한 생일이었다. 그 동안 교세가 전국적으로 발전되면서 1911년까지에는 7개의 지방 대리회가 조직되었으며, 1912년에는 이 지방 대리회를 노회로 승격시켜 이 7개 노회가 총회를 창립하게 되었다. 이 7개 노회와 총회에 파송한 총대 수는 다음과 같다.

① 경충노회: 목사 11인, 장로 11인.
② 경상노회: 목사 12인, 장로 12인.
③ 함경노회: 목사 9인, 장로 6인.
④ 전라노회: 목사 10인, 장로 12인.
⑤ 황해노회: 목사 8인, 장로 18인.
⑥ 북평안노회: 목사 17인, 장로 12인.

⑦ 남평안노회: 목사 29인, 장로 54인(한인 목사 44인, 외국인 목사 52인).

또 한편 당시의 교세는 다음과 같다.

① 교회: 2054처.
② 목사: 128인.
③ 조사: 136인.
④ 장로: 225인.
⑤ 남녀 전도인: 116인.
⑥ 신학생: 18인.
⑦ 교인: 127,228인(세례 교인 53,008인, 학습 교인 26,400인, 유아 세례 5,431인).
⑧ 대학교: 2교 83명.
⑨ 중학교: 25교 1,778명.
⑩ 소학교: 5백 39교 1,294명.
⑪ 전도비: 15,110원 82전 3리.
⑫ 교육비: 45,700원 82전 8리.

이러한 교세를 가진 장로교회의 최고 기관인 제1회 총회가 1912년 9월 1일 오전 10시 30분에 평양 경창문안여자성경학원 강당에 총대 221인이 회집하여 먼저 개회 예배를 드렸는데 독노회장인 레이놀드(W. D. Reynolds) 목사가 '장자회'(長子會)란 제목으로 설교하였다. 그리고 이튿날 오전 9시에 정식 회의는 서문 밖의 신학교에서 회집하여 진행하였다. 임원은 다음과 같았다.

제1대 총회장은 언더우드 목사, 부회장은 길선주 목사, 서기는 한석진(韓錫晋), 김필수(金弼秀) 목사, 회계는 방위량(邦偉良-Blair), 김석창(金錫昌) 목사였다.

2. 외국 선교의 시작

우리 교회의 독립된 행정 기구인 독노회가 1907년에 조직될 때에 그것을 기념하는 사업으로 제주도에 선교사를 파송하기로 결의하고 이기풍 목사를 파송하여 전도교회 설립을 하게 되었다. 그 뒤 1909년에는 러시아 연해주(沿海州) 해삼위(海蔘威)에 전도 목사로 최관흘 목사를 파송하였으며, 1909년에는 일본 동경에 한석진 목사를 파송하여 교포에게 전도하는 사업을 계속해 왔다. 한국감리교 선교국에서도 1910년에 북간도에 김영제 목사를 파송 전도하였다.

이렇게 한국교회는 해외에 흩어져 있는 교포 전도에 대하여도 모국의 교회가 성의를 다하였다. 특히 1912년에는 총회 창립을 기념하여 중국 선교에 착수하기로 하여 선교지를 공자(孔子)의 고향인 산동성으로 결정하였다. 그리하여 1956년까지 중국 산동 내양현(來陽縣)에 파송되었던 선교자들은 다음과 같다. 1913년에 김영훈(金永勳), 박태로(朴泰櫓), 사병순(史秉淳), 1917년에 방효원(方孝元), 홍승한(洪承漢), 1918년에 박상순(朴尙純), 1923년에 이대영(李大榮), 1931년에 김순효(金淳孝, 여), 1937년에 방지일(方之日, 1956년 귀국) 선교사가 파송되었다.

이렇게 선교한 결과 1942년 중국 선교 통계를 보면 교회 35처, 세례

교인 1,710명, 학교도 내양에 애린학교, 지푸에 애도학교를 세웠으며, 의료선교사도 파송한 때가 있었다. 산동 선교는 성공적으로 이루어져서 1933년에는 내양노회도 조직하여 중화 기독교회 산하의 산동대회(山東大會)에 소속시켰다.

3. 해외 교포교회 관리

1909년 러시아 해삼위에 파송되었던 최관흘, 최흥종(崔興琮) 목사는 모국의 교회에 항상 보고를 보내왔으며, 일본에 있는 교포교회도 그러하였다. 이 일본 교포교회는 현재의 "재일대한기독교회"의 전신이다. 특히, 1910년 한일합방 이래 만주 지역에 우리 교포가 많이 이주해 가서 한인 부락(部落)이 있는 곳마다 교회가 세워졌다. 그래서 1920년에는 남만노회가, 1921년에는 간도노회가, 1931년에는 북만노회가 각각 조직되었을 뿐만 아니라 1922년에는 시베리아노회도 조직되었다.

시베리아노회는 만주에 있는 하얼빈을 중심으로 하여 흩어져 있는 교포교회를 포용하고 있었으며, 이러한 노회들이 지역적으로는 중국 영토 안에 있는 교회들이면서도 교회 행정적으로는 모국의 교회에 속하여 총회의 지도를 받아왔던 것이다. 그러다가 1941년 만주에 있는 교회들이 따로 총회를 결성하였었다. 그 때까지의 노회는 동만(간도), 북만, 남만, 봉천, 안동, 영구회 등이었다.

만주국은 일본의 괴뢰 정부이며 5족(중, 일, 한, 청, 몽)의 협화를 강조함에 따라서 장로교, 감리교, 성결교, 동아 기독교, 조선 기독교 등 다섯 교파가 합하여 만주조선기독교회를 결성한 일도 있었다. 어쨌든 만주는 옛날 우리 민족의 땅으로 이룩해 놓았던 농경지이며, 현대에는 많은 성도가 순교의 피를 흘린 성지들이 여기저기 점철해 있는 고장이기도 하다.

독노회(獨老會)
<출처: 한국컴퓨터선교회>

제16장

남북 연합선교

1. 미국북감리교의 선교

1885년 4월 5일 미국북장로교 선교사 언더우드와 함께 제물포에 상륙하였던 아펜젤러 목사는 미국북감리교 선교사였다. 1884년 미국 감리교의 유력한 지도자 까우쳐(John F. Goucher) 목사가 일본에서 선교하고 있는 맥클레이(R. S. Maclay) 박사에게 한국에 가서 형편을 시찰하며 선교할 기초를 정하라는 요청을 하였다.

그해 6월 8일 맥클레이 박사 부처는 요코하마를 출발한 후 나가사끼(長崎)를 경유하여 6월 23일에 제물포에 도착하였다. 이튿날 서울로 와서 미국 공사관에 머물렀다.

맥클레이 박사는 친분이 있는 외아문(外衙門)의 김옥균(金玉均)을 통하여 고종에게 선교 사업을 시작할 것을 상주(上奏)하게 하였다. 7월 3일 서울에 와서 학교와 병원을 설립할 것을 허락받았다.

맥클레이 박사는 서울 정동에 선교사 기지를 정하고 7월 8일 일본으로 돌아갔다. 이 사실이 미국에 알려졌으며 미국 선교부는 선교사로 아펜젤러 부부와 스크랜턴 의사 부부를 선정하였으며, 여선교회에서는 스크랜턴 의사의 모친을 한국에 파견하기로 하였다. 그리하여 1885년 5월 1일에 스크랜턴 의사가 서울에, 6월 20일에 아펜젤러 목사 부부와 스크랜턴 목사 부인과 그의 어머니가 서울에 도착하여 8월 1일에 선교회를 조직하고 8월 3일에 아펜젤러 목사가 학생 2명으로 배재학당을 시작하였다. 9월 10일에 스크랜턴 의사가 정동 자기 집에서 의료 사업을 시작하였고, 스크랜턴 목사의 모친은 1886년 5월 31일에 학생 1인으로 이화학당을 시작하였다.

2. 미국남감리교의 선교

1885년 2월 미국 공사관의 통역관으로 있던 윤치호(尹致昊)가 중국 상해에 있는 미국남감리교가 운영하는 중서서원(中西書院)에 유학하게 되었는데 거기서 1887년 2월 3일에 세례를 받고 감리교인이 되었다. 그가 그뒤 미국으로 가서 남감리교가 경영하는 학교에 유학하게 되었으며, 1895년 귀국하여 미국남감리교 선교회에 선교사 파송을 요청하였다. 그리하여 동양선교 책임자 헨드릭스(E. R. Hendrix) 감독과 중국 선교사 리드(C. F. Reid, 李德) 목사가 시찰하려고 내한하였으며 선교 기지를 사들이고, 다음 해 8월 14일 리드 박사는 가족을 데리고 서울에 부임하여 선교에 착수하였다.

1896년 12월 김흥순(金興順)을 최초의 매서인으로 삼아 전도를 시작하였으며, 그는 1904년에 안수를 받고 목사가 되었다. 1897년 5월 2일에 고양읍(高陽邑)에 남감리교가 처음으로 설립되었다. 한편 중국에 와서 선교하던 강부인(Mrs. G. Josephine P. Campbell)은 1897년 10월 여선교회 대표로 내한하여 여자들을 상대로 사업을 시작하였다.

1897년 11월 15일 개성을 선교사 주재 본부로 정하였다. 1898년 5월 15일에 8년 전에 내한하여 선교하던 하디(R. A. Hardie) 의사 부부가 남감리교 선교사로 시무하게 되었고, 개성에서 남성(南星)병원(The Ivy Memorial)이 시작되었다. 1904년 12월 19일 개성 호수돈 여숙(好壽敦女塾)이 시작되었다. 1906년 10월 3일 윤치호를 원장으로 학생 14명으로 한영서원(韓英書院)을 설립하였다. 이것이 송도(松都)고등학교의 전신이다.

1910년 남북감리교가 연합하여 서울 냉동(冷洞)에 기지를 6천 불(弗)에 매수하여 협성(協成)신학교를 설립하였다. 1911년 남북감리교가 연합하여 기의남(奇義南, Cram) 목사를 주간으로 「그리스도 회보」를 발행하였다(1911년 1월 30일-1915년). 동년 12월에 협성신학교 제1회 졸업생 45명을 내었다.

3. 조선감리교 총회

1926년 남북감리교 조선연회(朝鮮年會)에서 남북감리연합 방침연구위원 5인씩을 선정하였다. 1927년 남북감리교 각 연회에서 연구위원의 보고를 채용하고 미국에 있는 총회에 청원하기로 결의하였다. 동년 5월 18일 미국감리교 총회(북)에서 조선연합회의 청원을 받아 전권위원 5인을 선택하였다. 1930년 5월 14일 미국남감리교 총회에서도 전권위원 5인을 선정하였으며, 조선교회에서 총대 2인을 출석시킬 규칙을 세웠다.

동년 9월 25일 한국에서는 두 감리교 연회에서 통합 전권위원 5인씩을 선출하였다. 12월 2일 대표 1백 명으로 구성한 조선감리교 제1회 총회가 협성신학교에서 개최되어 12일에 폐회하였다. 12월 10일 정동교회당에서 제1대 총리사인 양주삼(梁柱三) 목사의 취임식을 거행하였다.

1931년 6월 조선감리교 제1회 연합연회가 개성북부교회에서 총대 4백 명이 참석하여 개최되었다. 1931년 12월 4일 북간도 용정촌(龍井村)에서 제1회 만주선교연회(宣敎年會)가 개최되었다. 1934년 6월 24일 50주년 기념식을 한국과 만주 전역에서 거행하였다. 당시의 교세는 다음과 같다.

① 교회: 동, 중, 서부연합회와 만주선교연회 산하 지방회에 교회 900여 처소.
② 교역자: 450명.
③ 선교사: 110명.
④ 교인 총수: 60,000여 명(제16장 남북연합선교, 75 참조).
⑤ 전문학교: 3개.
⑥ 고등교: 10개.
⑦ 초등교: 65개.
⑧ 강습소: 75개.
⑨ 유치원: 95개.
⑩ 병원: 7개.
⑪ 사회관: 5개.
⑫ 성경학교: 5개.

제2부

일제 치하의 교회사

제17장 민족 수난과 항일 활동
제18장 교회와 구령 운동(救靈運動)
제19장 한국교회와 3·1독립 운동
제20장 백 년 전진 운동
제21장 자유주의 신학과 이단 소동
제22장 교회와 극한 시련
제23장 교회와 조상 숭배
제24장 조선신학교
제25장 장로교회의 분열

제17장

민족 수난과 항일 활동

1. 일본의 침략

1876년 2월 26일(음력 2월 2일)에 체결된 한·일 수호조규 제1관에 이런 구절이 있다.

> 조선국은 자주국이며, 일본과 평등한 권리를 보유한다. 앞으로 양국이 화친의 성의를 표하고자 할진대 모름지기 피차 동등한 예의로써 상대할지며 추호도 침략 시험함이 있어서는 아니 될 것이다. 우선 종전에 교정저해(交情阻害)의 화근이던 모든 법규를 혁제(革除)하고 극력 관유홍통(寬裕弘通) 법규를 개확(開擴)하여서 쌍방의 영원한 안녕(安寧)을 기한다.

그러나 이러한 조약은 30년이 지났을 때 한 장의 휴지(休紙)와 같이 되었다. 1905년 아일(俄日) 전쟁이 끝나면서 체결된 포츠마츠조약에 의하여 우리나라의 외교권을 빼앗은 일본은 그해 11월 7일에 한일협상 조약, 곧 제2차 한일협약, 을사보호조약, 또는 을시늑약 5조약이 체결되면서 일본의 통감부(統監府)가 서울에 설치되었으며, 통감 정치가 불법적, 강제적으로 시행되기 시작하였다. 그리하여 1910년 8월 22일에는 한일합방조약을 체결하여 우리나라를 송두리째 삼킨 것이다. 그 후 1919년 3·1운동이 일어날 때까지 조선총독부의 무단 정치와 착취는 절정에 이르렀다. 그러나 1919년 민족대표 33인이 서명한 독립선언서에 의하면 우리 민족의 도량(度量)과 예지(叡智)가 증거되고 있다.

> 오등(吾等)은 이에 아조선(我朝鮮)의 독립국임과 조선인의 자주인 임을 선언하노라. 이로써 세계 만방에 고하여 인류 평등의 대의를 극명하며 이로써 자손만대에 고하여 민족 자손의 정권(正權)을 영유케 하노라. (중략)…병자수호조규 이래 시시종종의 금석맹약(金石盟約)을 식(食)하였다 하여 일본의 무신(無信)을 죄하려 아니하노라.… 일본의 소의(少義)함을 책하려 아니하노라.… 2천만 함분축원(含憤蓄怨)의 민(民)을 위력으로써 구속함은 다만 동양의 영구한 평화를 보장하는 소이(所以)가 아닐 뿐 아니라… 4억 중국인의 일본에 대한 위구와 시의를 갈수록 농후케 하여 그 결과로 동양 전국이 공도(共倒)동망의 비운을 초치할 것이 명(明)하니 금일오인(吾人)기 조선 독립은… 세계 평화 인류 행복에 필요한 계단이 되게 하는 것이라. 이 어찌 구구한 감정상 문제이리요.

1945년 8월 15일 종전됨으로써 이러한 예지가 한, 중, 일, 3국에 입증되었다.

2. 1907년의 부흥 운동

1905년 한일보호조약에 의하여 우리는 주권 국가로서의 완전한 면모를 잃게 되었다. 통감 정치가 시작된 것이다.

일제의 무단 정치에 대하여 케이블(Elmer M. Cable)이 선교부에 보고한 한 부분을 발췌해 보자.

> 안내 지방에 있는 우리 교회는 일본 군인들이 불 질러 버렸고 시작골에서는 교인 세 사람을 잡아다가 형틀에 잡아매고 발포(發砲)하였다. 두 사람은 죽고 한 사람이 탈출하여 겨우 살아났는데 이것이 일반 민중에게 크나큰 충격을 주었다.[1]
>
> 일본인들이 광대한 토지를 점령하고 있다. 정당하게 취득한 것도 있겠지마는 한인들의 무식함을 이용하여 부정당하게 취득하였다.[2]

이러한 국내 상황에서 초기의 교회 성장은 부진하였다. 그러나 1895년부터 1907년에 걸쳐서 놀랄 만큼 성장하였다. 1907년 평양을 시찰한 러트(Rut) 박사의 보고는 다음과 같다.

> 평양에서 교회의 성장은 놀랄 만한 데가 있다. 매 주일에 교회에 참집하는 한인은 약 1만 4천 명에 미친다. 평양 인구를 4-5만으로 계산한다면 교인은 그 3분의 1에 해당한다. 이러한 추세로 10-15년간에 북한에 있어서 신도 수는 백만을 넘을 가능성이 있다.

---

[1] 白樂濬, 『한국개신교사』(서울: 연세대학교출판부, 1973), 434.
[2] Ibid., 435.

조선예수교장로회 총회가 발행한 『조선예수교장로회 사기』 상권에 의하면 1907년의 부흥 광경을 이렇게 기록하고 있다.

> 1907년 1월에 평양 장대현교회가 부흥 하니라. (중략)…1월 평남(平南) 도사경회(都査經會) 때에 각 학교에서도 성신 받기 위하여 기도하더니 김찬성(金燦星)이 인도하는 숭덕학교 기도회에서 3백여 명의 소학생 일동이 회죄통곡(悔罪痛哭)하니 이 소식이 사경회에 전파되고 길선주(吉善宙)가 성신 도리를 교수하는 중 채정민(蔡廷敏)을 비롯하여 사경회 각반이 회죄통곡하였고, 선교사 이길함(李吉咸)이 매일 밤 예배 인도 중 홀연히 급한 바람이 임하는 것 같더니 만당 청중(滿堂聽衆)이 성신의 감동을 받아 각기 죄를 자복하며 통곡하니라. 이렇게 10여일에 각 교회가 크게 부흥되었으며, 길선주의 인도로 1개월을 더 계속하는 중 수천 명 교인이 다 중생의 성신 세례를 받았느니라. 이 일이 각지에 전파되며 중국인 신학사 호만성(胡萬成), 장석정(張錫禎) 등이 와서 1주간 유하였는데 언어가 불통되고 통역도 없었으나 예배하는 의표만 보고 성신의 은사를 받았으며, 그 나라에 돌아가 자기의 교회를 부흥케 하였느니라. 1907년 봄에 중국교회 유전악(劉全岳) 등 2인이 평양에 와서 당시 교회 직원들과 모란봉(牧丹峰)에서 기도할 때 자기 교회를 위하여 간절히 애통하며 기도하였느니라. 1907년 봄에 경성(京城-서울) 각 교회가 부흥하였다. 평양교회 길선주 장로가 경성에 와서 경기(京畿)도 사경회에 성신 도리를 교수할 때에 성신의 감동을 받아 각기 죄를 자복하고 애통하며 중생의 세례를 받았고 열심으로 전도하여 도내 각 교회가 크게 부흥하니라.[3]

---

3 『조선예수교장로회 사기』, 상권, 180-181.

1907년에 일어난 부흥 운동은 1910년에 발의된 백만 명 구령 운동(Million Souls for Christ)으로 직결된다. 1910년 9월 18-22일에 평북 선천에서 회집하였던 예수교장로회 대한국노회 제4회 노회에서는 백만 명 구령 운동을 위하여 다음과 같이 결정하였다.

① 각 교회가 1주일간 새벽기도회 할 일(10월 24일부터).
② 한국 목사나 외국 목사를 사무국에서 택하여 부흥사로 쓰기를 허락할 것.
③ 재정은 외국 선교사들은 외국돈으로, 한국 부흥사의 월급은 한국 돈으로 쓰기로 한다.

그리하여 황해도 재령에서는 신도들의 작정한 전도 일수가 1만 일에 달하였고, 평양에서는 1천 명이 전적으로 개인 전도에 바치기로 약속하여 전도 날수가 2만 2천 날에 이르렀다. 그리하여 10만 일에 달하는 전도 일수에 달하고 수백만 권의 소책자와 70만 권의 마가복음이 반포되었다. 백만 명 구령 운동은 개신교회들의 영적 생활에 영향을 주었다고 할 수 있으나 교회의 큰 성장은 가져오지 못하였다는 비판도 있다.[4]

그러나 1907년의 부흥 운동은 한·일 합방으로 실망낙담을 하는 겨레의 마음속에 복음을 심어 주어 그 영혼을 구원하고자 하는 교회의 사명을 자각한 전도 운동으로써 역사적 뜻이 크다고 평가하지 않을 수 없다.

---

[4] 서명원, 『한국교회 성장사』(서울: 기독교서회, 1966), 60.

제18장

교회와 구령 운동(救靈運動)

1. 애국심의 저류

1895년 미국북장로교 선교사가 본국에 보낸 보고서에 이런 구절이 있다 한다.

> 한국교회가 지닌 가장 흥미 있는 양상의 하나는 애국심이다. 우리의 배가 어느 아침 늦게 항구에 도착하였다. 강 언덕 마을로 안내자는 우리의 눈을 돌리게 하였다. 대나무 끝에 조그마한 한국 국기가 휘날리고 있었다. 이 깃발들은 기독교인들의 집이나 교회 위에 휘날리고 있었다. 주일 날이면 그들의 집이나 교회 위에 국기를 띄우는 것은 선교사의 지시가 없이 그들 스스로가 실천하는 일이다. 이것은 그 날의 성격을 표명하고 그들의 존경을 표시하기 위함이다.

이 한국기란 태극기를 가리킨다. 이 태극기는 1883년 1월 27일에 국기로 제정되어 전국에 반포하였다. 그러므로 우리의 선민들이 오랫동안 국기를 갖고 있지 않았으므로 태극기 게양을 즐겼을 것이며, 민족의 심회(心懷)로서도 그것을 자랑으로 생각했을 것이다. 그러나 나라의 정세, 곧 대한제국이 그 주권을 잃고 일본에 합병이 되었을 때 교회는 민족교회로서의 정치적 사명에 보다는 영적 교회로서의 존립을 확보하기 위해 종교와 정치의 분리 원칙을 고수하기를 안간힘을 쓰지 않을 수 없었다.

2. 을사늑약과 영적 각성 운동

1905년 11월 18일 새벽 1시 대한제국에는 짙은 그늘이 드리워졌다. 일본은 5만 명 이상의 병력을 동원, 친일파 대신들을 매수하고 협박해 을사늑약을 체결하고 외교권을 뺏고 통감 정치를 실시했다. 전국은 국권 상실에 따른 비통함에 잠겼다.

1907년 고종 황제는 헤이그 만국평화회담에 밀사를 파견하여 통감 정치를 호소하였다. 하지만 당시 한국에 파송된 선교사들은 그 가운데 영적 각성이 강하게 일어나는 것을 감지했다. 을사늑약을 전후해 투옥돼 있던 민족 지도자들에게 복음은 새로운 희망이었다. 이승만 박사는 감옥에 갇혀 있으면서도 동료 죄수들에게 "예수교가 대한제국 장래의 기초"라고 역설했다. 그는 당시 「신학월보」에 쓴 사설에서 "예수교로 변화시키는 법이 아니면 독립은 생각할 수 없다"라고 주장했다. 「신학월보」는 1900년 창간된 한국 최초의 신학 잡지다. 독립 운동가 이창실 목사도 장로교 신문인 「그리스도신문」에 1906년 1월 25일 사설을 싣고 "성경이 나라를 흥왕케 할 것"이라고 강조했다.

한국교회는 이 시기에 전국 조직을 가동해 일제에 항거하는 애국 운동을 펼쳤고, 일제의 만행을 외국인 선교사들을 통해 세계에 고발했다. 총신대학교 박용규 교수는 "이런 배경에는 영적 대부흥 운동, 대각성 운동이 있었다"라며 "기독교 신앙은 민족의 독립심과 주권 의식을 고취했고, 나라의 주권을 빼앗겼다는 절망은 민족의 신앙적 성숙으로 승화됐다"라고 말했다.

3. 원산과 평양 부흥 운동

선교사들은 1905년 9월 장로교와 감리교 연합으로 장감연합공회를 결성하고, 1906년 음력설을 기해 전국 주요 도시에서 부흥회를 개최했다. 평양 주재 선교사들은 원산 부흥 운동의 촉매제 역할을 한 하디 선교사를 초청해 1906년 8월 24일부터 9월 2일까지 '평양선교사 사경회'를 개최했다. 하디 선교사는 자신의 죄를 회개했을 때 성령이 자신을 변화시켰다고 고백했다.

1주일간의 감리교와 장로교 선교사들의 연합 기도회가 열렸는데 여기서도 하디가 인도하였다. 여기 참석한 선교사들은 깊은 감동을 받고 평양 부흥의 준비를 마련하였다. 집회는 특히 장로교회에 큰 영향을 주었고 특히 장대현교회의 길선주 목사에게까지 영향을 주어 장로교 중심의 평양 대부흥회의 불씨로 작용하였다.

이때 한국교회의 신앙의 중요한 틀로 여겨지는 통회 자복과 통성 기도의 대표적인 현상이 일어나기 시작했다. 특징적인 것은 이러한 공개적 죄 고백이 아주 구체적이었다는 사실과 서로 알만한 가까운 사람 사이의 간음, 미움, 거짓말, 심지어는 선교비를 횡령한 사실까지를 거침없이 고백한 부분이다.

한국 개신교회의 영적 부흥을 불러온 첫 출발점으로 인정되는 원산 부흥은 원산에서 성경 공부와 기도 모임을 한 것을 계기로 시작된 부흥 운동이다. 이 모임을 인도한 남감리교 선교사 하디는 한국 교인들 앞에 자기의 부덕함과 부족함을 솔직히 고백했는데 바로 이것이 조선 교인들의 마음에 감동으로 다가왔다. 여기서 그리스도의 은혜를 체험하게 된 사람들이 원산 부흥 운동의 기폭제가 되었다.

이것은 선교사가 먼저 자신이 영적으로 구원받고 구원의 확신을 가질 때만 선교지의 사람들과 진정한 영적인 대화를 나눌 수 있다는 사실을 확인시켜 주는 사건이었다. 단순히 교리의 선포나 설교를 통하여 일어나는 것이 아니라 그들의 삶의 구체적인 문제 속에서 선교사의 삶을 통한 해답을 경험하게 될 때 쉽게 일어난 것이다.

즉, '성육신 선교 모델'을 실천하는 선교사의 모습이 선교지의 사람들과의 감성적인 소통이 쉽게 일어났다. 이러한 선교적 현상은 개성으로, 강원도 동부 지방으로 그리고 서울의 배화여학교로, 정동교회로 평양으로 이어졌다. 고백적 회개는 결단하는 선교적 행동으로 결실을 맺었다. 그런가 하면 원산의 부흥 운동은 초교파 운동의 틀을 마련하는 계기가 되기도 했다.

이 무렵 존스턴(H. A. Johnston) 박사는 장대현교회 주일 설교에서 직접 목격한 영국 웨일스 부흥 운동을 전하면서 "누가 조선의 교회를 부흥시킬 성령의 은혜를 받겠느냐"라고 질문했다. 당시 장로이자 신학생이었던 길선주 목사가 지체하지 않고 손을 들고 일어났다. 존스턴 박사는 장차 조선에 큰 부흥이 임할 것을 예언하면서 축복 기도를 했다. 길선주 목사는 부흥사로서 새로운 발걸음을 내디뎠다.

한일합방 이후에 일본의 한국 정책은 무단 정치로 일관되었다. 그리고 그들이 우리 교회의 교인들을 기독 신자로서 보다도 한국인으로서 다루어 교회를 탄압하려는 음모를 꾸미었다. 한편 우리 교회는 1907년 부흥 운동 이후 우리 민족의 현실적 수난은 우리 민족의 양심적 부패, 민족적 무지에서 온 비극적 결과임을 자각하기에 이르렀으며, 이에 따라서 교회는 양심의 회복과 자유, 민족의 자각과 계몽 교육에 힘을 기울였다.

그러므로 아무리 무식한 듯하나 기독 신자 한 사람 한 사람이 자유인으로 그들의 긍지가 대단하였다. 여기서 교회는 민족의 영원한 생명, 또 존립을 위해서는 민족 부흥의 구령 운동을 전개하는 것으로 최상의 목표로 삼았다. 그리하여 1910년 8월 29일 한일합방이 공포된 때에 애국지사가 집필한 신문의 사설 제목으로 "시일야방성대곡"(是日夜放聲大哭)이란 절망적인 심정을 표시하였으나 9월 18일에 회집한 조선예수교장로회 제4회 노회에서는 백만 명 구령 운동(The Million Souls for Christ)을 전개하였다.

황해도 재령(載寧)에서 신청한 전도 일수(日數)가 1만 일에 달하였고, 평양에서는 천명이 개인 전도할 것에 약속한 날수가 2만 2천 일에 달하였다.

그리하여 10만에 달하는 전도 일수가 약속되었으며, 수백만 권의 소책자와 70만 권의 마가복음이 판매되었다. 이러한 회의 움직임을 어떤 사가(史家)의 말대로 "한국의 교회는 민족의 시련과 겨레의 울분이 압도적으로 밀어 닥쳐도 끄떡없이 민족과 함께 걸어가겠다는 강한 의지가 당연하게 다짐되었다고 보는 것이 옳을 것이다." 그런데 백만 명이란 수는 당시 인구 1천여만 명의 10분 1을 뜻한다.

4. 105인 사건과 선교사의 태도

조선총독부는 한국 교인들을 박해하기 위해 105인 사건을 날조하였다. 1910년 11월 5일 압록강(鴨綠江) 철교 낙성식(落成式)을 참석하기 위해 데라우찌 총독이 신의주(新義州)로 향하면서 잠시 선천역(宣川驛)에 하차하였을 때 선천 신성(信聖)중학교 교장 윤산온(G. S. McCune, 尹山溫)이 총독과 악수하는 것을 암호로 암살하려고 했다는 사건을 꾸며 전국에서 교회 지도급 인사 157명을 구속, 105인으로 압축하여 고문 끝에 3년 뒤에는 6인 만을 처형하기로 하고 99명을 방면하였다. 조선총독부에서 발행한 비밀문서에 이런 기록이 있다.

> 본 건의 음모는 신민회(新民會) 간부에 의해서 행하여졌지만, 그들은 동시에 조선에 있어서 예수교 신자의 유력자이었으니 만큼 동지로서 가담한 예수교계 학교의 교사와 학생들이 다수 있었다. 조선에는 다수의 미국 선교사가 있어서 전도에 종사하고 있는데 조선인의 정치적 불우는 자연 동정의 대상이 되어 포교의 세력을 넓혔다. 조선인 측에서도 선교사를 통해서 강대한 미국의 힘에 기대려는 풍(風)이 있음을 더 말할 나위도 없다.

이러한 조선총독부의 견해는 바르지 못하다. 일본의 외교 자료에 의하면 선교사의 행동에 대한 이런 기술이 있다.

1907년 5월 2일 재(在) 서울 미국 선교사 존스, 스크랜턴 두 박사는 이등(伊藤) 통감을 그 저택에 방문하고 재한(在韓) 예수교 선교사가 통감의 정책을 혐오하는 자 있다고 풍평(風評)하는 것은 전혀 재한 선교사에의 감상(感傷)에 지나지 않음을 확보하고, 가로되 선교사는 한국민의 개발을 목적으로 하고 통감의 시정에 성실한 동정을 품고, 나아가 한국민의 도덕적 및 정신적 개발을 위함에 노력하고, 정치상의 것에 대해서는 초연의 태도를 잡는 것이 상제(常軌)로 찬다는 뜻을 말하였다.[1]

그 두 분이 모두 감리교 선교사이지만 대체로 그 당시 우리나라에 와 있던 모든 선교사의 정치적 관여, 또는 영향에 크게 조심한 것이 사실이었다. 다만 그들의 우리 민족이 당하는 모든 사태를 취재하여 본국에 보고함으로써 우리 민족의 수난이 세계적으로 선전되는 결과를 가져왔을 뿐이다. 가령 캐나다 선교사 스코필드(Scotfield) 박사와 같은 이는 결사적으로 운동의 진상을 사진 촬영으로 취재하여 일본의 잔학한 행동을 세계에 공개함으로써 3·1운동의 제34인으로까지 숭앙을 받게 되는 인물이 되기도 하였다.

---

[1] 민경배, 『한국 교회사』(서울: 대한기독교서회, 1982), 305.

제19장

한국교회와 3·1독립 운동

1. 민족자결 원칙

　　1914년 7월 28일 오스트리아가 세르비아에 선전포고함으로 제1차 세계대전이 발발하였다. 이 전쟁은 1918년 11월 11일 프랑스 파리에서 휴전협정이 조인됨으로 끝났다. 그런데 1914년 8월 4일에 이 전쟁에 대하여 중립 선언을 하였던 미국이 1917년 독일에 무차별 상선(商船) 폭격을 당함으로써 2월 3일에 독일에 대하여 국교를 단절하게 되었고, 4월 6일에는 드디어 선전 포고함으로써 전쟁에 가담하게 되었다. 그리고 이와 때를 같이 하여 1917년 2월에 독일과의 동맹국인 러시아에 민주 혁명이 일어나서 게렌스키 정부가 수립되었고, 11월에는 소비에트 정부가 수립됨으로써 전선에서 떨어져 나갔다.
　　1918년 미국 대통령 윌슨은 전쟁 처리 문제를 앞에 놓고 14개 강령을 발표하였는데 그 가운데 민족자결주의 원칙이 포함되어 제창되었다. 민족자결 원칙이란 어떤 민족이든지 자기들의 일을 스스로 결단할 것이며, 다른 민족이나 국가의 지배를 받아서는 안 된다는 것이다. 나라를 빼앗기고 일제의 말발굽 아래 참담하게 짓밟히던 겨레에게는 나라를 되찾을 수 있는 다시없는 호기회로 여겨졌다.

주전국(主戰國)인 독일에도 1918년 11월에 혁명이 일어나 빌헬름 2세가 퇴위하게 되었으며, 드디어 독일은 11월 11일에 연합국과의 휴전협정에 조인하게 되었다. 미국 윌슨 대통령이 주장한 민족자결 원칙에 의하여 피압박 민족들이 자기 나라의 독립을 선포하는 나라가 많이 일어났다. 폴란드, 발틱 3국, 체코, 헝가리 등등이 모두 그때 일어난 신흥 국가들이다. 여기에서 해외에 흩어져 있는 우리 교포 지사들의 활동이 예민하게 되었다.

1918년 11월 13일 만주에서 중광회원(重光會員) 3백여 명이 회집하여 대한독립선언서를 발표하였으며, 1919년 2월 8일에는 일본 동경에서 유학생들이 독립선언서를 발표하였다. 이광수를 대표로 조선청년독립단이 2천만 조선 민족을 대표하여 정의와 자유와의 승리를 위해 독립선언서를 낭독하고 국내외에 이를 천명하여 독립을 호소했다. 드디어 1919년 3월 1일 전국적으로 독립만세 시위 운동이 벌어졌으며, 민족 대표 33인이 손병희를 대표자로 선정하고 독립선언서를 발표하였다. 그리고 독립 운동의 3원칙이다.

① 독립 운동은 대중화할 것.
② 독립 운동은 일원화할 것.
③ 독립 운동은 비폭력으로 할 것.

2. 3·1독립 운동의 만세 함성

1) 정재용의 선언서 낭독

1919년 3월 1일 파고다 공원을 중심으로 전국에서 일어난 만세 시위는 독립청원 운동이 아니라 독립선언에 대한 축하 만세와 같은 성격의 만세 시위였다. 1919년 3월 1일 서울 종로 파고다 공원(현 탑골 공원). 약속 시각이 지났는데도 민족대표 33인의 모습은 보이지 않았다. 민족 대표들은 독립선언식 장소를 태화관으로 옮겼지만, 사람들은 이 사실을 모른 채 기다리고 있었다. 이때 군중 속에서 한 청년이 나와 팔각정 단상으로 올라갔다. 주머니에서 종이 한 장을 꺼내 힘주어 읽기 시작했다.

> 우리는 이에 우리 조선이 독립한 나라임과 조선 사람이 자주적인 민족임을 선언하노라….

독립선언서를 낭독한 청년은 언더우드 선교사가 설립한 경신학교를 나와 해주 본정교회를 섬기는 신실한 그리스도인 정재용이었다. 그는 3·1운동에 참여하기 위해 전날 황해도 해주에서 기차를 타고 서울에 왔다. 독립선언서 낭독이 끝나자 수많은 학생과 시민들이 일제히 '대한독립만세'를 외치며 종로 거리로 쏟아져 나왔다. 3·1운동에 적극적으로 가담했다는 이유로 정재용은 2년여간 옥고를 치렀으나 감옥을 나온 뒤에도 의용단에 참가해 독립 운동에 헌신했다. 정재용뿐 아니라 3·1운동의 불씨를 붙인 크리스천은 일일이 열거하기 어려울 정도로 많다. 민족 대표 33인 가운데 신석구, 이승훈, 길선주를 비롯해 16인이 기독교인이었다. 서울뿐 아니라 전국 교회 곳곳에서 크리스천들이 독립 운동에 나섰다. 3월 1일 평북 의주에 있는 의주서부교회당 공터에선 수백 명이 '대한독립만세'를 외쳤다. 민족 대표 33인에 참여했지만 지역의 만세 운동을 위해 남아 있던 유여대 목사가 김창건 목사, 김이순 전도사 등과 함께 만세 운동에 참여할 사람들을 예배당 근처로 불러 모은 것이다. 평양의 숭덕학교 운동장에서도 김선두 목사의 목소리로 독립선언식이 거행됐다. 이 자리에는 평양 지역의 교회 6곳의 주도로 모인 1,000여 명이 대한독립만세를 외쳤다.

당시 장로교 총회장이던 그는 "구속되어 천년을 사는 것보다 자유를 찾아 백년을 사는 것이 의의가 있다"라고 연설했고 이후 체포되어 옥고를 치렀다. 3·1운동이 일어난 다음 날은 주일이었다. 목회자가 일본 경찰에 붙잡힌 가운데 다소 가라앉은 분위기에서 주일 예배가 드려진 곳도 있었다. 하지만 독립 운동의 열기는 꺾이지 않았다. 특히, 정동제일교회에선 구속된 오화영 목사를 대신해 이병주 전도사가 예배당 밖에 사람들을 모아 놓고 만세 운동의 뜨거움을 전했다. 3월 8일 대구의 한 장터에선 700여 명이 만세 운동을 했다.

이날 경북노회장이던 정재순 목사와 노회 서기 이만집 목사 등은 교인들과 계성학교 학생들을 불러 시장 상인들에게 독립선언서와 태극기를 나눠줬다. 정 목사는 "지금이야말로 한국이 독립할 시기인데 각자가 그 독립을 희망한다고 부르짖는 것은 독립을 위해 당연한 일이므로 만세를 고창해야 한다"라고 강조했다. 충남 공주에선 4월 1일 공주읍교회 현석칠 목사가 영명학교 교사 및 학생들과 함께 장터에서 만세 운동을 이어나갔다.

2) 일제의 잔혹한 교회 탄압

일제는 3·1운동을 주도한 한국교회를 무자비하게 탄압했다. 크리스천들은 일본 경찰의 불심검문에 걸려 기독교인이라는 이유만으로 맞거나 체포되기도 했다. 갑자기 들이닥친 일본 헌병 때문에 예배가 중단되는 일도 벌어졌다. 교회 탄압의 대표적 사건은 '제암리 학살'이다. 1919년 4월 15일 일제 검거반은 제암리교회에 주민들이 모이게 한 뒤 예배당에 불을 질러 37명이 목숨을 잃게 했다. 같은 달 초 경기도 수원시(현재 화성시) 향남면 제암리의 장터에서 일어난 만세 운동에 제암리교회 성도들이 적극적으로 참여했다는 이유에서였다.

광주 북문안교회는 교인들이 독립 운동을 벌였다는 이유로 1919년 4월 1일 폐쇄됐다. 한국교회의 피해 상황은 1919년 장로회 총회에 보고됐다. 이에 따르면 3,804명이 체포됐고 이 가운데 2,162명은 매를 맞고 풀려났다. 41명은 사살됐고 6명은 매를 맞아 사망했다. 파괴된 교회당은 12곳이었다. 통계에 잡히지 않은 다른 교단까지 합치면 피해는 막대했을 것으로 보인다. 3·1운동 직후 전국의 장로교 및 감리교의 교회와 교인은 각각 1,705곳(14만 4,062명), 472곳(3만 5,482명)이었다. 일제 탄압으로 두 교단의 교회와 교인 수는 이전보다 각각 88곳, 2만 2,409명이 줄었다.

3) 독립선언서 서명한 16인은 교회 지도자

3.1운동의 만세 시위는 교회의 어떤 기관(총회, 노회, 시찰회, 당회)의 결의에 의한 것이 아니라, 민족의 한 사람 곧 개인의 자격으로 적극적

으로 가담한 것이다. 3·1독립선언서에 서명한 33인 가운데 16인은 우리 교회의 지도자들이며 장·감 양 교파의 인물들이다. 길선주, 김영조, 양전백, 유여대, 이명룡, 이승훈, 이필주, 이갑성, 김창준, 박희도, 신홍식, 오화영, 정춘수, 최성모, 양한묵, 신석구 등이다.

이 만세 시위는 전국적으로 파급되어 6여 개월 계속되었으며, 참가자가 136만여 명이며, 피살자가 6천6백70명이며, 피상자가 1만 4천6백여 명이며, 투옥자가 5만 2천7백20명이 되었다. 한편 그해 10월 4일 평양신학교에서 회집하였던 장로교 제8회 총회에 보고된 피해 총계는 다음과 같다.

① 살해 : 39명.
② 목사 : 4명.
③ 상해 : 18명.
④ 악형 : 1백42명.
⑤ 태형 : 7백95명.
⑥ 복역 : 7백19명.
⑦ 미결 : 44명.
⑧ 구류 : 20명.
⑨ 보석 : 2명.
⑩ 예심 : 3명.
⑪ 상고 : 20명.
⑫ 공소 무죄 : 10명.
⑬ 집행유예 : 30명.
⑭ 예배당 소실 : 8처, 파괴 : 4처, 피해액 : 4만여 원.

이렇게 우리의 독립선언은 실제로 국내에 우리의 민족자결 원칙에 의한 정부가 수립되지 못하고 오히려 일본의 탄압을 받게 되었다. 그 민족자결 원칙이 패전국(독일, 러시아 등등)에 예속된 민족에게만 자유가 허용되었으며, 승전국에 예속된 민족에게는 적용되지 못하였다.

미국은 필리핀을, 영국은 인도를, 프랑스는 베트남을, 일본은 우리 한국에 독립을 승인하지 않았다. 그러나 우리 민족은 이에 낙망하지 않고 국외에 망명하고 있던 교포들이 임시정부를 수립하여 3·1독립 정신을 계승했다.

한편 우리 교회에서는 1920년 감리교회에서는 백 년 전진 운동을, 장로교회에서는 진흥 운동을 각각 전개하여 민족 개조의 기본적인 작업에 착수하였다. 그리하여 교세가 확장되는 동시에 해외(중국, 만주)에 흩어져 있는 교포 사회에도 우리 총회에 예속되는 노회가 조직되어 본국 총회에 지배를 받게 되었다. 1920년에 남만노회, 1921년에 간도노회, 1922년에 시베리아노회까지 조직되었었다.

그리고 3·1만세 시위 뒤에 사회적으로는 물산 장려, 금주 단연, 계몽 운동이 활발하게 전개되었다. 교회적으로는 주일학교 운동이 활발하게 전개되어 교회마다 주일학교가 조직되었으며, 여름에도 특별히 여름성경학교를 개최하여 주일 학생들에게만 아니라 일반인들에게 문자 보급, 곧 문맹 타파에도 적극적인 역할을 하였다.

3·1만세 시위 이후 일본의 무단 정치는 완화되어 우리에게도 출판물을 발행하는 기회를 주었다. 그래서 1920년 3월 5일에 「조선일보」가, 4월 1일에는 「동아일보」가 창간되었으며, 「조선일보」는 "아는 것이 힘, 배워야 산다"는 구호 아래 학생 계몽 운동을, 동아일보사도 학생 보나르드 운동을 뒷받침해 줌으로써 여름방학 기간을 통한 계몽 운동이 활

발하게 진행되었다. 청년 운동, 문화 운동(잡지 발행, 학술 연구), 한글 보급 운동으로 민족의 정신적 주체 의식 구축에 안간힘을 썼던 것이다. 우리 교회에서의 청년 운동(장로교의 CE 운동, 감리교의 엡엣 운동)도 매우 활발하였다.

3. 평화적 실천

1919년 3·1독립선언서에 서명한 민족 대표 33인은 독립 운동의 대중화·일원화와 함께 평화적 실천을 강조했다. 태화관에서 선언서를 낭독한 그들은 바로 검거되기를 바랐다. 그만큼 비폭력 의지가 강했다. 운동은 때로 폭력 투쟁으로 전개되기도 했다.

그해 4월 말까지 전국에서 벌어진 1,188건의 시위 중 비폭력 시위는 778건으로 65.5%에 이른다. 전문가들은 33인의 낙관적이고 소극적인 독립 청원주의적 태도, 구체적인 조직 및 투쟁 계획, 전술 부재 등을 3·1운동의 한계로 꼬집는다. 그런데도 실패했다고는 평가하지 않는다. 기독교 불교 천도교 지도자들이 뜻을 모았고, 무엇보다 선언서가 조선은 물론 일본 중국 그리고 세계가 마땅히 추구해야 할 미래 비전을 담고 있기 때문이다.

선언서는 자유 평등 평화, 그리고 인류의 행복을 거론한다. 조선의 독립이 조선인의 정당한 번영을 이루게 하며 일본을 잘못된 길에서 벗어나게 할 것이라고 선포한다. 이 평화공존 정신은 지금 한반도에 그대로 대입해볼 수 있다. 한반도 평화 체제는 남한의 번영은 물론 잘못된 길에 서 있는 북한을 돌이키게도 할 수 있을 것이라는 말이다. 참된 광복이 아직 도래하지 않았으니 3·1독립선언의 평화 공존 정신은 여전히 유효하다.

신사 참배(神社參拜)
<출처: 한국컴퓨터선교회>

제20장

백 년 전진 운동

1. 민족의 소망은 교회에서

우리 민족이 수난을 당할 때 그때마다 우리 교회에서는 부흥 운동이 전개되어 고난받는 민족에게 용기와 소망을 불어넣어 주었다. 1907년 최초의 부흥 역사는 대한제국(大韓帝國)의 멸망을 전후하여 일어난 부흥 운동이었으며, 1920년에 전개된 백 년 전진 운동은 1919년 3·1독립 만세 시위 사건 이후 실망하는 우리 민족에게 용기를 진작(振作)시키는 역할을 하기 위함이었다. 1919년 3월 1일 우리 민족 대표 33인은 윌슨 미국 대통령의 주장인 민족자결 원칙에 의하여 독립을 선언하였으며, 우리는 거족적으로, 교파 연합적으로 만세 시위로써 이에 호응하였다.

그러나 결과적으로 독립은 성취되지 않았으며, 민족 대표, 민족 지도자, 교회 지도자들이 투옥됨으로써 만세 시위 운동도 큰 실효를 거두지 못하였다. 이에 따라 많은 애국자는 국외로 망명하였으며, 국내에 잔류하고 있는 지사들은 갖은 수난을 당하게 되었다. 한편 의지가 박약한 민중은 실망하고 자포자기(自抛自棄)하여 방종(放縱)한 생활로 전락(轉落)하는 자들, 따라서 일본을 거쳐 들어오는 퇴폐풍조는 걷잡을 수 없도록 인격적(人格的) 타락과 민족의식 말살(抹殺)을 부채질하는 것이었다.

우리 교회에서도 3·1만세 시위 이후 교회의 통계에 감소 현상을 나타내고 있었다. 가령 평안북도 장로교회의 세례 교인 통계에 의하면, 1919년 말 1만 8천 명 선에서 1920년 1만 6천 명 선 이하로 떨어졌다.[1]

그러므로 우리 교회에서는 교회 확장을 위한 조직적인 운동이 계획되었는데 감리교회는 이 운동을 백 년 전진 운동(the centenary advance)이라 불렀고, 장로교회는 전진 운동(the for ward movement)이라고 불렀다. 이 운동의 목표에 대하여 이렇게 기록하고 있다.[2]

> 한국교회의 활동에 새로운 생명을 불어넣고… 복음 전도의 노력을 증진하며… 주일학교 활동에 새로운 자극을 주는 운동이다.

이 전진 운동이 커다란 성과를 거두지 못하였다고 하더라도 민족 정신의 진작(振作)을 위해서 폭넓은 운동이라고 하여 퍼져 나아갔으며, 장로교회 통계표는 상승률을 보인다(괄호 안은 1919년도 통계와 비교). 1920년 상황이다.

① 목사 180명(-19).
② 장로 963명(+126).

---

[1] 서명원, 『한국교회 성장사』 136.
[2] Ibid., 75.

③ 장립집사 103명(+24).

④ 서리집사 7,374명(+224).

⑤ 전도사 443명(+16).

⑥ 전도인 260명(-49).

⑦ 영수 2,249명(+63).

⑧ 교회 1921처(-14).

⑨ 세례 교인 69,025명.

⑩ 학습 교인 20,093명(+1,420).

⑪ 유아 세례 12,143명(+996).

⑫ 평균 회집 122,156명(+12,018).

⑬ 주일학교 1,909처(-40).

⑭ 학생 136,176명(+16,280).

⑯ 재정 도합 575,998원(+198,650).[3]

2. 하나님은 지금도

1907년대의 부흥과 1920년대의 전진 운동은 그 시대의 상황에 따라서 우리의 민족교회를 통하여 하나님의 권고하시는 섭리가 작용한 것으로 생각한다. 따라서 이 두 시기에 있어서 핵심(核心)적 인물을 말할 수 있다면 1907년의 부흥은 길선주 장로(1907년 9월에 목사 안수 받음-1907년도 평양신학교 제1회 7인 졸업생 중 한 분)라고 할 수 있다.

---

[3] 곽안련, 『長老敎會大典회집 통계표』(서울: 조선 예수교 서회, 昭和十年) 참조.

그가 1907년 1월에 평양 장대현교회에서 회집하였던 도 사경회 때의 성령 도리, 곧 성령론을 강해함으로써 회중에게 영적 신생의 체험을 체험, 확증하게 하였다. 그는 일생에 신구약을 5백 독, 계시록은 1만 독을 하는 기록을 가지고 있으며, 그가 1935년 11월 26일 부산시 강서의 고창교회에서 평서노회 도사경회를 인도하다가 뇌내출혈로 졸도하여 세상을 떠나기까지 전국 교회에 미친 그의 영적 감화는 컸다.

그러므로 당시 동아일보 사장 송진우(宋鎭禹)는 다음과 같은 조사를 숭실대학 강당 장례식에서 낭독하였다.

> 고 길선주 목사께서는 40년간의 교직 생활 중에 강도(講道)가 1만 70회에 달하여 청강자가 5백만이었고, 교회 설립하기 60처이었으며, 그 손으로 세례를 준 사람이 3천 명이 넘습니다. 이것은 다만 교회 내부의 일로만 볼 것이 아니고 사회 민중 교도(教導)에 얼마나 큰 공헌을 하였는가를 알 수 있으니 우리는 사회인으로서 선생의 큰 공적을 찬양하지 아니할 수 없습니다.[4]

1920년대의 전진 운동은 교회가 조직적으로 전개한 대중 운동에 속하거니와 특수 인물을 통한 하나님의 역사는 초자연적이었다. 그 특수 인물이란 김익두(金益斗) 목사였다. 그는 1874년 1월 황해도 안악군에서 출생하였으며, 청년 시절에는 황해도에서 이름난 깡패였다. 그는 1901년 1월 소안론(蘇安論, Wm-Swallen) 목사에게 세례를 받고 개척 전도에 나섰으며, 1909년에 평양신학교에 입학하여 1910년 평신 3회 졸업생이

---

[4] "부록 韓國近代人物百人選," 「新東亞」 1907년 1월호 참조.

되었다.

그는 1919년 12월 경북 달성군 현풍교회 집회 인도 중에 10년 전에 턱이 떨어져 거지 생활을 하는 라수진에게 안수 기도함으로써 그 턱이 제자리에 올라붙게 되었다. 이때부터 그의 안수 기도에 따라 신유(神癒)의 능력(能力)이 나타나기 시작하였다.

그는 776회의 부흥회를 인도하였는데 청중이 2만 8천 명에 달했으며, 158 교회나 설립하였다는 것이다. 물론 그의 신유의 역사는 오래 계속되지 않았으나 절망 중 있는 교인들에게 우리 민족에게 하나님은 지금도 살아 계셔서 역사하신다는 실증을 보여 주는 커다란 운동이었다. 필자도 어렸을 때 그의 집회에서 절름발이가 나아 걷는 모습을 목격하였다.

> 천국은 좋은 씨를 제 밭에 뿌린 사람과 같으니 사람이 잘 때 그 원수가 와서 곡식 가운데 가라지를 덧뿌리고 갔더니(마 13: 24).

> 한국에 와 있는 대부분의 장로교 선교사들은 보수주의자들이다(1934년 희년총회 때에 마포삼열 목사의 기념사 1절).

> 그러면 대부분의 제외는 자유주의자란 말이다(Holdcropt 목사).

제21장

자유주의 신학과 이단 소동

1. 자유주의 신학의 침투

　1918년 총회 자료에 의하면 "황해노회 김장호(金章昊, 金庄鎬) 씨 항소 사건에 대하여 심의한 결과 황해노회에서 휴직시킨 것이 합당한 것으로 인정하고 동씨와 노회 간에 화해시키기 위하여 중재위원 3인을 택하다" 라고 되어 있다. 1918년 황해노회록에는 "김장호 목사에 대하여 6개월 간 휴직처분하라"고 기록하고 있다.

　김장호 목사는 1914년 평양신학교 졸업생으로 선교사 공위렴(孔偉廉) 목사의 서기로 있었던 사람이다. 그가 6개월 휴직 처분을 당한 이유는 그가 성경에 대하여 고등 비평적 자유주의 신학적 해석을 했기 때문이었다. 그가 선교사의 비서로 있을 때 그 선교사의 영향을 받아 자유주의 신학에 동조하기에 이르렀다는 것이다.

　김장호 목사는 또 다음과 같이 말했다.

모세가 홍해를 건넌 것은 결코 하나님의 기적이 아니고 이 사건은 밀물과 썰물의 간만의 차에서 생긴 자연 현상이라고 이해했다. 더구나 예수는 문자적으로 오병이어로 오천 명을 먹이지 않았다. 오히려 이 이야기는 그들 모두가 준비해 온 자신들의 도시락을 먹은 것으로 해석해야 한다. 더 나아가서 예수께서 물 위를 걸으신 바다는 육지 가까운 해변이었지 결코 깊은 바다가 아니었다. 마찬가지로 예수 그리스도의 재림은 실제로 미래에 일어날 역사적 사건이 아니다.[1]

이것이 우리나라에서 최초로 발생한 자유주의 신학 소동이다. 그러므로 이에 앞서 1917년 총회에서는 이러한 결정을 하였다. 다른 신학 졸업자가 취직하려면 평양신학교에서 신경, 정치 규칙을 강습 후라야 한다. 이것은 오늘날까지도 계속 시행되고 있다.

그런데 1926년 총회에서는 역사적인 중대 결정을 내림으로써 먼 훗날에 하나의 장로교회가 사분오열 되는 역사적 원인(遠因)이 되기도 하였다. 1925년 캐나다에서 장로교회와 감리교회와 회중교회가 통합되어 캐나다연합교회를 이루었으며, 장로교회의 3분의 1은 그대로 남아 있어서 그들의 선교사들이 우리나라에 선교 사업을 계속하기를 우리 총회에 요청하였다. 그러나 우리 총회의 지도자들이 세계교회 정세에 무식하였고, 선교사들의 말을 액면 그대로 믿는 사대성 때문에 캐나다연합교회와 유대 관계를 맺어 종래의 캐나다장로교 선교 구역인 함경도를 그들에게 내맡기게 되었다.

---

[1] 『조선기독교 소사』(서울: 조선기독교 전도부, 1941), 30-39.

캐나다장로교의 선교사들은 눈물을 머금고 우리나라를 떠나 재일교포를 위해 선교 사업을 계속함으로써 우리와의 우정을 이어 나갔다. 캐나다연합교회는 하나의 에큐메니컬교회로서 그들의 대부분이 자유주의 신학 사상을 품은 선교사들이었다. 그들이 먼 훗날 한국기독교장로회와의 유대 관계를 맺게 된 것은 당연한 귀결이라고 본다.

2. 이용도의 신비주의

1930년대 우리나라 교회는 세속적인 세력이 교권을 장악하고 있었으므로 영력을 잃고 있었다. 이에 반하여 한편에서는 신비주의적 열풍이 불어 교계는 걷잡을 수 없는 소동을 벌이게 되었다. 그 대표적 인물이 이용도(李龍道)였다. 그는 1901년 4월 황해도 금천군 서천면에서 빈농 이덕흥의 셋째 아들로 태어나 협성신학교에서 공부했으며 감리교 목사로 신비적 체험을 받았다 하며 기성교회 지도자를 몹시 공격하였다. 그가 하루는 평양 산정현교회 이조근 집사의 부인 초청을 받아 그 집을 방문하였다. 그 부인은 신비주의자였다. 이용도에게 명령하였다.

"따로 교파를 세워라."

"따로 교파를 세울 마음이 없습니다."

"내 속에 주님이 임재(臨在)해 계신데 주님의 명령도 순종하지 않을까?"

"네 순종하겠습니다."

이 소문이 당시 평양노회 임원들에게 좋은 기회를 주었다. 평양노회는 임시노회를 소집하고 "이용도를 따라다니는 교역자는 물론 교인들을 치리한다"라는 결정을 내렸다.

이 결정 이후 장로교회 교인들은 이용도와 그의 일파인 황국주를 따르는 일을 중지하였다. 이용도를 따르는 일파는 따로 교회를 세웠다. 평양 서문밖교회 동쪽에 교회를 세웠는데, 그곳에 본부가 있어 중앙 선도원이라고 간판을 붙였으며, 오늘의 예수교회의 전신이기도 하다. 이들은 유명화라는 원산의 입신파와도 접선이 되었다.

3. 황국주의 혼음 교리

황국주는 황해도 장연 사람으로 간도에서 용정중앙교회에 출석했다. 그가 100일 기도를 한 후, 머리털을 길게 내려뜨리고, 수염도 깎지 않고 길러서 예수의 모습과 비슷하게 하고는 말하기를 "기도 중에 예수가 내 목을 떼고 예수의 머리로 갈아붙여 머리도 예수의 머리, 피도 예수의 피, 마음도 예수의 마음, 이적도 예수의 이적, 내 전부를 예수화하였다"라고 주장했다. 이것이 소위 목 가름, 피 가름 교리인데 혼음을 하면서 영체 교환이라고 한다.

자기의 목에는 예수의 목이 접붙임을 받았다고 주장하는데, 이러한 목 가름이 훗날 박태선이 주장하는 피 가름의 주장과 일맥상통하고 있다. 또 한편 이용도, 황국주의 후예이며, 하나의 체계를 이룬 김백문(金百文)의 기독교 근본 원리는 오늘날 통일교의 원리를 구성하고 있다. 그들의 해석에 의하면 하와가 선악과를 따먹었다는 사실은 사단과의 성적 관계를 말하며, 목 가름이나, 피 가름이나 혼음은 새로운 피의 영적 교접으로 이루어지는 에덴 복귀 운동이라는 것이다.

박영관 박사가 저술한 『이단 종파 비판』에 의하면 그 계보는 다음과 같다. 스웨덴 붉-이용도-황국주-문선명-정득은-이수완-박태선으로 이어진다. 이들의 이단 종파 소동에 대하여 1930년에 나타난 반응은 다음과 같다.

> 영적 영양의 근본적 불충실이다(김필수 목사, 1915년 제4대 예수교장로회 총회장).

> 영적 능력의 결핍이다(김성택 목사, 1922년 제11대 예수교장로회 총회장).

> 이용도파와 같이 여자에게 주가 입류한다 칭하여 남자 욕하면… 성서 위반하는 것이요 … 이 신비적 좌경은 급성이다(채정민 목사, 1910년 평양신학교 제3회 졸업생).[2]

이용도 목사(1901-1933)
<출처: 국민일보>

---

[2] 민경배, 『한국 기독교사』, 245.

제22장

교회와 극한 시련

1. 일본의 제국주의 야욕

　일본은 아세아에 있어서 가장 먼저 서구 문명을 받아들인 나라이다. 1853년 미일(美日)수호조약을 맺었다. 서구 문명을 이용한 일본 제국주의 정권은 외국 침략을 서슴지 않고 감행하였다. 특히, 명치(明治) 천황이 들어서서 명치유신(明治維新) 체제를 강화하면서 1873년에 정한론(征韓論)이 대두되었으며, 1874년에 대만을 점령하였고, 1878년에 오키나와를 합병하였다. 1876년 우리나라와의 수호조약이 체결됨으로써 우리나라에서 대륙 진출(大陸進出)의 교두보 확보를 위해 혈안(血眼)이 되었다.
　1894년에 청일(淸日) 전쟁을 도발하여 1895년에 휴전(休戰)이 성립되었으나 일본은 중국 만주에 있어서 철도(鐵道) 부설권을 획득하였다. 그 뒤 1902년에 영일공수(共守)동맹조약을 체결하였고, 1904년에는 러시아 제국에 대하여 선전포고를 하였다. 이 전쟁은 영국, 미국의 후원 때문에 일본의 승리로 돌아갔으며, 일본은 중국 요동반도(遼東半島)의 첨단에 있는 여순(旅順)을 항구적(恒久的)으로 점령하게 되었다. 이것은 중국에 대하여는 목구멍을 노리는 칼과 같은 것이다.

　러일 전쟁의 결과는 우리나라에 불행의 씨를 뿌리게 되었다. 당시 미국은 러시아의 남하(南下) 정책을 막기 위해서 일본에 유리하게 지위를 높여 주었으며, 따라서 우리나라의 외교권을 일본에 넘겨 주도록 알선도 하게 된 것이다. 일본은 두 차례의 전쟁에서 승리한 여세(餘勢)를 몰아 1910년에는 한일합방을 강요하여 우리의 국권을 강탈하였다. 1931년에 소위 만주 사변을 일으켜 만주에서 장작림(張作霖), 장학량의 세력을 몰아내고, 1932년에 드디어 괴뢰정부 만주국을 건설하였다.

　일본은 세계 여론이 불리하므로 1933년에 국제 연맹을 탈퇴하여 폭력 침략의 기수(旗手)가 되었다. 그리고 1936년에 런던 군축회의에서도 탈퇴하였다. 한편 1936년에 독일반공협정 체결, 1937년에 독·이(伊)·일 방공협정을 체결하였으며, 1937년에는 일본군이 산해관(山海關)을 넘어 북중국으로 침입하였다. 1940년에는 독·이(伊)·일 3국 동맹이 설립되었으며, 1941년에는 소·일(蘇日)중립조약이 체결되었으며, 영·미에 대하여 선전을 포고하였다. 12월 8일 일요일 새벽에 미국 하와이 진주만(眞珠灣)을 기습 공격하여 태평양 전쟁이 시작된 것이다.

2. 황국신민화(皇國臣民化) 촉진

　1934년 일본은 문부성 안에 사상국을, 법원에 사상검사 제도를 설치하였다. 1936년 일본 군인들은 육군 조각(組閣)과 자유주의의 소탕을 요구하였다. 경보국, 특고과(特高課) 치안경찰의 확충 강화가 이루어졌다. 1937년에는 드디어 국민정신 총동원 중앙연맹이 창립되었다. 이것은 일본 본토 안에서 이루어진 사건들이다. 우리나라를 식민지로 삼은 일본은 우리 민족의 민족정신을 완전히 말살(抹殺)시키고 철저히 황민화(皇民化)하려는 갖은 정책을 다하였다.

이 정책은 조선인들을 일본에 동화시키는 정책이다. 초대 조선총독 사내정의(寺內正毅)는 "두 백성은 그 관심사도 동일하고 형제애로 서로 결합하여 있으므로 한 몸으로 융화하고 형성하려는 것은 자연적이고 필연적인 일의 과정이다"라고 선언했다.

1925 조선총독부는 서울 남산 중턱에 조선 신궁(神宮)을 세우고 신도(神道) 정신을 선양하려고 하였다. 신도란 일본의 8백만 신과 역대 천황과 무인(武人)들과 조상을 신으로 섬기며 신사(神社)-신궁, 혹 신사(神祠)는 그것들에 대하여 제사하는 곳이다. 그들의 신관(神觀)은 원시적 신관이며, 조상 제사 사상이 결부된 것이다. 그러므로 우리 기독교적 처지에서는 용납할 수 없는 사교(邪敎)요 미신이다. 그러므로 1931년 경남노회에서는 신사 참배를 반대한다는 결의를 표명하였으며, 일간 신문에도 보도되었다.

3. 기독교 학교에 대한 억압

1935년 11월 평안남도의 기독교계 학교장들은 중·고등학교 교장 회의에서 신사 참배를 거부하였으며, 1936년 1월 20일 평양 숭실전문학교, 숭실학교 교장 윤산온(尹山溫, G. S. McCune) 박사와 숭의여학교 교장은 파면을 당하였다. 동년 1월 조선총독부는 학무국에 사상계(思想係)를 설치하여 교육자의 사상 단속을 담당하게 하였으며, 8월 4일에 불온문서 임시취체령, 12월 12일에는 사상범 보호 관찰령을 공포하였다. 1937년 7월 22일 총독부는 중앙정보위원회를 설치하고 정보 및 선전에 관한 사항을 조사 심의하게 하였다.

1938년 10월 8일에는 황국 신민의 서사(誓詞)를 제정하여 국민에게 강요하였다. 서사이다.

① 나는 대일본 제국의 신민이다.
② 나는 마음을 합하여 천황폐하에게 충의를 다한다.
③ 나는 인고 단련하여 훌륭하고 강한 국민이 된다.

1938년 9월에 광주의 숭일(崇一), 수피아, 목포의 정명(貞明), 영흥(永興) 4개교와 순천의 매산(梅山), 매산녀(梅山女), 담양의 광덕학교가 신사 참배 거부로 폐교당하였다. 동년 11월에 「조선 중앙일보」가 폐간되었다. 그런데 1938년 2월 9일 평북노회가 최초로 신사 참배를 가결하였다. 동년 3월 31일 평양의 숭실(崇實), 숭의학교가 폐교당하였다.

동년 4월 3일 총독부는 육군 지원병(志願兵) 제도를 공포하여 우리 청년들을 징집하기 시작하였으며, 폐교된 숭실(전문, 중학) 교사를 훈련소로 점령하였으며, 중학교에 조선어 시간을 다른 과목 시간으로 대체하도록 각 도에 통첩하였다. 동년 7월 1일 국민정신 총동원 조선연맹이 창립되었다.

1938년 2월에 조선어 사용금지, 1939년 10월 국민 징용령(徵用令)을 내려 1945년까지 45만 명이 동원되었다. 1939년 11월 10일에 우리 한국인에게 일본식으로 성(姓)을 개명하는 창시개명(創氏改名)을 하도록 명령하여 40년 2월부터 실시하였다. 1940년 8월 10일 「조선일보」, 「동아일보」가 폐간되었다. 1942년 조선예수교장로회 총회는 일본기독교단 조선장로교연정으로 개칭되었으며, 45년 7월에는 장·감연맹을 통합하여 일본기독교단 조선연맹으로 일본화, 어용화되고 말았다. 1943년 3월 1일 징병제, 10월에는 학병제(學兵制)가 실시되었다.

4. 신사 참배 결의

조선예수교장로회(1912-1943)는 1938년 9월 10일 평양 서문밖교회에서 열린 '조선예수교장로회 제27회 총회'에서 일본 경찰의 감시 아래 신사 참배를 국가의식으로 자각하여 솔선 이행할 것을 가결(법리 논적으로 可만 묻고 否를 묻지 않았으므로 불법)시켰다. 이것은 한국교회 역사상 가장 부끄러운 오점(汚點)이었다. 당시는 장로교의 교파가 갈라지기 전이었다. 무장 경관들이 예배당을 에워싼 가운데 여러 선교사가 일어나 "불법 결의"라고 외쳤으나 아무 소용이 없었다. 장로교회가 일본 태양신의 우상 앞에 무릎을 꿇은 비극적인 순간이었다. 1938년 장로교 제27회 총회가 열리기 두 달 전에 장로교 8개 노회가 신사 참배 결의에 앞장을 섰다. 장로교회가 일제의 강요에 무릎을 꿇고 신사 참배를 받아들였다. 장로교회는 일제 군국주의 이념을 선전하는 나팔수가 됐고 젊은이들을 전쟁터로 내몰아 고귀한 생명이 희생당하게 했다. 한국교회의 신사 참배 참회는 23년 전으로 거슬러 올라간다.

1992년 6월 18일 한국교회 지도자 한경직(1902-2000) 목사의 고백은 한국교회에 큰 반향을 불러일으켰다. '종교계의 노벨상'이라 불리는 템

플턴 상 수상을 축하받는 자리에서 그는 "일본 강점기에 신사 참배를 했으나 여태껏 참회하지 않았다"라면서 "반세기 전에 지은 우상 숭배의 죄를 참회한다"라며 고개를 숙였다. 노(老) 목회자의 죄책 고백은 한국 교회 목회자와 성도들의 가슴 속에 각인됐다.

　2006년 1월에는 기독교대한복음교회가 "초대 감독이었던 최태용 목사가 일본식 이름으로 바꾸고 친일 잡지에 친일 논설을 기고했다"라며 교단 중 처음으로 친일 행적을 반성했다. 2007년에는 기독교대한성결교회와 한국기독교장로회(기장)가 신사 참배에 대해 사과했다. 2008년 예장합동과 통합, 합신, 기장 등 4개 교단은 장로교단 분열 60년 만에 처음으로 제주에서 연합 예배를 갖고 신사 참배 참회 기도를 드렸다.

일제 시대 학생들이 신사참배하는 모습. ⓒ연구원 제공
<출처: 크리스천투데이>

제23장

교회와 조상 숭배

1. 일본의 신도(神道)

일본 사람들은 그들의 황족을 아마테라스 오오가미 천조대신(天照大神)의 후손으로 알고, 그의 후손이 만세일계(萬世一系)로 내려온다고 믿었다. 최근 일본 학자들도 일본 황실에 백제, 고려의 딸들이 황비로 들어가서 왕손을 낳았다고 고증한다. 그러므로 그 당시 히로히도 천황을 현인신(現人神)이라고 떠받들며 일본 천황이 세계를 다스려야 한다는 망상에 사로잡혀 있었다.

종전후(終戰後) 히로히도는 "나도 인간이다"라고 선언하였다. 일본의 신사(神社, 神祠, 神宮)는 역대 천황의 영들과 조상들의 영들을 제사하는 하나의 사당이다. 이러한 것을 종교화한 것이 일본의 신도(神道, Shinto)이다. 신도는 경전, 교리 신조, 신학적인 것이 없다. 신도는 가족신도, 씨족신도, 국가신도의 셋으로 나눈다.

우리 한국 기독교인들은 선교를 받을 때부터 조상 숭배와 제사를 철저히 반대했으며, 어떤 신자들은 불신 가정에서 핍박을 받아가면서도 제사를 하지 않았다.

> 너희를 취하여 새긴 우상을 만들지 말고, 또 하늘에 있는 것이나, 아래로 땅에 있는 것이나, 땅 아래 물속에 있는 것이나, 아무 형상이든지 만들지 말며, 그들에게 절하지 말며, 그것들을 섬기지 말라 (출 20: 4-5).

그러므로 우리 교회가 신사 참배하는 것은 계명 위반이며, 이는 기독교에서 신도(神道)로 개종하는 그것으로 판단한 것이다. 산 순교자의 한 사람인 이기선(李基宣) 목사를 조사한 평양지방법원 공판 기록에 이런 정신을 밝히 나타내었다.

> 여호와 신은 천지 만물을 창조하고 또한 지배 통괄하는 최고, 유일, 절대의 전지전능 신이라 하지만 다른 신이라고 칭하는 것은 모두가 위신이나(僞神) 우상이라고 속단하여 천조대신(天照大神)을 비롯하여 역대 천황은 여호와 신의 지조들인 아담, 하와의 자손으로 필경 불완전한 인간에 불과하여 이를 봉사하는 황대 신궁을 비롯하여 일본의 모든 신궁, 신사는 모두가 위신(僞神) 또는 우상을 봉사하는 것으로 이를 제사 예배하는 것 같은 것은 모세의 십계명… 위반이라고 하여 이를 전면적으로 부정하고….[1]

---

[1] 안용준, "부록(附錄)예심 종결서," 『태양신과 싸운 이들』(서울: 세종문화사, 1972).

2. 교회의 변

1938년 9월 10일 제27회 조선예수교장로회 총회가 평양 서문밖교회에서 열려 일제의 강요와 친일파 목사 김일선의 주동으로 신사 참배를 국가 의식으로 받아들이기로 결의하고 실행함으로서 한국교회는 처음으로 순결을 범하게 됨으로써 변절하였다. 신사 참배를 결의한 장로교회는 국민정신 총동원 조선예수교장로회연맹을 조직하여 국가 시책에 적극적으로 협력할 것과 신사 참배, 궁성 요배, 황국신민 서사제창을 결정하였다.

물론 신사 참배를 반대하는 교역자, 교인들의 수도 많았다. 신사 참배 반대자로 순교한 이들은 주기철(朱基徹), 최봉석(崔鳳奭) 목사, 박관준(朴寬俊) 장로, 박의흠(朴義欽), 서정명(徐廷明) 전도사 등 50여 명이며, 옥고를 겪으면서도 수진자(守眞者)로 출옥한 이들은 이기선, 주남선, 한상동, 채정민 목사, 방계성, 이인재, 김린희, 손병복 전도사 등 50여 명이다.

3. 궁성 요배(宮城遙拜) 문제

일본 천황이 살고있는 곳을 향하여 절하는 궁성 요배 문제에 대하여 신사 참배 반대자들 사이에 의견이 일치하지 않았다. 이것을 조정하기 위하여 1940년 4월 22일 평양 장별리 2번지 채정민 목사 댁에 20여 명이 회집한 일이 있었다. 이날 참석한 이들은 주기철, 채정민, 한상동, 김의창, 최봉석 목사들과 오윤선, 방계성 장로와 이인재, 이광주, 박의흠, 김형락 전도사님과 주 목사 부인 오정오 집사님과 또 안이숙 등이었다.

원로급 인사들의 의견으로는 일본 사람들이 인간 천황을 아무리 현인신(現人神)이라고 한다고 해도 그들이 신이 아닌 이상 그가 살고 있는 곳을 향해서 경의(敬意)를 표하는 것을 죄라고까지 단정할 수는 없으나, 다만 예배 의식에 앞서서나 의식 가운데 섞여서 궁성 요배를 하는 것은 절대로 용납할 수 없다는 것이었다. 그러나 소장파에서는 절대로 그럴 수 없다고 고집하였다. 그러므로 이날의 모임은 결국 먼 훗날에 재건파와 복구파로 갈리는 요인이 되었다고 할 수 있다.

　일제는 1938년 교단 차원에서 신사 참배를 하라고 강요하는 등 탄압 수위를 높였으나 이에 격렬하게 저항한 순교자들이 적지 않았다. 경남 창원시 상남동 문창교회에서 1931-1936년 시무했던 주기철 목사는 신사 참배를 거부해 일제로부터 설교 금지령을 받고 수차례 투옥됐다. 1944년 감옥에서 순교했다.

　순교자 주기철 목사나 출옥 성도 이기선 목사는 궁성 요배에는 순응하였다는 것이다. 궁성 요배를 동방 요배(東方遙拜)라고도 하였는데, "약 25인이 여호와의 전을 등지고 낯을 동으로 향하여 동방 태양에 경배하더라"(겔 8장)는 성구에 결부시켜 궁성 요배를 반대하였다. 에스겔서는 분명히 태양을 신으로 섬겨서 절하는 기사이지만 궁성이 동방에 있으므로 동방 요배요, 남쪽에서는 북방 요배, 동쪽에서는 서방 요배, 북쪽에서는 남방 요배이므로 에스겔서와 결부시키는 것은 부당한 해석이라고 원로급은 주장하였다.

　1945년 8월 17일에 석방된 이들 가운데 김린희, 최덕지 등은 재건파 거두로서 교회를 따로이 세웠는데 그들은 계시록 6장에 나타난 흰 말 탄 자가 일본 천황이라는 잘못된 해석도 하였다. 그런데 신사 참배를 반대하는 인사들이 1940년 8월에 적극적으로 검거되어 평양으로 압송된 것은 1940년 4월에 회집하였던 일을 경찰들은 비밀 결사로 몰았기 때문이었다.

그날 모였던 인사들 가운데 평양에 살던 이로는 주기철 목사 부처, 채정민, 최봉석, 김의창 목사와 방계성, 오윤선 장로와 안희숙 씨 등이며, 한상동 목사는 경남에서 평양에, 이광록 박의흠 전도사는 평북에서 평양에 주기철 목사를 만나러 갔다가 채정민 목사 댁에 회집하였던 것이다. 그러므로 1945년 5월 18일 자로 꾸며진 평양지방법원 예심 종결서에 기록되어 있다.

① 이기선(李基宣)에 대하여는 치안 유지법 위반, 불경, 보안법 위반, 육군 형법 위반.
② 김린희, 박신근, 서정환, 한상동, 이주원, 안리숙, 이광록, 오윤선에 대하여는 치안유지법 위반, 불경, 보안법 위반.
③ 김형락, 김화준, 고흥봉, 장두희, 양대록, 주남고, 조수옥, 이현속, 최덕지, 손병복, 채정민, 방계성에 대하여는 치안유지법 위반, 불경으로 예심을 마치기로 결정한다고 기록하였다. 위의 인사들과 함께 투옥되었던 최봉석 목사와 주기철 목사는 1944년에 이미 세상을 떠났기 때문에 예심 종결서에 빠졌을 뿐이다.

제24장

조선신학교

1. 조선신학교 설립

1938년 9월 30일 신사 참배 문제로 평양신학교는 문을 닫았다. 조선예수교장로회 제27회 총회에서 신사 참배를 결의하자 선교사들의 신사 참배 거부로 평양신학교 제2학기 개강이 무기 연기되었고, 제3학년 1학기 수강자들에 대하여는 통신으로 수업하여 1939년 3월 28일부로 졸업증서를 우편으로 보내었다. 이것이 선교사들의 마지막 신학 교육 사업이었다. 이때의 졸업생은 52명이다. 이렇게 선교사가 운영하는 평양신학교가 문을 닫았을 때 서울에서 새로운 신학교 설립 기성회가 조직되었다.

1939년 9월 신의주에서 모였던 제28회 총회에서는 조선신학원 설립 경영을 인준하였으며, 1940년 4월 19일 서울 종로구 인사동 승동교회 하층에서 개강하였다. 이 신학교의 설립 목적은 "본 신학원은 복음적 신앙에 기초하여 기독교 신학을 연구하여 충량유위의 황국의 기독교 교역자를 양성함을 목적한다"이다. 역대 교장과 교수, 강사진은 다음과 같다.

① 학원장: 김대현(金大鉉), 윤인구(尹仁駒), 김재준(金在俊), 송창식(宋昌植), 함태영(咸台永), 김정준(金正俊).
② 교수, 강사: 윤인구, 김재준, 궁내창(宮内彰), 이정로, 전필순, 현제명, 김창제, 갈홍기, 송본탁(松本卓), 전성천, 유호준, 화촌방부(花村芳夫), 촌안청언(村岸清彦), 박태준, 한경직, 정대위, 권태희, 공덕귀, 최윤관(1945년까지).

이 신학원은 1943년 2월에 감리교신학교와 합동 수업을 하였으나 5월에 분리하여 덕수교회에서 수업하게 되었고, 김재준 목사가 원장으로 취임하였다. 1945년 일제에서 해방이 되자 군정청에 학교 인가를 제출하여 인가를 받고 김재준 목사가 신학교 교장으로 정식 취임하였다. 김재준 교수는 1946년『새 사람』제11호에 "정통 신학은 신신학보다 더 교묘하게 위장한 실제적 인본주의요 정통적 이단이다"라고 정통 신학에 도전하는 포문을 열었다.

2. 평양신학교의 변신 복교(變身復校)

1939년 3월 평양에서 채필근 목사와 서북 지방 인사들 중심으로 평양신학교 재건 운동이 일어나 신학교육부가 모여 다음과 같은 사항을 결의하였다.

① 신학교는 총회에서 직영한다.
② 기본금 50만 원을 모금한다.
③ 신학교 인계 청원을 4 선교부에 발송한다.

이 청원에 대하여 선교사연합 공의회에서는 수락할 수 없다고 통보하였다. 그리고 신사 참배를 반대하던 보수적인 선교사들이 모두 물러가고 자유주의 신학적 배경과 친일적 인사들이 주축이 되었다. 1939년 9월 총회에서는 평양신학교 복교를 결의한 뒤 40년 4월 11일에 개교하였다. 그 진영은 다음과 같다.

① 이사장: 김석창(金錫昌), 실행이사: 김석창, 이문주, 이인식, 이승길, 이영희, 김선한, 고한규, 김관식.
② 교장: 채필근.
③ 교수, 강사: 고려위, 전중리부(田中理夫), 이승길, 제좌(齋佐), 산본신(山本新), 김관식.

이렇게 하여 장로교계의 신학교가 서울과 평양에 따로따로 일본의 어용 기독교 일군들을 양성하였다. 1945년까지의 양교 졸업생 수를 살펴보면 다음과 같다.

① 평신(平神): 1940년 9명, 1941년 22명, 1942년 36명, 1943년 32명, 후기 16명, 1944년 25명, 1945년 22명, 합계 162명.
② 조신(朝神): 1942년 11명, 후기 43명, 1943년 23명, 1944년 14명, 1945년 26명, 합계 117명.

3. 만신(滿神)

한편 1941년 만주에 있는 교회들이 총회를 결성하여 만주신학원을 설립하였다.

① 교장: 정상인, 교수: 박윤선, 박형룡, 국지일랑(菊地一郞).
② 강사: 김선두, 안광국, 와다나베, 이성주, 계창봉.
③ 졸업생: 3회에 걸쳐 이응화, 김치묵, 황금천, 이성찬, 장동훈, 오병수, 최의종, 남영환, 전영홍, 장찬준, 백리언.

4. 51인 조선 신학생 진정 사건

조선신학교의 자유주의 교육에 저항하는 강력하고 직접적인 반대가 그 학교에 재학하고 있는 상당히 많은 학생으로부터 있었다. 1947년 4월 17일에 51명의 학생은 그들이 받는 자유주의 교육에 반대하여 1947년 대구에서 열린 총회에 진정서를 제출하였다. 진정서에는 이렇게 기록되었다.

> "신구약 성경은 하나님의 말씀이니 신앙과 본분에 대하여 정확무오한 유일의 법칙이니라"는 신조 위에 조선장로교회는 섰고 이 신조는 조선 교회 안에 영원히 보수되어야 할 우리들의 가장 순수하고 복음적인 신앙고백입니다. 그러나 우리는 불타는 소명감에 모여 장로회 총회 직영신학교인 조선신학교에 적을 두고 성경과 신학을 배

우기 시작한 지 년여에 우리가 유시(幼時)로부터 믿어오던 신앙과 성경관이 근본적으로 뒤집히는 것을 느꼈습니다.… 우리는 신앙은 보수적이나 신학은 자유라는 조선신학교의 교육 이념을 수긍할 수 없습니다. 근대주의 신학 사상과 성경의 고등 비평을 항거합니다. 자유주의 신학과 합리주의 신학을 배척하는 것입니다.[1]

이들 51인 조선신학교 재학생들은 순수한 복음을 고수하고 자유주의 신학을 배척할 것을 전 조선교회에 호소하였다. 교수들이 성경에 대한 고등 비평을 가르친다고 지적하고 신앙은 보수적이나 신학은 자유라는 조선신학교의 교육 이념을 수긍할 수 없으니 조처해 달라는 내용이었다. 학생들의 호소는 총회의 주의를 끌게 되어 심사위원 8인을 선정하여 조사하게 하였다.

이 사건은 마침내 1948년 4월 새문안교회에서 모였던 총회에서 김재준 교수에게 1년간 미국 유학 기회를 주기로 하였으나 조선 신학생들의 난동으로 총회장 이자익(李自益) 목사는 비상 폐회를 선포하였으며, 1950년 4월 21일 대구에서 회집하였던 총회도 선교사의 회원권 문제와 경남 노회의 총대 문제로 동년 9월까지 정회할 것을 선언하였다(총회장 권연호[權連鎬] 목사). 그해 6월 25일에 동란이 일어났다.

일제의 탄압 속에서도 교파들이 각각 단합해서 교회를 유지(維持)해 내려왔었다. 물론 교회 내부에 흐르는 신학 사상이나 생활 태도에 있어서 대립하는 현상이 있는 것이 사실이지마는 교파로 나뉘고 교회가 분열하는 양상을 빚지 않았다. 그러나 일제의 사슬에서 풀려나서 신앙의

---

[1] 김양선,『한국 기독교 해방 십 년사』(서울: 총회교육부, 1956). 216-217.

자유를 누리게 되면서 각각 자기들의 주장을 내세우며 세력을 형성하기 시작한 것이다.

조선신학교
<출처: 한국컴퓨터선교회>

제25장

장로교회의 분열

한국장로교의 분열은 표면적으로 신학적 문제와 신사 참배가 가장 큰 것으로 알려졌지만 사실은 신학 외적인 지방색이 다분하다. 1953년 고신과 기장이 분열되어 나갈 때는 김재준의 자유주의 신학 사상이 가장 컸다. 하지만 1959년 예장합동에서 예장통합이 이탈할 때는 에큐메니컬 신학 사상으로 장로교가 홍역을 앓았다.

기장 측이 분열할 때 주류를 이룬 세력은 함경도와 기호 지방, 전라도 출신이 대다수였으며, 장로교 측은 서북 지역 평안도와 황해도 그리고 경상도 지역 인사가 다수를 차지했었다. 원래 전라도는 미국남장로교의 선교지로서 신사 참배도 적극적으로 반대하여 가장 보수적인 지역으로 평가받았지만, 서북 중심의 기득권 세력이 소외되어 있다가 기장 측에 합류했다.

예장합동에서 통합 측이 이탈해 갈 때도 합동 측은 황해도 출신, 통합 측은 평안도 출신이 주류를 형성했다. 당시 교단의 중심 세력은 박형룡 목사였다. 박형룡 목사는 황해도 출신으로서 그를 반대하는 평안도 출신의 한경직 목사 측의 반목도 심했다.

1979년 예장합동에서 소위 주류와 비주류 문제로 합동보수 측이 이탈했던 것은 신복음주의를 둘러싼 총신대학 김희보 학장의 신학적 갈등으로 알려졌지만, 그것은 부수적인 원인에 불과하다. 신학교에서 주도권 문제를 놓고 밀려난 정규오 목사 측이 소위 이영수 목사 측에 더 이상 대항할 수 없어 이탈해 나갔다는 것이 대부분의 견해이다. 비주류 측은 불공평한 임원 선출과 신학교 이사 선출에 문제를 끊임없이 제기하다가 교권 싸움의 불평등을 이기지 못하고 이탈했다.

1980년 총신대학에서 몸담고 있던 박윤선 박사가 합동신학원을 분리해 나갈 때도 파장은 컸다. 합동신학원은 교단이 없어 개혁 측과 손을 잡았다. 이후 교단과 신학교의 운영이 어렵게 되자 개혁 측 내부에서 합동보수와 비주류 측의 연합이 전개되었다. 하지만 합동보수는 2년 뒤, 호남계의 개혁 측과 이북 및 호남 일부로 구성된 합동보수로 또다시 양분된다. 이후 합동 비주류에서 홍은동 측, 서대문 측 등 걷잡을 수 없이 분열이 확산되어 장로교단을 형성하며 분리해 나갔다. 지금 한국장로교는 교파가 150개에서 200개에 이른다는 보고만 있을 뿐, 확실한 통계도 알 수 없다. 합동 비주류의 핵분열은 지방색과 교권을 둘러싼 헤게모니 싸움이었다. 이것이 현재 한국장로교 분열의 자화상이다.

1. 출옥자(出獄者)들의 분파

1940년 4월 22일 평양부 장별리 2번지 채정민 목사의 집에서 신사참배를 반대하는 사람들 사이에 몇 가지 의견이 다른 것을 조정하기 위해 모인 것은 이미 서술하였다. 1945년 8월 17일 죄 없는 죄인으로 옥고를 겪던 이들 30여 명이 평양교도소에서 출소하여 며칠 동안 한 곳에서 숙식하면서 집회를 가진 때가 있었다. 이때 주기철, 최봉석 목사와 박관준 장로는 이미 옥사하셨으므로 그들의 얼굴을 볼 수 없었다.

그러나 이기선, 주남선, 한상동, 고흥봉 목사, 방계성 장로, 이인재, 김린희, 손명복 전도사가 출소하였고, 채정민 목사, 오윤선(吳潤善) 장로는 병보석으로 벌써 출소하여 계셨다. 그리고 함께 검속되어 고된 고문 끝에 신사 참배를 승인하고 출옥해 있던 목사로는 이약신, 이유택, 김의창 목사 등이 있었다. 이러한 인사들이 8·15해방 이후 한 길로 향하지 못함으로써 신사 참배를 반대하던 인사들이 분파를 형성하게 되었다.

1) 복귀파

이기선 목사의 주장을 따르는 일파이다. 이 목사의 주장으로는 이미 신사 참배한 교역자(목사와 제직들까지 포함)들은 3-6개월간 자숙한 뒤에 복직하게 하자는 주장이었다.

만일 우리나라의 지도자들(신사 참배한 교역자들)도 독일교회 지도자들처럼 겸손한 태도를 보였더라면 교파 분열을 미리 방지할 수도 있었을 것이다. 독일의 히틀러를 따르던 교역자들은 히틀러의 사망 이후 출옥한 교역자들에게 강단권, 교회 지도권을 몽땅 맡기고 은퇴하였다. 복귀파는 결코 노회, 총회를 따로 구성할 의사가 없었고 모(母)교회가 회개하고 정화되기를 소원하였을 뿐이었다. 그러나 교권주의자들(신사 참배자, 친일파, 자유주의 신학자 등등)은 출옥자에 대한 경계심으로 그들의 주장을 받아들이지 않았다.

2) 재건파

북에서는 김린희 전도사, 남에서는 최덕지 전도사(여)를 중심으로 한 극렬한 신도들이 규합되었다. 현존 예배당도 파괴해 버리고 새로이 예배당을 세워야 하며 현실 교회의 교인들과 사귀면 동참 죄를 범한다 하여 만일 가족이 일치하지 못할 때는 이혼도 사양하지 않았다.

3) 고신파

출옥자 한상동, 주남선 목사, 실패자 이약신 목사 등이 교계 정화를 목표로 부산에서 고려신학교를 설립하고 교역자를 양성하기 시작하였다. 경남노회에서는 이들에 대하여 기성 세력, 특히 일제 때의 총회 부회장 김길창 목사의 세력이 그들의 주장에 맞서게 되었으며, 총회 정치부장 김관식 목사(일본기독교단 조선교단 통리)는 고려신학교가 총회와 관계없다는 결의안을 통과시키도록 한 장본인이 되었다. 이러한 풍토에서 신앙 행위의 경건성은 독선적이란 낙인을 찍어 배척 제외하였으며, 아울러 경건파는 모(母)교회나 동역자에 대한 심판자로 군림하게 되었다.

2. 교파의 환원(還元)

조선총독부는 1943년 조선예수교장로회 총회를 일본기독교단 조선장로교연맹으로 탈바꿈시켰으며, 1945년에는 일본기독교단 장로교연맹, 감리교연맹 등을 통합하여 일본기독교단 조선연맹으로 단일 교단을 형성하였다. 이 연맹의 통리는 김관식 목사였다. 그러나 8·15해방 후 먼저 감리교회의 유력한 인사들이 일본식 어용 기독교단의 조직을 답습하려는 김관식 목사(장로교)의 주장에 반대하여 감리교회로 환원하였으며, 장로교회 지도자들도 이에 호응하여 장로교회로 환원하게 되었으므로 친일적 에큐메니안들의 단일교회 실현은 파탄을 보게 되었다.

그리고 일제 탄압 때문에 해산되었던 성결교회, 침례교회, 안식일교회 등이 복교를 선포하게 되었으며, 미군(美軍)의 진주(進駐)와 더불어 미국의 군소교회 군목을 통하여 많은 교파가 우후죽순(雨後竹筍)처럼 파생되기에 이르렀다. 그 가운데 루터교회는 지도자 1, 2인 외에는 기성교회의 교역자보다도 새로운 교육을 받은 지도자들, 교역자로 양성하여 교회를 세우는 장기 계획을 실행하고 있으나 다른 군소교파의 지도자나 교인들의 대부분은 기성교회에서 이탈한 자, 불평분자들을 대량 흡수하여 교파를 급조(急造) 하고 비정상적인 활동으로 크게 물의를 일으키며 교계 혼란을 야기시켜 왔다고 본다.

이처럼 선교 초기부터의 양대 교파인 장로교회와 감리교회는 각각 일제 시대를 통하여 단일교회로서 역사와 전통을 이어왔으나 8·15해방 이후 장로교회는 사분오열(예장합동, 통합, 기장, 고신, 복귀, 재건, 성장, 호장, 대신장, 공의회, 중립 등등) 되었으며, 감리교회도 총리원파, 호헌파로 나뉘었다가 합동되었으며, 최근에 총리원파, 총회파, 자유감리교 등으로 행정을 달리하는 분파로 나뉘었다. 성결교회도 예수교성결교회와 기독교성결교회로 나뉘었으며, 한국 NCC에 가맹된 교파(기감, 기장, 예통, 복음, 구세군 등)보다도 가맹되지 않은 교파의 수가 더 많이 있으며, 신학 사조에 의하여 단일교회, 또는 연합 운동이 많은 차질을 가져오고 있다.

3. 신학교와 교파 형성

8·15해방 뒤의 신학교는 교파 형성의 근거지 또는 발생지가 되었다. 만주신학원은 해방과 더불어 폐교가 되었고 평양신학교도 1949년도까지 졸업생을 내었다(46년: 8명, 47년: 14명, 48년: 23명, 49년: 30명). 그러나 평양신학교는 공산당에 의해 와해하였고, 조선신학교는 자유주의 신학을 고수하는 인사들이 운영권을 쥐고 있었다.

신사 참배를 반대하던 출옥 성도들이 평양신학교를 복구하는 것을 급선무로 생각하여 한상동, 주남선 목사를 주축으로 1946년에 고려신학교를 설립했다. 서울에서는 조선신학교를 대치할 보수신학교를 세워야 한다는 소리가 높아 고려신학교 교장 박형룡 박사를 모셔와 장로회신학교를 1948년 5월 남산 공원에 있던 기독교박물관(현 국립중앙도서관, 당시 성도교회)에서 문을 열었다.

1) 고려신학교

1946년 9월 20일 부산에서 고려신학교가 개교되어 한때 박윤선 박사를 교장서리로, 박형룡 박사가 만주 봉천에서 귀국하여 1947년 10월 14일 제1대 교장에 취임하였다. 이때의 추임 강연 제목이 "사도적 신학 소론"이었다. 1960년 예장승동 측과 합동하여 합동 총회를 이루었으며, 2년 뒤 구(舊) 고려 측 일부가 환원하여 고려신학교를 중심으로 고신 측 총회가 성립되었다.

2) 조선신학교

조선신학교는 1940년 서울 승동교회당 하층에서 기장 측의 모태인 조선신학교가 김대현 장로를 학원장으로 경기도지사의 강습소로 인가를 받아 문을 열었다. 1950년에는 한국신학으로 인가를 받아 졸업생을 내었으며(47년: 27명, 48년: 55명, 49년: 61명, 50년: 59명), 한국기독교장로회(기장 측) 총회가 성립되었으며 후일에 한신대학교로 교명을 변경하였다.

3) 장로회신학교

1948년 봄 서울에서 장로회신학교가 남산에서 개교를 (교장 박형룡 박사) 보게 되었다. 1951년 총회는 두 신학교의 총회 직영을 취소하고 조선신학교와 장로회신학교를 합동하기로 결의한 뒤 동년 9월 18일 대구에서 총회가 직영하는 대한예수교장로회 총회신학교가 개강하였다. 이때 교장은 감부열, 교수는 박형룡, 한경직, 권세열, 명신홍, 김치선, 계일승 등이었다. 그로부터 얼마 후 감부열 선교사가 안식년으로 귀국하자 1953년 8월 교장직을 박형룡이 맡게 되었다.

그러나 1958년 3월 대전에서 이사회를 열어 박호근의 3천만 원 기금 탕진으로 교장서리에 노진현 목사를 임명하고 학교 내무는 계일승 목사가 담당하였다. 1961년 9월에 광장동 광나루로 이전하여 소위 광나루 신학교 시대가 시작되었다. 장신(長神) 졸업생(48년: 25명, 49년: 38명, 50년: 38명, 51년: 66명)을 배출했으며 통합 측 총회가 성립되었다.[1]

---

[1] 김광현, 『이 풍랑 인연하여서』(서울: 성서교재사, 1993), 292.

4) 총회신학교

1959년 제44회 총회가 대전중앙교회에서 회집했으나 총대권 문제로 제3차 분열이 되어 한강로에 4층 빌딩을 구입하여 수업을 하다가 5년 후에 서울 사당동의 현 총신대학교로 자리를 옮겼다. 신학교와 총회가 양분됨으로써 합동 측은 오늘에는 총신대학교로, 통합 측은 장신대학교로 분열되어 기정사실로 되었다.

총회신학교(대구) 개교 기념 예배(1951)
<출처: 총신대학교>

제3부

해방 후의 한국교회사

제26장 통합과 합동의 분열
제27장 감리교단의 총회 분립
제28장 고신교단의 총회 분립
제29장 기장교단의 총회 분립
제30장 합동과 통합 측의 총회 분립
제31장 장로교 합동 운동
제32장 개혁, 합신교단의 총회 분립

제26장

통합과 합동의 분열

1. 교파 연합 운동

한국장로교회와 밀접한 관계가 있는 캐나다장로교회가 감리교회와 회중교회와 연합교회를 형성한 것이 1925년의 일이다. 이 연합교회야 말로 신학, 신조, 정치를 초월하여 이루어진 에큐메니컬 연합교회였다. 1926년 조선예수교장로회 제15회 총회는 장로교회의 전통을 고수하려는 캐나다장로교 잔류파의 요청을 거절하고 캐나다연합교회와 유대 관계를 맺고 함경도를 선교 구역으로 계승시켰다. 1953년 대한기독교장로회로 간판을 바꾼 예장호헌 총회에서는 성명을 발표하였는데 에큐메니컬 운동으로 지향할 것을 대담하게 표명하였다.

본 총회는 전 세계 장로교회의 주류를 따라 세계교회협의회(WCC)에 협조하여 에큐메니컬 운동을 적극적으로 유지하여 국내에서도 한국기독교연합회(NCC)와 자유 협력하며 기타 일반 협동 사업에 적극적으로 협력한다.

따라서 캐나다연합교회 총회에서도 1955년 기장 총회에 다음과 같은 서한을 보내왔다.

한국에서 다년간 지속해 온 사업을 대한기독교장로회와 그리고 그 밖에 다른 연합 사업 기관과 연합 단체와 협동하여 계속하게 하도록 건의함.

이렇게 캐나다의 연합교회 운동이 성숙하여 우리나라에도 그 뿌리를 내리고 있으나 아직 우리나라에서는 본격적인 연합교회 운동이 싹을 트지 못하고 있었다. 그러나 캐나다연합교회와 유대 관계를 계속 맺고 있는 기장을 통하여 한국교회 연합 운동이 추진되는 때가 오리라는 기대가 크다.

2. 예장의 분열

1) 에큐메니컬연구위원회

1957년 부산에서 회집한 대한예수교장로회 제42회 총회에서 채택된 에큐메니컬연구위원회의 보고는 다음과 같다.

① 조직: 위원장(한경직), 서기(정규오), 위원(전필순, 유호준, 황은균, 박형

룡, 박병훈, 안광국).
② 총회와 에큐메니컬 운동의 관계.
ⓐ 1948년 암스텔담에 모인 WCC 대회에 김관식 목사가 참석하였다가 귀국하여 보고함으로써 정식가입하게 되다.
ⓑ 1954년 미국 에반스톤에서 모인 WCC 대회에 본 총회에서는 김현정, 명신홍 목사를 대표로 파송하였다.

2) 에큐메니컬 운동이란 무엇인가?

에큐메니컬(Ecumenical)이란 말은 헬라어 '오이큐메네'에서 나온 말로 우주, 혹은 한집이란 뜻이다. 에큐메니컬 운동을 하는 지도자 중에는 두 가지의 사상적 조류가 있었다.

① 전교회를 합동하여 단일교회를 목표하는 지도자.
② 교회 간의 친선과 사업적인 병합을 목표로 하는 지도자.

3) 본 위원회의 태도

친선과 협조를 위한 에큐메니컬 운동은 과거나 현재에도 참여하고 있으니 앞으로도 계속 참가하기로 하며, 단일교회를 지향하는 운동에 대하여서는 반대하기로 태도를 결정하였다.

4) 청원

① 관하 각 교회에 본 운동에 대한 사실을 주지하게 하려고 팸플릿을 출판코자 하오니 출판비로 일금 30만 환을 허락하여 주실 일이오며
② 본 위원회를 계속 허락하여 주시고, 위원으로 인턴, 마삼락, 명신홍, 김형모 4명을 보강하여 주실 일이외다.

한편 1958년 총회 때의 보고는 또한 다음과 같다.

> 작년 총회에서 본 위원에게 위임한 에큐메니컬 운동에 관한 연구와 책자 발행에 관하여는 형편상 실행치 못하였음을 자이 보고 하나이다.

5) WCC 탈퇴 결의

1959년 대전에서 회집한 예장 제44회 총회는 경기노회 총대 문제로 기한부로 정회하기로 하였다. 사실 제44회 총회를 앞두고 교권의 향배에 따라 WCC 찬반에 대한 총회의 정책 노선이 정해질 것이므로 경기노회 총대 28명의 숫자란 선교사를 포함하여 284명이 총대인 당시의 총회에서 능히 대세를 좌우할 수 있기 때문이다. 총회가 당초에 5표 차이로 선출한 경기노회 임시노회 측(강신명 부회장) 총대를 받기로 하였다가 이튿날 오전 9시 속개된 총회에서 문제가 된 것은 경기노회 정기노회 측(이환수 노회장)이 제소한 소원이 있었다. 경기노회 정기노회 측의 총대에 대한 주장이다.

① 정기노화 선거는 그 개표에 추호의 비법성이 없고 발표에 오착이 있었던 것이므로 발표의 오착만 수정할 것이지 전체를 무시하고 새로 택한 것은 위법이다.
② 노회 규칙에 "총회 총대는 5월 정기노회에서만 택한다"라는 법문이 있으니 임시노회에서 택한 것은 위법이다.
③ 임시노회 안건은 '44회 총회 총대 항의의 건'이라고 되었던 것을 소집된 임시노회 석상에서 '시정'으로 고치기로 결의하고 진행하였는데 이것은 총회 정치 제6장 25조 제10항에 "임시노회는 통지서에 기재한 사건만을 의결한다"라는 법의 위반이다.
④ 5월 정기노회 240명이 선택한 총대를 80여 명이 모인 임시노회에서 포기시킨다는 결의도 없이 재선만 감행하였으니 불법이다.
⑤ 총대권은 자기 자신이 포기하지 않는 이상 누구든지 빼앗을 수 없다는 점 등으로 그 위법성이 밝혀졌기에 이를 묵과할 수 없다.

총회는 정치부와 증경총회장 연석회의에 회부하여 소원을 회답하는 법의 정신에 의한 처결 안을 위임하고 정회하였다. 따라서 경기노회는 권징조례 제9장 91조에 의하여 양측이 다 회원권을 상실케 되었다.[1]
제44회 정기총회 회의록을 참고하면 다음과 같다.

① 정회
장내가 소란하므로 회장(노진현 목사)의 요청으로 증경총회장들에게 사무 진행에 대한 대책을 강구 보고케 하기로 하고, 상오 10시

---

1 정규오 『한국장로교교회사』<상>, 214-215.

반까지 정회하기로 결의하고 김형모 목사로 기도하고 정회하다 (회록 서기 정규오 목사).

② 속회

동일(9월 29일) 상오 10시 동 장소에서 회장 사회하에 찬송가 291장을 합창하고 이승길 목사로 기도하고 속회하다

③ 증경총회장 보고

증경총회장 일동의 보고를 다음과 같이 받기로 가결하다 건의안은 두 가지이다.

ⓐ 현 총회의 정세 아래에서는 회무를 원만히 진행하기 곤란하므로 금년 11월 24일 화요일 오후 3시까지 정회하고 그 전으로 경기노회총대는 개선하여 오도록 할 것(단 계속 총회 장소는 서울 새문안교회당으로할 것).

ⓑ 특별위원회를 원·부총회장과 증경총회장과 각 노회장으로 구성하고 총회 당면한 문제를 수습하도록 하여 주실 것(증경총회장 일동).

④ 정회

회장이 기도하고 11월 24일 하오 7시까지 정회함을 선언하다(1959년 9월 29일 대한예수교장로회 총회장 노진현, 회록 서기 정규오).

이 정회 결의에 반대하는 회원들이 그날 밤차로 상경하여 9월 30일 오전 9시 연동(蓮洞)교회당에 모여 전필순 목사의 사회로 속회를 강행하였다. 세칭 연동파로 그 후 통합총회가 되었으며, 11월 24일까지 정회하자는 결의에 순응하는 총대들은 서울 승동(勝洞)교회당에 회집하여 총회장 노진현 목사의 사회로 정식 속회하게 되었다. 세칭 승동파로 그 뒤 합동 총회라고 부른다. 이것이 제3차 분열이다. 제 44회 총회를 속

회한 연동 측이나 승동 측은 WCC 탈퇴를 결의하였다.

총회는 결국 이 문제의 최종 해결책으로 동년 11월 24일까지 정회하고 경기노회는 총대를 다시 뽑아오되 새문안교회에서 속회한다는 증경총회장 회의의 방안을 총회가 받고 회장이 정회를 선언하였다. 그리고 법에도 없는 임원 불신임안을 들고 나와 무법 총회화하고 서울로 옮겨 연동총회를 만들었으며 이는 우발적이 아니라 아예 작심한 일이었다.

그 예로 안광국 목사는 불신임안을 여러 장 써서 강만유 장로, 최중해 목사 등과 나눠 들고 기회를 보던 중 자기가 먼저 나가 낭독하였다고 밝혔다.[2] 제44회 통합 측 총회가 새로 만든 것임을 통합 측 증경총회장 김종대 목사가 고 안광국 목사 추도사에서 밝히고 있다.

> 제44회 대전총회에서 불의에 항거하여 단상에 올라가 성명서를 낭독했던 그 모습은 영원히 사라지지않을 것입니다. 그래서 「신동아」에서는 안 목사를 일컬어 통합 측 새 교파의 창시자라고 말하였던 것입니다.[3] 쉽게 말해 연동총회에서 시작된 통합총회는 안광국 목사가 창시한 교단이라는 것이다.

그렇다면 통합총회는 적법하게 조직된 단체인가?

여기에도 법리적으로는 문제가 있다. 먼저 연동총회에 명분이 없는 데다가 적법하게 모인 승동총회에 정통성과 규모면에서 밀리게 되자 승동총회의 분열 공작에 총력을 쏟으면서 양측이 합하자는 제안을 계속하

---

[2] 안광국, 『유고집』, 297.
[3] Ibid, 353.

였다. 그러다가 개별 섭외 때문에 승동총회에서 선출된 부총회장 나덕환 목사와 부서기 김삼대 목사 등과 합하여 1960년 2월 17일에 새문안교회당에서 한경직 목사 사회로 소위 통합총회를 개최하였다.

그러나 법리적으로 부적절한 것은 연동총회에서 파회한 총회를 다시 하므로 44회 총회를 두 번 했다는 것과 양 총회의 합의에 따른 통합이 아니라 회유와 눈가림을 통해 눈덩이를 다시 한번 굴리므로 외형을 키운 데 불과한 기만이다. 통합총회의 무법에 대하여는 당시 승동총회 측에서 발표한 성명서에 잘 나타나 있다. 거기에 통합총회 성립으로 "연동 불법진단이 소멸하였다"라며 소위 통합총회의 무법성을 이렇게 열거했다.

① 소집결의가 무법이다.
② 소집자가 무법이다.
③ 개회 사회자가 무법이다.
④ 횟수가 무법이다.
⑤ 통합이란 명칭이 무법이다.
⑥ 회원권도 무법이다.

이에 비해 승동총회는 총회장을 비롯한 임원단 중 원부 회계를 제한 전임원이 총회 진행을 섬기되 총회의 가결을 얻어 증경총회장과 총회장에게 해결 방안을 맡겼고 그 회의 결과를 한경직 목사가 부르고 명신홍 목사가 기록하여 총회장을 통해 총회에 제출하여 가결을 얻었다. 이에 총회장이 1월 24일까지 정회 선언을 하여 예정된 일자에 새문안교회 대신 승동교회에서 모여 원만하게 회무를 마쳤으니 법적으로 하자가 없다.

제27장

감리교단의 총회 분립

1. 총리사를 감독(監督)으로

　감리교는 1885년 7월 29일 정동에 예배처가 마련되고 정동을 중심으로 한 감리교 신앙공동체가 1885년 10월 11일 첫 만찬 예식을 거행하였으며, 감리교 '교리와 장정'에 들어있는 '역사와 교리' 편에는 1887년 7월 24일 배재학당 학생 박중상이 첫 감리교 세례 교인이 되었다.
　1930년 12월 2일 서울 냉천동에 있는 협성신학교에서 조선감리교회 제1회 총회가 회집되었다(제16화 참조). 역대 총리사(1938년 이후 감독)는 제1대 양주삼(梁柱三) 목사(1930년), 제2대 양주삼 목사 재선(1934년), 제3대 김종우(金鍾宇) 목사(감독 1938년)이다. 감독 보선은 1939년 9월 김종우 감독의 별세로 정춘수(鄭春洙) 목사를 감독에 보선하였다.
　1940년 10월 2일에 일제의 탄압으로 신학교는 폐교하였고, 정춘수 감독의 혁신 조항 발표가 있었다. 동년 11월 미일 관계 악화로 선교사들이 전원 귀국하였다. 1941년 3월 6일 3부 연합연회는 특별총회를 열어 혁신 조항에 기초해서 기독교조선감리교단으로 조직을 변경하였다. 1942년 2월 조선총독부의 지령으로『찬송가』의 가사 가운데 일부를 변경함과 동시에 구약성경과 신약성경의 계시록을 설교할 때에 사용하지 못하게 하였다. 동년 12월 특별총회에서 변홍규(卞鴻圭) 목사가 총리자(總理者)로 피선되었다. 신학교 후신으로 경성 기독교 교사 수련소가 설치되었다.

1943년 3월 기독교조선혁신교단으로 조직이 변경되면서 변홍규 목사는 통리자 직에서 해임되고, 여러 차례에 걸친 특별총회를 열어 일본기독교 조선감리교단으로 조직 변경되면서 정춘수 목사가 통리(統理)로 재임되었다. 1945년 7월 20일 총독부의 강제 통합으로 한국 안의 각 교파가 일본기독교단 조선연맹으로 통합되었다. 이때의 통리는 장로교계의 김관식 목사였다.

1945년 9월 8일 서울 새문안교회에서 조선교단대회가 회집되었을 때 감리교단 지도자들은 장로교단 측의 지도자들과 결탁하여 조선교단을 고수하려고 하였다. 이에 감리교 인사인 이규갑(李奎甲), 변홍규, 김광우(金光宇) 목사 등이 그 불법성을 지적하고 퇴장한 후 동대문교회에 회집하여 감리교재건 중앙위원회를 조직하였다.

2. 분열 반복과 합동

1) 제1차 분열

1946년 6월 감리교 재건에 이념을 달리하는 두 조류가 있어 그해 9월에 부흥파에서는 강태희(姜泰熙) 목사를, 재건파에서는 변홍규 목사를 각각 감독으로 선출하였다. 그러나 1947년 1월 10일 두 파가 합동 총회를 열어 '기독교조선감리교 남조선총회'라고 명칭한 뒤 총회장에 강태희 목사가 선출되었다. 38이북에서 1948년 10월 평양에서 서부연회(西部年會)가 조직되고 연회장에서 송정근(宋貞根) 목사가 피선되었다.

2) 제2차 분열

1947년 11월 유지파 측에서 기독교조선감리교 재건위원회를 조직함으로써 제2차 분열이 초래되었다. 이 재건위원회 측에서는 1948년 1월 14일 총회를 소집하고 장석영(張錫英) 목사를 감독으로 선출하였다. 이로써 약 1년간 남조선총회파와 재건총회파로 나뉘어 있었다. 1949년 4월 20일 서울 정동교회에서 양파의 통합총회가 열려서 대한기독교감리교를 조직하고 감독에 김유순(金裕淳) 목사를 선출하였다. 1950년 6·25동란 때에 감독 김유순 목사와 제1대 총리사 양주삼 목사를 비롯하여 40여 명 교역자가 납북(拉北)되었다.

1951년 11월 1일부터 6일까지 부산 중앙장로교회 예배당에서 특별총회가 미국교회에서 파견한 모어 감독의 사회로 회집하여 전시비상조치법을 통과하고 유형기(柳瀅基) 목사를 감독으로 선출하였다. 이 총회에서는 북한에서 월남한 서부연회 회원들을 총회 회원으로 받아들였으며, 그들은 총회 이후 지역 연회인 동부, 중부, 남부연회에 속하게 되었고, 지역 없는 서부연회는 해소(解消)가 되었다.

3) 제3차 분열

1954년 3월 16일로 22일까지 서울 정동(貞洞)교회당에서 총회가 회집하여 유형기 목사를 감독으로 재선하였다. 그런데 감독의 임기와 자격에 대하여 견해를 달리하는 일부 교회와 교역자들이 호헌(護憲)을 부르짖고 별개 행동을 취하게 되었다. 그리하여 1953년 3월 2일 천안(天安)에서 호헌 측이 연회를 조직하고 감독으로 김응태(金應泰) 목사를 선출하였다.

1958년 9월 30일로 10월 6일까지 서울 정동교회당에서 제8회 정기총회가 회집하여 김종필(金鍾弼) 목사를 감독으로 선출하였다. 이 해의 통계표에 의하면 교회 수는 3부 연회 32지방회 1천1백여 교회이며, 교역자는 1천여 명이며, 교인 총수는 24만여 명이었다(남한). 그리고 1959년 2월 7일에 4년간 살림을 따로 하던 총리원 측과 호헌 측과의 무조건 합동에 합의를 보아 조인하게 되었다. 동년 2월 19일 감리교신학교가 대학으로 승격되고 학장에 홍현설(洪顯卨) 박사가 계속 시무하게 되었다. 또 한편 동년 9월 11일에는 광화문 네거리에 감리교관이 건축되었다.

4) 제4차 분열

1962년 감리교인 몇몇 사람이 따로 행동을 취하여 자유감리교회가 조직되었으며(1975년 7처 교회, 1,600명 신자), 또 한 개의 분파가 예수교감리교회를 형성하였다(1975년 80처 교회, 2만 3천 명 신자). 1975년 기독교대한감리교 통계는 1,622처 교회, 교역자 2,016명, 신자 380,839명이 된다(문공부 조사).

5) 제5차 분열

1975년 봄, 감독 선출에 대한 견해 차이와 교회 혁신을 주장하는 이들이 총회를 따로 조직하여 총회장(감독)에 마경일(馬慶一)목사가 추대되었다.

3. 자유주의 원천

자유주의 원천은 감리교선교회와 감리교회였다. 처음부터 감리교회는 성경관과 신학 문제에 유연한 입장을 취했다. 감리교 지도자들은 그들의 자유주의 사상과 신학을 신학지, 학문적인 작품, 강의를 통해 자유스럽게 거리낌이 없이 표현했다. 감리교신학교는 자유스럽게 고등 비평과 양식 비평과 같은 자유주의 성경관을 수용하고 성경 무오설을 부인하며, 아빙돈 주석, 적극 신앙단을 통해 자유주의 사상을 유입했다.

양주삼 목사는 오경의 모세 저작설을 간접적으로 부인했으며,[1] 정경옥은 "신앙은 보수, 신학은 자유"라는 표어를 제창했다.[2] 성경을 객관적 계시 또는 하나님의 말씀이 아니라 인간의 종교적 경험의 산물로 보았다. 감리교신학대학 학장인 송길섭 박사는 다음과 같이 기술했다.

"감리교는 신학적 사조의 변천에 대하여 비교적 자유로운 입장이다. 또 교단적인 정죄도 하지 않으며 신학 연구의 자유를 보장한다."[3]

---

[1] 유동식,『한국신학의 광맥』(서울: 전망사, 1982), 69-70
[2] 정경옥,『기독교신학개론』(개성: 감리교신학교, 1939), 4.
[3] 송길섭,『한국신학사상사』(서울: 기독교서회, 1988), 320.

해방과 함께 출옥하여 평양 산정현교회를 시무하던 한상동 목사는 점점 더 가중해 가는 공산 정권의 교회 탄압, 특히 3·1절 경축 행사에서의 교회와의 직접 충돌로 북한에서의 교회 활동이 여의치 않음을 보고 월남하여 부산으로 내려갔다. 그는 조선신학교가 김재준 교수 같은 자유주의 신학 노선을 따르는 교수들에 의하여 움직여 나가는 것을 보고 이에 맞설 전통적인 보수주의 정통 신학을 가르치는 신학교를 세우려고 했다.

1910년대 감리교신학대학교 전경
<출처: 위키백과>

제28장

고신교단의 총회 분립

1. 고려신학교 설립

　조선신학교가 1946년 6월 장로교총회에서 직영신학교로 승인되자 출옥 성도 한상동, 주남선 목사는 보수적인 고려신학교를 설립하였다. 한상동, 주남선 목사는 박윤선 목사와 손잡고 부산에 고려신학교를 세우기로 하고 1946년 6월부터 3개월간 진해에서 하기 신학강좌를 개최하였다. 이렇게 고려신학교는 태동하였다.

　그러나 처음 시작하는 이 신학교가 한국교회를 움직여 나가기 위해서는 아무래도 국내외가 다 인정하는 보수신학의 권위자인 박형룡 박사를 교장으로 맞이하는 것이 당면한 첫 과제였다. 1947년 9월 20일 송상석 목사의 안내로 박형룡 박사가 귀국하여 교장에 취임했다. 그러나 박형룡 박사는 메이천(J. G. Machen)파 선교회의 신학적 확신에는 강력하게 동감하고 있었지만 한국장로교총회와 전통적인 유대 관계를 맺어온 네 개의 대선교회(남, 북장로교, 캐나다, 호주장로교)와 협력을 단절하는 것을 찬성할 수 없어 고려신학교를 떠났다.

2. 고신 측 총회 조직

1950년 4월 대구에서 모인 제36회 총회 때에 선교협의회에 가입하지 않은 선교사의 회원 자격을 인정할 수 없다는 주장과 경남 5노회의 총대의 회원 자격을 인정할 수 없다고 주장함으로써 장내는 소란해졌으며 총회는 정회되었다.

총회에서 "경남노회 사건은 한부선(B. Hunt)파와 관계하지 말고 고려신학교에도 거년(1948년) 총회 결정대로 노회가 관계를 맺게 되는 일은 총회 결의에 위반되는 일이며, 삼감이 마땅하오며" 전권위원 김현정 김세열(基長), 김재석, 서정태(基長), 구연직(基長) 5씨의 정치부 보고를 허락하였다. 1948년 총회 결의 "전남노회로부터 고려신학교에 입학생을 추천해도 좋으냐"라는 문의에 대하여 정치부장 김관식 목사(일본기독교단 조선연맹 통리)는 "고려신학교는 우리 총회와 아무 관계가 없으니 노회가 추천서를 줄 필요가 없다"라고 답변 채택하였다.

총회는 경남노회 총대 문제와 고신파 문제로 여러 번 비상정회하다가 결국 유회되고 말았고, 6·25 후 1951년 5월 25일 부산에서 속개된 제36회 총회는 고신 측이 아닌 경남노회 총대를 인정함으로 사실상 고신 측은 총회 밖으로 몰려나가 소위 경남법통노회를 조직했다. 1952년 9월 11일 진주 성남교회당에서 이약신 목사의 사회로 제1회 예장총노회(세칭 고려파)가 조직되었다.

① 취지

　현 예장총회는 본 장로회 정신을 떠나서 이교적으로 흐르므로 이를 바로 잡아 참된 예장총회를 계승하기 위하여 총노회를 조직한다(제1차 분열).

② 전통적인 예장 정신을 지지하는 전국교회를 규합하여 통괄하며 개혁주의 신앙 운동을 하여 법통총회를 장차 계승하기로 한다.

　신학적으로 고신 측은 칼빈주의를 가장 신뢰할만한 기독교 신앙 체계라고 믿었다. 신사 참배 문제와 관련된 순결의 추구는 가장 중요한 핵심적인 문제였다. 고신교단이 총회를 구성할 때 교회 총수는 568개, 세례 교인 15,350명, 목사 111명이었다.[1]

3. 고신 분열 전개 과정

　해방 이후 경남노회에는 한상동, 주남선 같은 출옥 성도 그룹, 김길창을 위시하여 일제하에 신사 참배에 적극적으로 참여했던 소위 친일적 목사 그룹, 그리고 중도파 그룹이 있었다. 경남노회 내 출옥 성도 숫자는 한상동, 주남선 같은 고려신학교 설립 주체를 중심으로 소수에 지나지 않았다. 적극적인 친일파로서 신사 참배를 주도한 김길창 같은 인물도 소수였기에 노회의 대세는 다수를 이룬 중도파의 태도로 결정되는 상황이었다.

---

[1] 심군식, 『한국교회 인물 25인 약사』(서울: 영문, 1993), 156.

이런 분위기에서 해방 이후 과거 청산이 시대적 과제로 떠오르자 경남노회는 신사 참배를 한 교역자를 대상으로 자숙 안을 내놓았다. 목사, 전도사, 장로는 일제히 자숙하면서 교회를 사직하고, 자숙 기간이 종료되면 시무 투표로 그 진퇴를 결정하자는 안이었다. 하지만 이런 자숙 않은 내부 반발에 부딪혀 사실상 폐기되었는데, 그해 12월 출옥 성도인 주남선이 경남노회 제47회 정기노회에서 노회장으로 추대되면서 과거 청산 목소리가 다시 힘을 얻게 된다.

당시 장로교에는 경기노회 산하 조선신학교만 운영되고 있었다. 보수신학 노선에 서 있던 많은 교역자, 특별히 한상동이 박윤선, 주남선 등과 함께 조선신학교의 과거사 문제와 자유주의적 신학에 반발하여 1938년 폐교된 평양신학교 계승을 표방하며 새로운 신학교 설립을 추진했다. 이때 주남선이 노회장으로 있던 경남노회는 신학교 설립을 환영하면서 학생 추천과 학교 건물 대여를 약속했고, 결국 1946년 9월 박윤선을 교장으로 한 고려신학교가 개교하였다.

그러다 제48회 경남노회에서 다수파인 중도파의 지지를 얻어 김길창이 노회장이 되면서 고려신학교 인준을 취소하고 신학생 추천을 금지했다. 경남노회의 이러한 조치에 한상동은 노회 탈퇴로 맞서게 되고, 곧이어 경남노회 소속 교회들이 노회 결의에 항거하며 한상동을 지지하는 성명서를 발표했다.

이에 경남노회 다수파는 1947년 3월 임시노회를 열고 노회장 김길창 이하 전체 임원을 사퇴시키고 출옥 성도 중심의 교회 재건을 재확인하였다. 그러자 한상동 역시 탈퇴 선언을 취소하였고 경남노회와 신학교의 관계도 정상화되었다. 1947년 10월 교장으로 취임한 박형룡은 고려신학교를 경남노회가 아니라 총회 산하에 두고 싶어 했지만, 한부선을 중심으로 한,미정통장로회(Orthodox Presbyterian church) 선교사들의 비협조로 이러한 구상이 실현 불가능하게 되자 고려신학교를 사임하기에 이른다. 김양선, 남영환, 장동민은 박형룡이 교장으로 취임하기 전 고신으로부터 이미 고려신학교를 총회 산하에 두기로 동의를 얻었다고 말한다. 박형룡이 고려신학교를 총회 산하에 두려고 했던 것이 개인의 독선적 판단에서 나오지 않았다는 점을 분명히 할 필요가 있다.

경남노회 다수파는 이를 계기로 미정통장로회와 출옥 성도들의 배타적 태도가 박형룡을 추방했다고 비판하면서 1948년 9월 제49회 임시노회에서 고려신학교 인준을 다시 취소하였다. 여기서 재확인할 것은 고려신학교 인준 취소가 김길창으로 대표되는 신사 참배 그룹이 아니라는 점이다. 오히려 한상동을 지지하고 김길창 이하 전체 임원을 사퇴시킨 사람들이 미정통장로회 선교사와 출옥 성도들의 배타적 행동을 문제 삼아 인준을 취소한 것이다.

이 와중에 1948년 12월에 개최된 경남노회 제50회 정기노회에서 한상동이 김길창의 목사직 제명을 제안하고, 이에 김길창이 세력을 규합하여 별도의 노회를 조직하면서 경남노회가 분열되기에 이른다. 이때 양측 노회에서 1949년 4월에 개최된 제35회 총회에 각기 대표를 파견하였는데, 총회는 기존 경남노회의 대표성을 인정하면서 미정통장로회 선교사 및 고려신학교와 관계를 맺지 말 것을 요구한다. 즉, 제35회 총회는 김길창의 목사직을 명하려 했던 기존 경남노회의 대표성을 인정했다는 말이다.

고려신학교는 경남노회에서 이미 인준을 취소한 신학교이기에 총회 지시는 정당했다. 총회는 이후 전권위원을 선정하여 경남노회 분규 관련 문제를 해결하도록 위임했는데, 전권위원들은 두 노회의 통합보다는 기존 경남노회를 3등분하는 해결책을 제시하였다. 그러자 출옥 성도 중심의 경남노회는 총회가 김길창 측 노회를 지지하는 것으로 판단하고 자신을 경남법통노회라 부르기 시작하면서 총회와 대립하기 시작했다.

경남법통노회는 1951년 5월 부산에서 열린 제36회 계속총회가 법통노회가 파송한 대의원의 대표성을 인정하지 않자 6월 12일 마산 문창교회에서 경남노회 제54회 임시노회를 열어 경남노회 경내에 법통노회 외 어떤 노회도 있을 수 없다고 결의했다. 동시에 법통 측 경남노회는 대한예수교장로회를 떠나지 않을 것을 선언해 대한예수교장로회의 정통성을 인정했다. 그러나 6·25전쟁 발발 후 그해 7월 고려 측은 국회의원을 동원하고 감리교 이규갑 목사를 대표로 한 22명의 연서 날인으로 대한예수교장로회총회가 용공 단체라 비난하는 성명을 국회에 제출했다.

김양선은 이런 고려 측 행동을 "자파의 유익을 위하여 타파의 생명을 빼앗는… 실로 가증하기 짝이 없는 행동"이라고 신랄하게 비판했다. 이후 이들이 1952년 9월 진주 성남교회에서 독자적인 총노회를 조직하면서, 이른바 고신파가 탄생했다. 1956년까지 6개 노회로 확대되어, 그해 9월 총회가 공식적으로 조직되었다.

그렇다면 고신이 말하는 분열 원인은 무엇일까?

1952년 10월 16일, 진주 성남교회당에서 모여 사실상 새로운 교단을 조직한 세칭 고려파는 교단 설립 취지문을 다음과 같이 선언하고 있다.

> 현 대한예수교장로회(가설)총회가 본 장로회 정신을 떠나서 이교파적으로 흐르므로 이를 바로잡아 참된 예수교장로회총회를 계승하기 위하여 총노회를 조직하며 그 목적은 전통적인 대한예수교장로회 정신을 지지하는 전국 교회를 규합하여 통괄하며… (법통)총회를

장차 계승하는 것이다.[2]

이 선언에 의하면 기존의 대한예수교장로회는 심하게 변질되었고, 더 이상 참된 대한예수교장로회가 아니라는 것이다. 발회식 선언문에 의하면, 고신이 기존 예장을 잘못된 교회로 간주한 것은 두 가지 이유 때문이었다.

첫째, 신학적 문제이다.

> 우리의 선배 칼빈 선생님께서도 그 시대의 암흑면을 깨치고 진리를 바르게 세우기 위하여 개혁주의(복음화) 운동을 시작한 것이 곧 우리 장로교회파의 창시였습니다. 우리 대한예수교장로회는 칼빈 선생의 개혁주의로 이루어진 교파이니 만큼 우리들은 이 개혁주의 진리 노선을 떠나서는 장로파 교회가 있을 수 없을 것이며, 우리들의 신앙에 만족을 얻을 수 없을 것입니다.[3]

고신 측이 이처럼 박형룡과 같은 한국의 대표적인 보수 신학자가 있었음에도 총회의 신학적 문제를 제기한 이유는 조선신학교를 염두해 두고 한 말일 것이다.

둘째, 경건에 대한 문제였다.

---

[2] 『고려 25년사』, 39.
[3] 『고려 25년사』, 40.

선언문은 기존 예장에 참된 회개가 없다고 지적하면서 그들의 믿음, 나아가 그들의 구원의 가능성에 의문을 표시한다.

> 그러나 참 회개가 없는 자에게 참 믿음이 있을 수 없고, 참 믿음이 없는 자에게 참 소망이 있을 수 없고 하늘에 소망을 두지 아니한 자에게 아버지의 참 사랑이 있을 수 없을 것입니다. 그런 까닭에 우리들의 믿음은 십자가의 승리이며, 우리들의 소망은 하늘에서 빛나고, 우리들의 사랑은 그리스도의 심장으로 불태우고 있습니다. 그러나 참 회개가 없는 자에게 십자가의 승리가 있을 수 없고 참 회개가 없는 자에게 하늘의 소망이 있을 수 없고 참 회개가 없는 자에게 아버지의 사랑이 있을 수 없을 것입니다.[4]

신사 참배라는 죄과를 제대로 회개하지 않는 기성 장로교회에는 구원이 있을 수 없다는 관점이 선언문에 표현되어 있다. 고신이 교단 설립 취지문에 밝힌 분열 이유이다.

첫째, 우선 신학적 문제와 관련하여 고신이 구체적으로 지적하는 것은 조선신학교에 있는 자유주의적 신학 풍토를 전제한 것으로 보인다.

1952년 5월 예장총회에서 김재준과 그의 지지 세력과 단절했으나 총회에 김재준의 일부 지지 세력이 남아 있었다.

둘째, 고신이 주장하는 두 번째 분열 원인인 '경건의 문제'이다.

---

[4] 『고려 25년사』, 39.

고신은 "경북 경산군 하양면, 진량면 일대의 소위 '시온파'라는 단체에서 오랜 세월 미로에 방황하던 성도들이 금년 1월경부터 속속 우리 신앙 노선으로 귀의하여 은혜를 받아 자라나는 중이오며"(1956년 제5회 총노회에 제출된 보고)라며 경건의 문제를 중요시했다.

장로교총회는 1946년 6월 13일 남부총회와 1954년 안동중앙교회에서 개최된 제39회 총회에서 공식적으로 지난 신사 참배 결의를 취소하고 당일과 그 이튿날 별도로 회개 기도회를 열었다. 1956년 9월 20일 정식으로 조직된 고신은 1959년 연동 측과 분열한 승동 측과 1960년 10월 25-26일까지 대전중앙교회에서 모여 합동을 선언하였다.

> 때가 되매 친구가 찾아오다.… 신앙이 같고 신학 체계가 같은 교리를 주장하는 똑같은 두 총회가 뭉치지 못할 하등의 이유는 없다.… 우리는 우리 겨레 앞에서 솔선수범코자 주 안에서 진리로 하나 되는 두 총회의 합동 운동을 시작한 것이다.

당시 작성된 '합동 취지 연설문' 일부다. 고신은 해방 이후 15년간 한국 장로교회의 신사 참배 문제를 끈질기게 문제시해 왔다. 고신 측 관점에서 볼 때는 한국장로교회의 신사 참배 문제는 아직 해결되지 않은 상태임을 계속 지적했다.

고신의 절대적 지도자 한상동은 합동교단에서 유례없이 두 차례에 걸쳐 총회장까지 지내는 대우를 받았다. 그러나 지금의 고신은 1963년 9월 17에 부산남교회에서 목사 36명, 장로 36명이 참석한 가운데 제13회 환원총회를 조직하여 합동으로부터 또다시 분리하여 나왔다

3. 합동과 재분열

1960년 12월 13일 서울 승동교회에서 승동 측과 고신 측이 합동 총회를 전격적으로 열어 합동 측 총회가 되었다. 총회가 하나가 되었으므로 당연히 신학교도 하나가 되어야 했지만, 고신 측은 고려신학교는 반드시 부산에 있어야 한다면서 일원화를 고집하였다.

부산 고려신학교는 분교로 하며 본 별과 3학년은 신학기부터 서울 본교에 와서 공부하기로 하고 그 외 재학생은 부산 분교에서 공부하되, 교수는 교류한다는 주장이었다. 그러나 경남노회 명칭 문제, 율법주의적 도덕성의 갈등, 이근삼 교수의 채용 문제가 얽혀 결국 1963년 고신 측이 부산으로 되돌아가므로 다시 분열되었다. 그리고 1963년 9월 17일 부산 남교회당에서 환원 총회가 모여 고신 측은 재출발하였다.

고려신학교
<출처: 한국컴퓨터선교회>

제29장

기장교단의 총회 분립

1. 김재준 교수 면직

고려파의 분립이 있은 지 얼마 후에 장로교회는 기장파의 분립이 있었다. 1950년 4월 대구에서 열린 제36회 총회에서 예장 신조 제1조를 위반하여 성경 오류설을 주장하거나 선전하거나 옹호하는 자를 각 노회에 명령하여 권징조례 제6장 제42조 및 제43조에 의하여 엄중히 처리할 것을 결의하였다. 1952년 4월 29일 대구 서문교회의 제37회 총회에서 성경 오류설을 주장한 김재준 목사를 경기노회에 명하여 목사 면직케 하며, 서고도 선교사(William Scott, 加聯)의 성경 오류설을 주장함에 대하여 본국으로 소환시켜 달라는 것이 정치 제18장 제2조에 의하여 당해 노회에 일임하여 실행케 하기로 하였다.

1953년 4월 25일 대구에서 열린 제38회 총회에서 "김재준 씨의 처단은 노회에 명하여 실시하되 실시하지 않을 때는 총회가 처리한다는 전회 결정에 따라 당석에서 결의함이 가한 줄 아오며"라는 정치부 보고를 채택하였다. 김재준 교수는 문서설 주창과 성서권위를 부정했다는 이유로 제명 처분을 절대다수로 가결당했다. 또 총회는 총회신학교 이외의 신학졸업생은 총회신학교에서 1년간 교육을 받은 후 강도사를 세운다는 결의를 하여 조선신학교 졸업생은 교역자 자격을 부여하지 않는다고 못을 박았다.

2. 김재준 교수의 신학 사상

1930년대 성경관에 대한 도전으로 논쟁에 연루되었던 채필근, 송창근, 김재준, 김영주, 윤인구 그리고 함태영과 같은 자유주의 지도자들이 조선신학교를 설립하였다. 이들은 축자영감을 반대한다는 신학 교육 이념을 표방하였다. 김재준 교수의 지도력은 조선신학교의 주춧돌이 되었다. 그는 「새사람」과 「십자군」과 같은 잡지에 축자영감설과 성경 무오설을 공개적으로 부인하였다.

김재준 교수의 신학 사상은 정통주의 전통과 단절함으로써 현대 역사 비평학과 성경 연구의 고등 비평을 널리 유포시켰다. 김재준은 성경 기사가 실제 역사적 사건인지 아닌지는 그렇게 중요하게 생각하지 않았다. 그 사건이 주는 의미가 중요한 것이지 그 사건이 역사 속에 일어난 것인지 아닌지에 대하여는 별로 중요하지 않게 본 것이다. 실제로 일어나지 않은 사건 속에서 실존적인 의미를 추출하는 일이 얼마든지 가능하다고 보았다.

김양선 목사는 이렇게 설명했다.

김재준 교수가 지도하는 조선신학교는 한국교회에 자유주의 신학을 수립한 기반이요 모체이었다는 것을 부인할 수 없는 사실이다. 이러한 의미에서 조선신학교의 설립은 김재준 교수의 말처럼 한국교회의 신출발을 의미하는 것은 아니였으나 그러나 자유주의 신학이 한국교회 사상에 지위를 점케 되는 역사적 전환기를 만든 것은 틀림없는 사실이다.[1]

3. 기장 측의 분열

기장 측이 분열한 때 주류를 이룬 세력은 함경도와 기호 지방, 전라도 출신이 대다수였다. 원래 전라도는 미국남장로교의 선교지로서 신사참배를 적극적으로 반대하여 가장 보수적인 평가를 받았지만, 서북 중심의 기득권 세력에 소외되었다가 기장 측에 합류하였다.

1953년 6월 10일 김재준의 신학 사상을 따르는 기장파는 서울 한국신학대학 강당에서 준비위원장 김세열 목사의 사회로 9개 노회 대표 47명이 모여 호헌총회, 곧 예장법통 제38회 총회를 선언하였다. 제36회, 제37회 총회에서 결정된 모든 불법 결의를 취소하라고 하면서 법통총회를 열었다. 총회가 헌법과 통용규칙 유린, 신앙 양심의 자유 억압과 유린, 의사반영 거부, 행정 능력을 상실했다고 주장했다 새 교단은 스스로를 '자유-보수주의자들'(liberal-conservatives)이라고 칭하였다.

1954년 6월 10일 제39회 총회가 한국신학대학에서 열렸고 여기서

---

[1] 김양선, 『한국기독교 해방 십 년사』(서울: 총회교육부, 1956), 196.

총회 명칭을 대한기독교장로회로 바꾸었다. 캐나다연합교회 선교부가 역가담했다. 통계에 의하면 대한기독교장로회에 가담한 교회 수는 568개, 목사 수 291인, 세례 교인 수 20,937명이었다.

장공 김재준(1901-1987) 박사
<출처: 기독일보>

제30장

합동과 통합 측의 총회 분립

1956년 9월 승동 총회 때에 총대 100여 명이 연서하여 'WCC 탈퇴안'을 제출하였다. 총회 서기 김상권 목사는 이 안을 접수하여 폐회가 임박하여 회의에 내놓았다. 회의에서 그 건의서를 낭독하게 한 뒤에 접수하였으나, 전파의 시간 문제와 중대성에 감안하여 기각 조처를 하고 말았다. 총회 폐회 이후 예장 인사로 한국 NCC 총무인 유호준 목사는 "WCC를 탈퇴할 수 없다"라는 취지의 장문의 성명서를 인쇄하여 살포하였으며, 이 성명서가 우재(愚齋)라는 아호(雅號)로 예장 기관지「기독공보」에 연재되었다.

이 우재(愚齋)의 논문에 대하여 당시 한국복음주의협의회(NAE)¹ 총무

---

1 1947년 조선신학교의 자유주의 신학에 반기를 들고 신학 개혁을 외쳤던 51명의 조선신학교 학생들과 그 외 10여 명의 한국교회 지도자들은 1952년 7월 하기수양회에서 한국 NAE를 조직했다. 회장에 정기오, 부회장에 손치호, 총무에 조동진, 그리고 고문에 박형룡을 추대했다. 한국장로교가 WCC 문제로 인한 갈등을 겪고 있는 동안 WCC를 반대하는 이들은 NAE에서 그 정체성을 찾고 반 WCC 운동을 전개하기 위한 일종의 전략상 제휴였다. 총무인 조동진 목사는 정제(正齋)란 아호(雅號)로

조동진 목사가 반박문을 발표했다. 이 두 사람의 논쟁은 두어 번 더 반복되었으며, 한국복음주의협의회(NAE)에 대한 찬반(贊反)의 여론이 비등(沸騰)하게 되었다. 이리하여 총회에서는 드디어 에큐메니컬 연구위원을 선정하여 연구 보고하게 하였다. 예장의 커다란 고민이요, 제3차 분열의 요인이기도 하다. 특히, 1958년 이후 예장 안에는 두 개의 조류(潮流), 곧 WCC 운동을 찬성하는 인사들, NAE 운동에 가담한 인사들이 사상적으로, 신앙적으로 대결 상태에 있어서 융화될 수 없는 최악의 상태에 빠지게 되었다.

한국복음주의협의회(NAE: National Association of Evangelicals)는 1942년 미국 세인트 루이스(St. Louis)에서 처음으로 조직되었고, 1951년 세계복음주의친교회(W.E.F.)로 발전되었으며 화란의 우르쇼론에서 24개국의 대표들이 모여 국제 기구로 자리를 잡았다. 한국은 1952년 12월 W.E.F. 총무 엘윈 라이스 박사를 통하여 정식으로 가입 신청을 했다.

우리나라에 NAE 운동이 시작된 것은 1950년경이다. 1947년 조선신학생 51명이 김재준 교수의 성경관이 자유주의적임을 총회에 고발하였는데 그 대부분이 한국 NAE의 초창기 멤버였다. 그리하여 1958년에 제임스 D. 마취 박사의 『에큐메니컬 운동』이란 책이 번역 출판되어 에큐메니컬 운동의 이념을 파악하기 전에 그 비판 지식이 먼저 계몽된 것이다. 그뿐만 아니라 미국연합장로회 선교사 아담스(安斗華) 목사와 같은 인사들이 NAE 운동이 복음주의 운동인데 젊은 세대들에게만 맡기지 말고 지도층 인사들이 대거 입회하여 주도권을 장악하도록 종용하기도 하였다.

"WCC를 탈퇴해야 한다"는 반박문을 발표하였다. 정제가 조동진 목사의 아호인 것을 처음으로 밝힌다.

그리하여 전필순 목사 등이 입회하여 중앙위원에도 참석하게 되었다. 그러나 1958년 이후 격심한 세력 대결 조짐이 나타나면서 총회의 분열을 방지해 보려는 사전 노력도 매우 활발하였었다. 그리하여 당시 총회 본부의 직원 사이의 대립이 전국적으로 총회 분열의 씨가 된다는 비판이 가해질 때 종교교육부 총무는 교단의 분열을 방지하기 위해서 스스로 물러갈 용의가 있음을 표명하였다. 그러나 이것은 하나의 미봉책에 지나지 않았으며, 1959년 9월 대전 총회를 계기로 제3차 분열을 초래하였다. 1959년 12월 속회 총회에서는 다음과 같은 사항을 결의하였다.

① WCC를 탈퇴하고 WCC적인 에큐메니컬 운동을 반대한다.
② 개인적으로 가입된 NAE 회원은 총회와는 관계가 없으나 총회를 어지럽게 하는 요인이 된다는 평이 있으니 교직자(목사, 전도사)는 탈퇴하기로 가결한다.

합동과 통합의 분열은 표면적으로 신학적 문제가 가장 큰 것으로 알려졌지만 사실은 신학 외적인 이유도 다분하다. 예장합동에서 통합 측이 이탈해 갈 때 합동 측은 황해도 출신, 통합 측은 평안도 출신이 주류를 형성하였다. 당시 교단의 중심 세력은 박형룡 박사였다. 박형룡 박사는 황해도 출신으로 그를 반대하는 평안도 출신의 목회자와 반목이 심하였다. 한경직 목사는 평안도 출신의 대부였다.

두 총회의 분열은 항상 신학교의 분열을 가져왔다. 합동 측은 남산동 한양교회에서 수업하다가 ICCC의 메킨타이어의 후원금으로 한강로에 4층 빌딩을 구입하여 수업을 했고 5년 후에 서울 사당동의 현 총신대학교에 자리를 잡았다. 통합 측은 광나루 광장동에 자리를 잡고 장로회신학대학교 인가를 받았다. 총회와 신학교가 양분됨으로써 소위 통합 측과 합동 측의 분열은 기정사실이 되고 말았다.

제38회 총회(1953)
<출처: 물길손길 네이버 블로그>

제31장

장로교 합동 운동

1. 분열의 원인과 근인

역사적으로 하나의 한국장로교회가 오늘날 사분오열된 그 원인(遠因)과 근인(近因)을 살펴 보면 그 원인은 대략 다음과 같다.

1) 자유주의 신학 문제

1934년 희년 총회 때에 초대 선교사 사무엘 마포삼열(馬布三悅) 목사는 선교사에 대하여 이렇게 분석하였다.

"한국에 와있는 대부분 선교사는 보수주의자들이다."

이 분석에 대해 홀드크로프트(許大殿) 선교사는 "그러면 대부분의 제외는 자유주의자란 말이다"라고 덧붙여 평가하였다. 그렇다. 1926년 총회가 캐나다연합교회와 유대 관계를 맺음으로써 함경도를 그들의 선교지역으로 넘겨 주었고, 이곳 함경도를 통하여 자유주의 신학 사상이 침투해 들어온 것이다.

함경도 출신의 대부분이 오늘날 기장(基長)에 속해 있으며, 자유주의 신학자로 목사로 인정을 받는 이들은 김재준(金在俊), 송창근(宋昌根), 김영주(金英珠), 김춘배(金春培), 강원용(姜元龍) 목사 등을 들 수 있지 않은가?

그러므로 1953년 제2차 분열로 기장(基長)이 분립된 것이다.

2) 신학교 문제

1938년 총회가 신사 참배를 결의하였으므로 선교사들과 공동 운영하던 평양신학교가 폐쇄되었다. 이때 신사 참배를 하면서 황민화 지도자를 양성하기 위해 설립된 것이 조선신학교(韓神의 前身)였으며, 오늘날 그 신학교 출신의 대부분이 기장(基長)에 속하고 있다. 한편 교권주의자들이 평양신학교를 복교시켜 교회사(教誨師)를 양성하였는데 세칭 '채필근 신학'이라고 하며 그 출신자들이 오늘날 예장통합 측과 합동 측에서 교권을 좌우하며, 또 교권 다툼의 기수(旗手)들이기도 한다.

3) 신사 참배 문제

1945년 8·15해방으로 옥중 지도자들이 출옥하였다. 그들의 주장은 신사 참배를 실행하면서 목회하던 교역자들은 일정한 기간 자숙하는 뜻에서 강단에서 물러나야 한다는 것이다. 신사 참배가 계명 위반이라는 주장을 받아들인다면 자숙은 당연하다. 그러나 교권주의자들, 자유주의 신학자, 친일파에 속하는 자들은 출옥 지도자의 주장을 전면적으로 거부하는 태도를 보이게 되었다.

여기서 고려신학교를 중심으로 한 인사들을 독선주의자로 몰아붙여 관계 단절을 선포하게 되었다. 당시 총회 정치부장은 김관식 목사로 그는 일본기독교단 조선연맹 통리이며, 한국 NCC의 총무이기도 하였다.

4) WCC에 대한 문제

1948년에 조직된 WCC에 장로회총회가 가입되었으나 1956년 총회 때부터 WCC 탈퇴론이 대두되었다. 1959년 9월 대전 총회에서 경기노회 총대 문제로 회의가 진행되지 못하였으며 마침내 제3차 분열을 가져왔다. 세칭 연동파와 승동파에서 WCC 탈퇴를 각각 결의하였다.

2. 고신 측과의 합동

1954년 안동총회를 앞두고 개인적으로 쌍방의 인사들이 접촉했다. 이때의 고신 측의 합동 조건은 세 가지였다.

① 신사 참배 자복.
② WCC 탈퇴.
③ 미국북장로교(후에 聯長)와의 우호 단절.

그러나 당시 예장 측으로서는 아직 그것을 받아들일 단계가 아니었으나 시간이 해결해 주었다. 1954년 5월 안동총회에서는 1938년 제27회 총회에서의 신사 참배 결의를 취소하고 성명서를 발표하기로 결의하였다. 고신 측이 주장한 것 중 한 가지 안건이 시간이 해결해 준 셈이다. 1959년 11월 승동 총회에서는 WCC를 탈퇴하게 되었으며, 선교사들은 이미 그해 9월에 연동교회당에서 강행된 속회 총회를 지지한다고 표명하였으므로 이로써 고신 측의 주장들이 시간이 지남에 따라 해결된 것이다.

1960년 2월 27일에는 예장연동 측이 중립파와 승동 측 이탈자들과 합하여 새문안교회에 회집하여 통합총회가 구성되었다. 이것이 예장통합 측이라고 세칭, 자칭하게 되었다. 1960년 9월 예장고신 측 총회에서는 합동 연구위원을 선정하고 정회하였으며, 예장승동 측에서도 합동위원을 선출하고 정회하였다. 그리하여 1960년 10월 25일 대전 중앙교회당에서 쌍방위원들이 합석하여 12월 12일 서울 승동교회에서 합동 총회를 하기로 결의하고 드디어 합동되었다. 이것이 예장합동 측이다.

1) 합동 원칙

역사적으로 하나의 한국장로교회가 일제 아래서는 단합되었었으나 해방된 조국 안에서 사분오열된 것은 그 원인이 신앙적 이념에 의해서든지 정치적 사정에 의해서든지 분열 사태는 불행한 일이라고 할 수 있다. 여기에서 한국장로교회의 귀일(歸一)을 주장하는 이가 있으나 분열된 전체가 원상 복귀하기에는 불가능한 것이었다. 여기에서 가능한 편부터의 합동이 전개되어 마침내 예장승동 측과 고려 측이 합동 총회를 성립시킨 것이다. 그 합동 원칙 등을 살펴보면 다음과 같다.

① 신조: 우리는 웨스트민스터 신앙고백 때문에 대한예수교장로회 헌법에 명시한 12 신조로 한다.
② 신학: 우리는 칼빈주의 개혁신학에 따라 합동할 것을 원칙으로 한다.

2) 합동 방안

①, ② (생략).
③ 교회 정치 생활면 등은 헌법과 예배 모범, 권징조례를 엄수한다.
④ 신학교 일원화: 신학교는 총회 직영의 단일(單一) 신학교로 하고, 양측 동수의 이사를 선출하여 이사회를 구성 경영하기로 한다(하략).
⑤, ⑥ (생략).
⑦ 합동 방식: 금년 내로 합동 총회로 모이고 동 총회에 헌법수정위원회가 제안한 헌법 수정안을 통과시켜서 각 노회(합동된 노회)에 의하여 총회 서기에게 보고하여 통과 성수가 될 때 공포함으로써 효력을 발생토록 한다(하략).

3) 합의 조항

한편 전통 계승에 대한 합의 조항들은 다음과 같다.

① 대한예수교장로회 제44회 총회는 1912년 9월 1일 평양에서 제1회 총회로 창립한 총회로부터 일본 교단과 신사 참배를 제외한 동일성을 유지하고 전통을 계승한 유일한 대한예수교장로회 법통총

회임을 선언한다.

② 고신 측 총회 10회 총회 기간사(期間史)는 대한예수교장로회 이원적(二元的)인 사실로 수록한다.

③ 고신 측 총회는 1949년 이래 경건 생활에 치중하여 정통 신학 교육에 힘쓴 것과 예장 측 총회가 자유주의 신학과 세속주의를 배격하기 위해 WCC를 탈퇴하고, WCC 노선의 에큐메니컬 운동을 반대한 결의를 재확인한다.

④ 1951년 5월 23일 제36회 총회에서 경남법통노회 제51회 노회에 대한 결의와 총회장의 포고문은 이를 취소한다. 합동 총회의 기념 사업으로 새 찬송가를 편찬하기로 결의한다.

3. 통합 측과의 합동

1962년 합동 총회에서 합동 원칙을 세웠다.

① WCC 에큐메니컬 운동을 명실공히 전폐하고 NCC를 탈퇴할 것.
② 신학교는 보수적이요 순복음적 전통 신학을 교수하고 경영한다.
③ WCC 에큐메니컬 운동을 반대하는 선교사는 환영한다.

이러한 원칙에 의해서 합동을 추진시켜 왔다. 1965년 여름 예장통합 측 경동노회 산하 교역자 100여 명이 "한국 NCC를 탈퇴하고 재합동하자"는 성명서를 발표하여 재합동을 추진시켰다. 이에 쌍방의 장로들이 대구에서 합동추진 운동을 대대적으로 전개하였으므로 그해 9월 서울에서 회집한 양 총회에서 합동위원을 선정한 뒤 정회하였다.

장로회 정치에 의하면, 총회는 폐회되면 임시 총회를 회집할 수 없고 정기 총회에서 미진한 중대한 사항을 오는 정기 총회 전에 다루기 위해서는 정회를 결의한 뒤에 속회할 수 있도록 법적 조치를 취하게 된다. 만일 정회되었다 하더라도 속회할 필요가 없든지 속회할 수 없게 되는 경우에는 정회는 자동적으로 폐회되는 것이란 결의가 첨부된다.

1) 합동 원칙

1967년 9월 서울에서 회집한 예장합동, 통합총회에서 합동위원을 선출하고 합동을 적극적으로 달성시키기 위해서 정회하였다. 쌍방 합동위원들이 여러 차례 회합한 뒤에 다음과 같은 합동 안을 발표하였다.

> 하나님의 특별하신 은혜로 세계 선교 사상 그 유례를 찾아볼 수 없는 크나큰 발전을 거듭해 온 대한예수교장로회가 1959년 9월에 분열된 후 본 교단에 소속된 백만 성도들이 합동을 위하여 눈물 어린 기도로 주야 간구하여 오던 차 지난번의 양 총회가 이런 분열의 상처에서 회복하고자 합동을 추진하기 위하여 합동위원을 구성하고 정회하게 하신 하나님의 권고하시는 섭리 앞에 감사의 영광을 드립니다. 우리 합동위원들은 그간 수차 회동하여 합동 문제를 논의하던 차 성령의 역사 하시는 은혜로 모든 문제가 순조로이 해결되어 다음과 같은 합동 원칙에 완전 합의를 보게 된 데 다시금 감사를 드립니다. 앞으로 이 원칙에서 대한예수교장로회가 합동함으로써 한국의 장자교회의 체모를 회복하고, 거기서 건전한 복음적 토대 위

에 대부흥과 전도 운동을 전개하는 것이 우리 교회의 본연의 모습이며, 또 우리 겨레의 활로인 것으로 확신하는 바입니다.

2) 신학교 문제

우리는 순수한 성경적 신앙을 지키며 웨스트민스터 신앙고백과 칼빈주의 정통 신학을 고수한다. 쌍방에서 선출된 동수(7인씩)의 이사로 새 이사회를 조직하여 신학교를 개편하되 교수진은 쌍방 동수로 한다. 이사와 교수는 원칙 1조에 의거하며 제정한 서약에 서약한다.

3) 연합 운동

우리는 현대교회의 성격을 이룩할 연합 운동에 하나님의 뜻을 느끼며 동시에 연합 운동 일부에서 신학의 급진적 좌경(左傾)을 사실상 초래하고 있는 현실에서 교회를 내적으로 붕괴시키는 역사도 느낀다. 그러므로 교파 간의 연합 운동은 어디까지나 복음적 기본 자세에서 진행되어야 하는 것으로 믿는다.

① WCC 관계 - 양 총회가 다 같이 탈퇴한 현상을 재확인하고 합동과 동시에 동회 탈퇴 통고를 보내고 그 직속 기관에도 대표 파송을 중지하기로 한다.

② KNCC 관계 - 한국기독교연합회를 개편(교회 수 비례)하여 복음적이며 자주적이며 자립적으로 노력하고 그것이 실현되지 못할 때는 2년 후 탈퇴한다.

4) 선교회 관계

우리는 우리 교회를 설립하고 협조해 주는 재한선교회에 감사하며, 그 역사적 유대와 신의를 지킨다. 동시에 선교 80주년을 넘어선 우리 교회는 자주적 체계를 완성하여야 하며, 이런 자주적 체계 확립에 선교회의 이해와 협조를 요구하는 바이다.

① 모든 선교 동역자들은 우리 교회의 신조 때문에 서약하며, 본국 교회에서 이명을 해 오거나 한국교회의 언권 회원이 되거나 두 가지 중 하나를 그들에게 맡겨 택하도록 한다.
② 선교회의 보조비는 총회로 이관하는 것을 원칙으로 한다. 총회는 대(對) 선교비 사용에 있어서 한국 교회의 자립정신을 저해하지 않도록 한다.

5) 합동위원

① 통합 측 합동위원 위원장-이태준, 위원-나덕환, 이상근, 한경직, 김성배, 강신명, 방지일.
② 합동 측 합동위원 위원장-이환수, 서기-정봉조, 위원-노진현, 정규오, 이수현, 장덕호, 손계웅, 정문갑, 정순국, 김일남, 백남조, 박기동, 김처호, 박산석, 백동섭.

6) 합동 세칙

통합 측과 합동 측의 합의된 합동 원칙이 발표되었을 때 통합 측 안에서는 이론(異論)이 일어나기 시작하였다. WCC 관계에 있어서 양측이 다 같이 탈퇴한 현상을 재확인한다는 데는 이의가 없으며, 합동과 동시에 탈퇴 통고를 보낸다는 것에 대해서도 의당한 일로 생각하나 그 직속 기관에도 대표 파송을 중지하기로 한다는 조건에는 다소의 이의가 있었다.

따라서 KNCC 관계에 있어서 개편(교회수 비례)하여 복음적이며, 자주적이며, 자립적으로 노력하고 그것이 실현되지 못할 때는 2년 후 탈퇴한다는 데 대하여는 크게 반발하는 세력이 대두되었다. 교회 수 비례로 개편한다는 것은 다른 교파와의 관계에서 있을 수 없다는 것이다.

따라서 "2년 후 탈퇴한다"라는 조건에 대하여는 통합 측에서만 아니라 합동 측에서도 반대하는 의견이 강하였다. KNCC는 WCC의 국내 지부와 같은 역할을 하는 기관인데 WCC를 탈퇴하면서 KNCC에 잔류한다는 것은 이념상 모순이라는 것이다. 당연한 논리이다. 그러나 장로교회의 합동이란 명분을 앞세우는 합동위원들은 합동 원칙에 다소의 모순이 있더라도 합동을 향하여 밀고 나아갈 결심을 굳히었다. 그리하여 합동의 절차 및 세칙이 다음과 같이 작성되고 합의를 보게 되었다.

① 속개 총회는 양 합동 위원장이 양측 회장에게 요구함으로 양 총회가 동시일, 동 지역에서 소집한다. 양 총회가 합동위원을 선출하고 정회하였기 때문에 속개 총회가 된다. 속개된 총회는 즉시 합동 안을 상정 토의하고 그것이 가결되면 노회에 수의 하게 하

고 다시 정회한다. 합동 통과는 종다수로 한다. 노회 결의는 헌법 정치 규칙 수정법에 따르고 가결한 노회 수가 과반에 달하면 양 총회장의 공동명의로 합동 총회를 소집한다.

② 헌법 및 규칙은 일단 1959년 분열된 현재로 환원한다. 헌법 및 규칙의 전면 수정을 위해 헌법수정위원회를 구성하되 해위원은 실행위원회가 선정한다. 대회제의 실행 방안은 실행위원회에 일임한다. 헌금 통일안은 합동과 더불어 즉시 실행한다.

7) 재합동 총회의 갈등

양측 합동위원들은 1968년 2월 14일에 회합하여 3월 1일 대전에서 총회가 속개하여 합동 원칙과 합동 절차 및 세칙을 받아들이도록 합의를 보았다. 그러나 통합 측 총회장 김윤식(金允植) 목사는 이 합의에 대하여 이의를 제시하고 통합 측에서는 속개 총회를 소집하지 않았다. 합동 측은 3월 1일 오후 2시 대전 중앙교회당(1959년 제3차 분열 총회 장소)에 회집하여 합동 원칙과 합동의 절차 및 세칙을 만장일치로 가결하였다. 세칙의 계속은 다음과 같다.

① 합동 총회의 절차는 양 총회장, 양 합동위원장, 양 총무와 서기가 작성한다.

② 합동 총회는 대한예수교장로회 제52회 총회속회로 하고 양 임원은 자동으로 사임한다.

③ 신임 임원은 쌍방의 원 임원들로 구성한다. 총 회장은 연령순으로 원부를 정하고 원 서기는 부회장 편에서, 회의록 서기는 회장

편에서, 그리고 회계는 부회장 편에서 된다.

④ 총회 총무 및 각부 총무와 직원은 9월 총회까지 같이 사무 하되 연령순을 따라 원부를 정한다.

⑤ 각 부는 무조건 통합하되 연장자가 부장이 된다. 일방적인 부서는 동수의 위원을 상대방에서 보강하고 다음 총회부터는 합법과 규칙에 따라 기득권을 인정한다.

8) 실행위원회

합동 총회 폐회 후 9월 총회까지의 총회 잔무를 전권적으로 처리하기 위해 실행위원회를 둔다. 정수는 총회 신임원과 양 총무를 포함한 30명으로 한다. 그 인선은 신임원회(양 총무 포함)에 일임하되 쌍방 동수로 한다.

9) 신학교 관계

① 신학교의 합동 개편을 위해 현 이사, 교수와 사무직원은 일괄 사표를 내게 하고 개편에 필요한 총회 인준은 실행위원회가 대행한다. 이사는 양 총회에서 합동 안을 통과시킨 직후 사표를 받도록 하고(조건부) 사표를 제출하지 않는 경우는 자진 사퇴로 인정한다.

② 신 이사와 교장은 합동 총회에서 인준을 받으며, 초대 교장의 임기는 2년으로 한다. 이사장과 교장은 동일 측에서 낼 수 없다.

10) 노회 합동

각 노회는 양 노회장의 공동명의로 합동노회를 소집하여 임원은 총회 임원의 규례에 따른다. 일방적인 노회는 해구역의 타방노회와 합동한다. 지방신학교 합동은 총회신학교의 합동 원칙에 따른다. 이렇게 양 총회의 합동에 대한 구체적 절차와 세칙에 합의를 보았으며, 합동 총회 측에서는 1968년 3월 1일에 회집하여 총회합동에 대한 만반 태세를 갖추고 있었다. 그러나 통합 측에서는 그 날에 대전 제일교회에 모이지 않았으며, 합동위원이 합의한 합동 원칙의 합동 절차 및 세칙을 채택할 준비조차 되어있지 않았다.

통합 총회에서는 그해 9월 제53회 총회 장소를 부산으로 정하였으며, 합동 측에서는 서울로 정하였었으나 합동에 대한 적극적인 표시로서 총회 장소를 긴급히 부산으로 옮기었다. 합동 총회에서는 통합 측 총회에 합동에 관한 공한을 발송하기로 가결하였으며 총회 합동에 대한 결의를 표명하였다. 통합 총회에서는 합동위원의 보고를 듣고 합동위원을 합동연구위원으로 격하시키는 동시에 1969년 총회에서는 WCC 복귀를 가결했다. 이로써 합동 총회와의 재합동은 종지부를 찍었다.

11) 우호증진

예장합동 측 총회임원회가 예장통합 측과 함께 1995년 8·15 연합예배를 드리기로 했다.

…우선 양 교단이 화합을 도모해… 교단 교류와 관련해 총회 정서를 고려 단회적 행사임을 분명히 밝혔다. 두 교단이 37년 만에 한국기독교연합회관 대강당에서 함께 예배드렸다. 양 교단의 우호증진은 물론 한국교회연합에도 크게 기여할 것으로 기대된다.(「기독신보」 1995년 7월 29일자, 8월 19일 자.)

최근 양 교단은 다시 활발하게 교류하고 있음
<출처: 기독신문사 (림형석 통합 측 총회장과 이승희 합동 측 총회장 및 양 교단 임원들) 2018년 12월>

제32장

개혁, 합신교단의 총회 분립

예장합동 측은 자체 내에서 또다시 분열의 조짐을 보이기 시작했다. 1959년 대전에서 모인 제44회 총회에서 합동과 통합이 양분된 후 약 10년 동안 교회는 신학이나 교회 정치에 큰 싸움이 없이 지내오다가 1970년부터 신학적, 정치적 대립을 하다가 분열이 되었다. 그 원인은 대전중앙교회 이영수 목사가 교단과 신학교 안의 교권을 오랫동안 장악하면서 전권을 부리기 시작하자 이에 대한 반대 세력이 대두되면서 비롯되었다.

이영수 일파를 주류 측(이영수, 한석지, 최성원), 반이영수파는 비주류 측(정규오, 박찬묵, 이환수, 김인승, 박영환, 이찬영, 최선재, 조경대)으로 분류되면서 세력 다툼이 일어났다.

결국, 70년대 후반에 이르러 주류파에 밀린 비주류파는 불공평한 임원선출과 신학교 이사 선출 문제를 끊임없이 제기하다가 교권 싸움의 불공평을 이기지 못하고 교단 분열의 명분을 찾다가 총신대학 학장 김희보 박사의 목회대학원 강의안 "족장 시대의 문화적, 사회적 배경에 관한 연구"(1978. 8)에서 성경의 문서설을 주장하는 신복음주의 내용이 있다고 주장하고 분열했으며, 합신교단이 박윤선 목사를 중심으로 교수들이 분열했다.

1. 개혁신학원

비주류파는 박형룡 박사의 정통 신학으로 되돌아가야 한다고 강조하고 복구신학교 설립을 추진했다. 이들이 1979년 3월 6일 대한예수교장로회 총회신학교를 서울 방배동 영광교회(최광재 목사)에서 군소 교단의 편목 및 자격에 상관없이 800여 명의 학생을 모집하여 개교(복구)하고 박형룡 박사의 아들 박아론 박사가 교장에, 이사장에 정규도 목사가 취임했다. 그러나 1년 후에 박아론 교장의 행정 능력과 ICCC 회의 참석을 이유로 해임하고 정규오 목사가 교장이 되면서 종암동 종암교회(조경대 목사)로 학교를 이전했으며, 지금은 미아리에서 개신대학원대학교(이사장 조경대)를 운영하고 있다.

제64회 총회가 대구 동부교회당에서 1979년 9월 20일 시작되었으나 주류파는 사전입장하고 비주류파는 입장하지 못한 극한 대립을 했다. 비주류파는 은일교회당에서 총회를 열어 김일남 목사를 총회장으로 선출하고, 1979년 11월 6일 청파동 청암교회에서 속회총회를 가졌다.

이렇게 시작된 개혁 측의 분립은 다시 전라도 출신과 이북 출신들과의 세포 분열을 계속하여 영광 측(고성일), 서대문 측(박영환), 서울 측(조경대), 광주 측(변한규), 홍은동 측(최선재), 보수 측(박병진) 등으로 총회와 신학교가 수없이 난립되어 130-200개의 장로교 교단이 생겼으며 200

여 개의 무인가 신학교가 탄생했다는 보고만 있을 뿐 확실한 통계는 알 수 없다. 합동 비주류의 핵분열은 지방색과 교권을 둘러싼 헤게모니 싸움이었다. 이것이 한국장로교회의 부끄러운 분열의 자화상이다.

2. 합동신학원

1980년 11월 11일 총신대학에서 몸담고 있던 박윤선 박사가 합동신학원을 분립해 나갈 때도 파장은 컸다. 총신대학의 중진 교수들인 신복윤, 김명혁, 윤영탁, 박형용 교수 등이 박윤선 박사와 뜻을 같이하여 학교를 떠났다. 합동신학원의 설립 이념을 개혁주의 신학에 근거한 바른 신학, 바른 교회, 바른 생활을 교육 이념으로 하여, 교회가 필요로 하는 교역자와 지도자를 양성함을 설립 목적으로 하였다.

합동신학원은 교단이 없어 개혁 측과 손을 잡았으나 교단과 신학교의 운영이 어렵게 되자 개혁 측과 결별하고 수원시 원천동에 합동신학교를 세우고 합신 교단으로 독립하였으며 합신대학원대학교로 운영하고 있다.

합동신학대학원대학교 초대총장 박윤선(1905-1988) 박사
<출처:위키랜드>

제4부

한국교회의 특징

제33장 경제 자립
제34장 여전도회 활동
제35장 청년면려회 운동
제36장 학생 신앙 운동
제37장 문학 활동
제38장 자립교회
제39장 교육대회(敎育大會)
제40장 부흥 운동(復興運動)
제41장 교회 일치 운동
제42장 구제 활동
제43장 한국교회와 해외 선교 운동

제33장

경제 자립

1. 네비우스 선교 정책

　1890년에 선교공의회에서는 중국 선교사 존 네비우스(John Nevius) 목사를 초청하여 선교 정책에 대한 원리를 강의 받은 일이 있었다. 특히, 우리나라에 들어온 장로교회는 미국, 호주, 캐나다 3개국의 4개의 장로교파(미국 남·북장로교, 호주장로교, 캐나다장로교)로서 그들이 각각 자기들의 교파교회, 노회, 총회를 조직할 수도 있었을 것이다. 그러나 그들이 하나의 선교공의회를 조직하여 선교 정책을 세울 때에 한국에 있어서 하나의 자유장로교회를 세우기로 합의하여 실행한 것은 매우 현명한 일이었다.

　그러기 위해서 선교 구역을 정하였었다. 예를 들면, 호주장로교는 경상남도를, 미국남장로교는 전라도를, 캐나다장로교는 함경도를, 미국북장로교는 그 밖의 지역을 선교 구역으로 정하여 경쟁이 없이, 남의 선교 구역 침해도 없이 선교에 전력하였었다. 물론 감리교선교회와도 합의하여 선교 구역을 책정하여 경쟁을 피하였었다.

그리하여 4개의 장로교선교회는 비록 선교 구역을 나누어 선교하더라도 4개의 교단을 지향하지 아니하였으며, 하나의 자유한국장로교를 설립하기로 합의가 되었다. 이러한 지혜로운 선교 정책에 의해 1907년 대한국예수교장로회, 곧 독노회가 조직되어 행정적으로 독립노회가 성립을 보게 되었으며, 독노회 산하의 7개 지방 대리회가 노회로 승격되면서 1912년에 총회가 창립을 보게 되었다.

이때 총회 산하에는 7개 노회-경충, 경상, 전라, 서해, 함경, 북평안, 남평안노회가 있었다. 이 독노회나 총회는 선교교회에 예속되지 않은 독립 노회요, 독립 총회이며, 행정적으로만 아니라 경제적으로도 자립하는 교회로서 출발하게 된 것이다. 1907년 이래 제주도에 선교사를 파송하는 일이나 1913년 이래 중국에 선교사를 파송하면서 선교회의 원조가 없이 우리나라 교회의 경제적 실력으로 선교 사업을 지탱해 왔다. 이러한 교회 정책이 곧 네비우스 선교정책이다.

① 자급전도(自給傳道).
② 자치행정(自治行政).
③ 자립교회(自立敎會).

이 선교 정책 아래서 우리나라 장로교회는 육성되었으며, 일제하에서, 해방 후 대한민국 치하에서도, 또는 언제나 자급, 자치, 자립하는 교회로 번영을 약속하고 있다.

2. 십일조 상납 제도

1959년 제3차 분열에 있어서 우리나라에 주재하고 있는 선교회들은 예장통합 측과 유대 관계를 지속하기로 선언하였다. 그러므로 예장통합 측에 대하여 미국남, 북, 호주장로교는 인적, 경제적 지원을 계속하고 있으나 예장합동 측에 대하여는 그것들이 중단되었다.

1956년 이후 캐나다연합교회는 기독교장로회와 유대 관계를 맺고, 경제적 인적 후원을 지금도 계속하고 있다. 그러나 예장 합동 측은 모든 선교회와의 유대관계가 회복되지 못한 동시에 1달러의 선교비도 받을 수 없게 되었다. 물론 미국정통장로회, 개혁교회 등과의 유대는 갖고 있으나 그들의 경제적 능력에 한도가 있으므로 선교비를 요청할 처지가 아니다. 어찌했든 합동 측은 비장한 결심으로 자립체제를 확고히 할 결의를 하기에 이르렀다.

여기서 1959년 속회 총회에서는 1억 원 모금 운동을 벌이기로 가결하고 그 실천을 서두르고 있을 때 10년 동안 분리되어 있던 고려 측과의 합동, 곧 가능한 편부터의 합동이 이루어지면서 십일조 상납 제도가 채택되기에 이른 것이다. 십일조 상납 제도란 총회 산하의 모든 지교회들은 매달 경상비의 십일조를 노회에 상납하며, 노회에서는 4. 6제에 의해서 4할을 총회에 상납하도록 결의하여 시행하고 있다. 현재 3천 교회를 포용하고 있는바 3천 교회가 월 3천 원씩을 상납한다면 9백만 원이 노회에 상납 되고 총회에는 3백 60만 원이 상납되는 계산이 나오게 되는 것이다. 그러므로 합동 측은 1959년이래 1달러의 선교비도 지원받지 못하였으나 교단을 유지하는 자립교회가 된 것이다.

1959년 제3차 분열 직후 ICCC에서 크리스마스 선물로 10만 불을 모금하였다고 하나 그중 5, 6만 불이 지방교회 수습비로 나갔으며 총회 신학교 교사(한강로) 구입비로 2, 3천만 원이 들어갔다.

  1961년 총회에서 ICCC와의 우호 관계가 단절된 이후에는 크리스마스 선물을 받지 못하였으며, 그들이 그런 명목으로 모금한 것은 우리나라 군소 교파, 분립, 설립에 자금으로 활용하기에 급급하였다. 예장합동 측은 그 뒤 총회신학교 교장 명신홍 박사가 도미하여 복음적인 교회에서 신학교 기금으로 3만 불을 원조받아 총신대학 본관 건축의 골조를 이루게 되었다.

  그러므로 예장합동 측은 네비우스 선교 정책, 곧 자립 정신으로 역사를 이어온 그 전통에 따라 오늘날까지 교회를 유지하고 있다. 특히, 총신대학은 본관과 제2교사와 기숙사 등을 확보한 뒤에 제2차 7차 연 계획에 따라 1억 원 장학금 확보에 적극성을 펴고 있으므로 자립하는 교회의 모습을 더욱 굳히고 있다.

제34장

여전도회 활동

1. 교회에서의 여성 지위

　예수님 당시에 예수님의 전도 사업을 물질로 봉사한 이들은 대부분 여자였다. 누가복음 8장 2절 이하에 의하면 "막달라인이라 하는 마리아와 또 수산나와 다른 여러 여자가 함께하여 자기들의 소유로 저희를 섬기더라"고 기록하였다. 그러나 여자들의 지위는 보잘것없었다고 본다. 예수님께서 보리 떡 5개와 물고기 2마리로 많은 사람을 배부르게 하셨을 때 그 인원수는 "먹은 사람은 여자와 아이 이외에 5천 명이나 되었더라"(마 14장)고 기록한다.
　"떡을 먹은 남자가 5천 명이었더라"(막 6장)고 하여 여자들은 수에 넣지 않았다. 그뿐만 아니라 오순절 전야(前夜)에 예루살렘 다락방에 모인 수가 1백 20명이나 되는데 예수님의 11제자의 이름이 기록되고 여자의 이름으로는 예수의 모친 마리아만 기록되었고 그밖에는 여자들(Women)이란 복수 낱말에 집어 넣고 말았다. 이렇게 신약 초기에서는 여자들의 지위는 보잘것없었다. 그러나 로마서 16장에 의하면 사람의 이름 27명 가운데 여자의 이름이 9명으로 나타나고 있다. 이것은 그만큼 여자들의 지위가 인정되고 높아진 것을 말한다고 본다.

사실 사도행전에 나타나는 여자들 가운데 유명한 여자로는 빌립보성의 루디아를 기억하게 되며(행 16장), 또한 고린도의 브리스길라에 대하여서는 성경학자 아볼로보다도 "하나님의 도"에 더 자세한 지식과 경험을 가졌다(행 8장),

> 나의 동역자들인 브리스가와 아굴라에게 문안하라. 저희는 내 목숨을 위하여 자기의 목숨을 내놓았나니 나뿐 아니라 이방인의 모든 교회도 저희에게 감사하느니라(롬 16:3, 4).

바울은 브리스길라를 높이 평가하고 있다. 그 밖의 한 사람으로는 로마서 16장에 기록하고 있다.

> 겐그레아교회의 일군(혹 집사)으로 있는 우리 자매 뵈뵈를 너희에게 천거하노니 너희가 주 안에서 성도들의 합당한 예절로 그를 영접하고 무엇이든지 그에게 소용되는 바를 도와줄지니 그가 여러 사람과 나의 보호자가 되었음이니라(롬 16:1, 2).

2. 한국 최초의 여전도회

1885년 4월 5일 미국북장로교 선교사 언더우드(Underwood) 목사는 총각으로 우리나라에 왔다가 여자 의료선교사와 결혼하였다. 그러나 미국북감리교 선교사 아펜젤러(Appenzeller) 목사는 부부가 동반하여 내한하였다. 1890년 중국에서 선교하던 존 네비우스(John Nevius) 목사가 우리 선교사들의 요청으로 내한하여 선교 정책을 피력할 때에 부부가 동반해서 내한하였다. 그런데 한국장로교회가 1907년에 독노회를 조직하고 그 기념으로 제주도에 선교사를 파송하여 선교 사업을 하기 시작할 때에 이기풍(李基豊) 목사를 파송하였었다. 이 목사가 다음 해 독노회에 참석하여 전도 상황을 보고할 때에 남자 혼자서 가정 방문을 하는데 애로가 있음을 피력하였다.

여기에서 1909년 평양성 여전도회에서는 여선교사로 이선관(李善寬) 씨를 파송하였으며, 1921년에는 평북 여전도회연합회에서 중국 산동에 선교사 한 사람을 파송할 선교비를 약속하였다. 총회에서는 이 건의를 받아들여서 영남(嶺南) 출신인 이대영(李大榮) 목사를 선교사로 파송하였다. 이렇게 여전도회가 제주도 선교, 중국 선교에 독노회와 총회와 협조해 온 것은 매우 자랑할 만한 일이며, 높이 찬하할 일이다.

그런데 우리나라에서 처음으로 여전도회가 조직된 것은 평양성 여전도회이다. 1898년 2월 20일 평양성 널다릿골교회(후에 장대현교회라고 개칭함)에서 여자 교우 4인(이신행, 신반석, 박관선, 김성신)이 모여서 전도 사업을 위해 기도하고 모금하였다.[1] 그 당시 회비는 월 1전 정도였다. 1920년대에 중국 선교사 1명의 선교비는 연 8백여 원이면 족하였다. 1928년 대구에서 회집한 총회에서는 전국 여전도회 대회를 정식으로 승인하였으며, 이 창립 대회에 참가한 노회 연합회는 함북, 황해, 경

---

[1] 곽안련, 『조선장로회사전휘집』, 193.

북, 평북, 경안, 평양, 평서, 경기, 함남, 전북, 전남노회 연합회 등이라고 한다.

이 여전도회에서는 1928년 중국 선교사업비로 1,230원을 보조하였으며, 1931년에는 여선교사 한 사람을 파송하였다. 그 여선교사가 김순효(金淳孝)이다. 그는 1902년 황해도 재령에서 출생하였고, 전도사로 4년간 봉사하였으며, 1931년에 산동에 파송되었다.

그후 그는 일본 요꼬하마공립여자신학교를 졸업하였으며, 1946년에 중국 동만(東滿) 평신도전도회 총무로 있다가 귀국하여 한때 재건평양신학교 교수로 있었고, 신의주제2교회 전도사로 시무 중 공산당에게 순교당하였다고 한다. 이보다 앞서 1941년 평양에서 회집한 여전도대회에서 개회 전에 신사 참배를 선행하라는 경찰의 압력을 받았을 때 실행위원회에서 부회장 김마리아가 등장하여 "이번 대회는 부득이 산회하겠습니다. 한영선 권사의 마지막 기도가 있겠습니다"라고 하여 한 권사의 비장한 기도와 함께 산회하였다. 1938년 9월 목사, 장로들이 총회로 회집하여 신사 참배를 결의하던 광경과는 매우 대조적이라고 할 수 있다.

초기한국교회 여전도회
<출처: 지저스타임즈>

제35장

청년면려회 운동

누구든지 네 연소(年少)함을 업신여기지 못하게 하고 오직 행실과 사랑과 믿음과 정절에 대하여 믿는 자에게 본이 되어 내가 이를 때까지 읽는 것과 권하는 것과 가르치는 것에 착념하라(딤전 4:12, 13).

1. 청년 운동의 시작

우리나라에 초대 선교사들이 들어와서 우리나라 청년들에 대하여 이런 기록을 남기었다.

한국 청년들은 사교적이었으나 그들에게 큰 유익은 주지 못하더라도 해독을 끼치지 않을 정도의 사교장이나 오락 기관이 없었다. 그들의 가정생활에는 사회적 의미가 별로 없었다. 그들은 친구집 사랑방이 아니면 길거리나 화류계에나 출입하며 세월을 허송하였다.

공원이나 독서실이나 구비된 도서관도 오락 장소도 없었고, 더우기 청년들의 체육 기술을 발달시킬 만한 시설이 없었다.

이것은 1906년 2월에 발행된 「코리아 리뷰」에 실린 글이다. 이러한 한국 청년들에게 기독 청년 운동을 전개하기 위해서 선교사들은 Y,M.C.A. 국제위원회에 글을 보내 총무 1명을 임명할 것을 요청하였다. 이 요청에 대하여 동 위원회에서는 필립 L. 질레트(Philip L. Gillett)를 파송하였다. 그는 미국 예일대학교 출신으로 한국에 부임하여 즉시 YMCA 창립에 착수하였다. 1903년 3월 18일에 그는 주한 미국 공사, 영국성공회 터너(Turner) 주교, 장로교 선교사 게일(Gale) 목사, 감리교 선교사 존스(Jones) 목사 등을 초청하여 YMCA 창립 계획을 제시하였다.

1903년 10월 28일에 드디어 청년회가 조직되었다. 회장에 헐버트(Hulbert), 총무에 길레트가 각각 선출되었다. 1904년 가을에 현재의 중앙청년회관 위치에 임시 건물이 마련되었다. 여기에 1905년에 현대식 건물이 건축되었다.

YMCA는 한때 황성기독청년회라고도 불렸었다. YMCA는 기독교 정신을 바탕으로 지(知)·덕(德)·체(體)를 균형 있게 길러가야 한다는 주장을 하며, 교회와 사회, 청년과의 가교(架橋) 역할을 하였다. 서울 YMCA 운동을 통하여 이승만(李承晩), 이상재(李商在)와 같은 훌륭한 지도자가 활동하였다.

특히, YMCA는 1922년경에 물산장려 운동을 일으켰으며, 1923년 1월 1일 함흥에서 YMCA 회원 천여 명이 무명 두루마기를 입고 거리시위를 하였다. 그리고 공창(公娼) 폐지 운동에도 적극적으로 가담하였다. 무당, 판수조합의 폐지를 총독부에 강력히 요구하는 등 사회개량 운동에 크게 이바지하였다.

2. 장로교회의 CE 운동

CE란 Christian Endeavour의 약칭으로 1821년 2월 2일 미국 포틀랜드(Portland)에 있는 웰링스턴교회 클락(Clark) 목사가 청년들을 초대하여 그리스도와 교회를 위하여 무엇을 할 것인가를 토의하기 시작한 데서부터 시작된 청년 신앙 운동이다. 우리나라에서는 1920년 4월 8일 경북 안동(安東)에서 시작되었다. 우리나라에 CE 운동을 소개한 이는 선교사 안대선(安大善W. M. Anderson) 목사이다. 1920년은 3·1만세 운동이 지나간 후년으로 우리나라에서 여러 가지 문화 사업기관이 탄생한 해이다.

불행하게도 1910년 한일합방 이후 일본은 무단(武斷) 정책으로 임해 오다가 미국 윌슨(Wilson) 대통령이 제창한 민족자결 원칙에 의해 우리 민족이 궐기하여 3·1만세 운동을 일으킨 것이었다. 그러므로 일본이 무단 정책으로 우리를 통치할 수 없다고 생각하여 소위 문화 정치를 표방하여 우리에게 여러 가지 사업을 할 수 있는 길을 열어 놓았다. 그리하여 그 대표로 우리에게도 언론에 대한 자유를 주어 신문 발행을 허락하였다. 「조선일보」가 1920년 3월 5일에, 「동아일보」가 그해 4월 1일에 창간호를 내놓았다.

한편 각처에 청년회가 조직되고 또 각종 계몽 단체가 생겨서 활발하게 움직이고 있었다. 이러한 시기에 그리스도와 교회를 위하여 일어난 CE 운동은 매우 바람직하였다. 그리하여 1921년 2월 5일 기독청년면려회가 안동에서 조직되었으며, 그해 가을에 회집한 조선예수교장로회 제

10회 총회에서는 전국 교회에서 CE를 조직하도록 결의하였다.

그리고 1924년 12월 2일에는 CE 전국연합회가 창립을 보게 되었다. 또 한편 1936년 8월 5일 세계CE대회가 독일 베를린에서 모일 때 한국 대표가 참석하여 우리의 CE 활동을 소개한 일이 있다. 우리의 CE 운동은 교회 안에서 신앙 활동을 적극적으로 하며 문화적 사업으로는 잡지(雜誌) 발행(1925년 眞生창간), 사회 운동으로는 계독부(戒毒部)를 두어 금주 금연(禁酒禁煙) 운동을 전개하였다. 1924년 12월에 제정한 3대 결의를 소개하면 다음과 같다.

① 표어
ⓐ 하나님께 충성을 다하자.
ⓑ 정직한 '나'가 되자.
ⓒ 사람에게 신의를 지키자.

② 주장
ⓐ 쉬지 않고 나를 교양하자.
ⓑ 나의 교회를 돕자.
ⓒ 방방곡곡에 전도하자.
ⓓ 외지 전도에 힘쓰자.

③ 작정
ⓐ 매 회원 매년 1인 전도주의자가 되자.
ⓑ 회원마다 십일조를 바치자.
ⓒ 내 동네에서 신앙 운동을 일으키자.
ⓓ 외지의 한국 동포를 구하자.

제36장

학생 신앙 운동

1. 기독 학생의 전도 활동

1907년 조선예수교장로회(독노회)가 조직될 무렵에 장로교회에 소속된 중학교 15교에 학생 775명이며, 소학교 405교에 학생은 7,759명이었다. 그런데 이러한 중등 교육만으로는 학생들의 욕구를 만족하게 할 수 없게 되었다. 더 높은 교육기관이 요청됨을 피할 수 없었다. 또 중학교 학생 수가 증가하여진 실정은 전문학교 설립의 필요성을 입증하였다. 1906년에 이르러 미국북장로교 선교회의 결정에 따라 대학부를 개설하고 두 학급에 12명의 학생을 입학하게 하였다.[1]

1907년 조선예수교장로회는 창립 기념으로 제주도에 이기풍 목사를 선교사로 파송하여 선교사업에 착수하였다. 1909년 평양성 남자 대·중학교 학생들이 연보를 거두어 김형재(金亨哉) 씨를 제주도에 파송하

---

[1] 백낙준, 『한국 개신교사』(서울: 연세대학교출판부, 1973), 338.

여 이 목사를 돕도록 하였다. 한편 1909년 조선예수교장로회에서 일본에 유학하는 학생들을 지도하기 위해서 한석진(韓錫晋) 목사를 파송하였다. 이것이 제일대한기독교회의 창립 연대를 가리킨다. 1911년 평양성 학생들은 3차 전도대회를 조직하여 전도활동을 하였으며, 1912년 평양 숭실학교 학생들은 일본 동경과 제주도에 전도인을 파송하였다. 그리고 1914년 서울에서도 기독 학생들이 연합하여 전도대회를 열었으며, 경신 학생회, 정신 학생회, 대구 남녀 중학교 학생들이 개척 전도에 착수하기 위해 각처에 전도인을 파송하였다. 서울에서는 학생들이 매달 1주일씩 가두 전도하는 일에 힘썼다.

1916년 평양 숭실학생들은 방학을 이용하여 순회 전도대를 파송하여 전도 집회를 가진 결과 5백여 명의 결신자를 얻었다. 이때 전도 대원 중에 먼 훗날에 목사가 된 이들이 많다(박형룡, 박윤선 목사 등등).

2. 독립 운동의 선봉 역할

1919년 3·1만세 운동은 2·8선언에서 시작된다. 1919년 2월 8일 일본 동경 YMCA 회관에 회집한 유학생들은 조선청년독립단의 명의로 독립 선언서를 발표하였다. 이날 회의 진행자는 최팔용(崔八鏞)으로 윤창석(尹昌錫)의 기도로 회의가 시작되었으며, 백관수(白寬洙)의 선언서 낭독, 김도연(金度演)의 결의문 낭독이 있었다. 이들은 모두 YMCA 회관에서 회집하는 학생교회에 참석하였다. 이 학생교회는 1909년 조선예수교장로회가 시작하였으나 그 뒤 감리교회와도 합력하여 초교파적으로 인도하기로 합의를 보았었다.

2·8 독립선언서에 서명한 대표 11명의 이름과 나이를 소개하면, 이광수(27), 송계백(24), 최팔용(27), 김철수(24), 김도연(27), 이종근(23), 최근우(22), 백관수(30), 서춘(26), 윤창석(31), 김상덕(29) 등으로 그들의 대부분이 당시의 기독 청년이었다.

독립선언서 작성은 이광수(春園李光洙)가, 국내 연락은 송계백(宋繼白)이가 담당하였다. 1919년 3·1독립선언서에 서명한 33인 중 16인이 기독교의 목사와 장로이며, 3·1운동에 참가한 학생 수는 관립 10교에 1,587명, 공립 75교에 3,678명, 사립 37교에 1,549명 종교계 98교에 6,072명으로 총 12,886명이며, 소학교 68교에 3,423명이란 숫자가 나타나고 있다. 당시의 학교 현황을 살피면 소학교 517교 89,288명, 중고교 12교 3,157명, 여중·고교 6교 687명, 전문교 6교 585명, 실업교 22교 2,034명, 간이(簡易) 실업교 67교 1,252명, 각종 600교 34,975명이었다.

1926년 6·10만세 운동와 1929년 광주 학생 사건 때 일어난 학생 사건은 먼 훗날 4·19혁명의 정신적 연원(淵源)이 되기도 하는 것이다. 1929년 광주 학생 사건에 참가한 학생은 149교 54,000명으로 학생 총 수 587,951명 중 10분의 1이 참가한 셈이다. 퇴학당한 학생 582명, 무기정학을 당한 학생 2,330명, 구속당한 학생 1,642명이다.

3. 계몽 운동으로 민중 속에

1921년 일본 유학생단과 세브란스 의학도들이 방학 기간을 이용하여 평안북도 벽지(僻地)에까지 강연대(講演隊)를 이끌고 순회하였으며, 1923년에는 미국 하와이 학생들의 고국 방문단이 귀국하여 각 처에서 강연하였다. 1929년 조선일보사에서는 "아는 것이 힘, 배워야 산다"라는 구호 아래 여름방학을 이용한 학생 계몽 지원이 있었다. 1931년 동아일보사에서도 학생 보나르 운동을 지원하였다. 양사에서 인쇄한 교본이 대량으로 공급되어 문맹퇴치(文盲退治), 새 생활 계몽(啓蒙)에 적극적이었다. 4년간의 통계로는 대학생 751명이 20,736일에 98,598명을 문맹 퇴치를 했다는 것이다.

우리 교회는 이 학생 계몽 사업에 앞서 1922년부터 여름 어린이성경학교가 시작되었는데 1922년에 1교 108명, 1923년에 46교 3,000명, 1926년에 258교 24,737명, 1929년에 368교 27,582명, 1931년에 545교 34,996명이나 되었다. 조선일보사나 동아일보사에서는 교회에서 주최하는 여름성경학교 교재용으로 많은 방학 교재를 보내어 협조해 주었다. 학생 운동의 배후를 어떤 사가(史家)는 이렇게 기록하고 있다.

> 유학생들의 친목과 토론의 광장으로 처음부터 오늘에 이르기까지 있는 조직체는 재동경(在東京)기독청년회였는데 한국기독교청년회의 분회로서 만국기독교청년회와 밀접한 관계 하에서 1906년에 조직되었고, 또 일정한 건물도 보유하여 기독교인이나 비기독교인을 막론하고 하나의 집합소로 되어 있었다.

제37장

문학 활동

1. 성경 번역과 언문일치

우리나라에 예수교가 전파되기 시작한 것은 18세기 후반부터이다. 특히, 개신교 선교사로서 우리나라에 처음으로 발을 디디었던 이는 화란 계 독일인 목사 칼 구츨라프(Karl Gutzlaff)이다. 그가 1832년 7월 서해 안 섬에 상륙하여 40일간 체류하는 동안 우리 한글로 주기도문을 번역 하였다는 것은 매우 의미 있는 일이다. 물론 구츨라프 목사가 번역한 성 경은 한문 성경이었으나 우리 선민은 그것을 우리말로 『주기도문』을 번역하였을 것이다.

이 일이 있은 지 50년 만에 만주(滿洲)에서 선교하던 존 로스(John Ross) 목사와 존 매킨타이 목사는 한인 청년 이응찬(李應贊), 김진기(金鎭基), 백홍준(白鴻俊) 공역(共譯)으로 『누가복음』을 내놓았다.

만주 봉천(奉天)에서 활판(活版)으로 국판 56장을 당지(唐紙)에 인쇄 하였다는 것이다. 이 번역 사업이 더욱 발전되어 1887년에는 『예수교성교전서』, 곧 신약성경이 완역을 보게 되었다.

한편 일본에서도 이수정(李樹廷)을 통하여 『신약 마가전 복음 언해』가 발행되었으며, 1887년에는 언더우드, 아펜젤러 목사와 서상륜(徐相崙), 백홍준(白鴻俊) 공역으로 『마가의 전한 복음서 언해(諺解)』가 번역되어 일본 요꼬하마에서 인쇄되었다.

그리고 1900년에 『신약전서』(제1차 개역)가 성서번역자회를 통해 번역되었으며, 1910년에는 『구약전셔』가 번역 출판된 것이다. 그런데 이러한 번역들의 문체에 있어서 재래식(在來式)인 한문에 한글토(吐)를 달던 그런식을 지양(止揚)하고 언문일치의 문체를 구사함으로써 개화기(開化期)의 신소설(新小說) 역할을 한 것이다. 그러므로 한글 학자는 이 사실을 이렇게 평가하고 있다.

> 그들은 전도하기 위하여 성경을 한글로 번역하며, 우민(愚民) 남녀노유(男女老幼)에도 그 성경을 읽히기 위하여 한글을 가르치며(조선 신교육의 선구가 되고 중추가 되었던 것임), 자녀를 모아 교육하되 종래 유교(儒敎) 교육과 같이 순한문(純漢文)으로 하지 아니하고 순 한글로 하였습니다….[1]

한편 문학비평가 백철(白鐵) 박사는 다음과 같이 논증하였다.

> 마틴 루터(Martin Luther)는 기독교의 원래의 진리를 민중에게 알리기 위한 그 실제적인 목적을 인하여 성서를 독일 국민이 쓰는 일상

---

[1] 金允經, 『朝鮮文學及語學史』, 564.

어(日常語)로 번역해 놓은 것이 뒤에 독일 근대 문학에 기여한 것과 같이 1890년대에 한글 번역의 성서가 일반 신문학을 위한 문화적인 지반을 마련해 준 사실을 무시할 수 없다. 우선 이와 같은 간접적인 의미에서 기독교는 우리 문학의 서구화, 근대화에 영향을 크게 미치고 있다.[2]

2. 찬송가의 신시(新詩) 운동

음악가 이유선(李有善) 씨는 교회의 찬송이 얼마나 문화 생활에 공헌이 있는가를 다음과 같이 평가하였다.

> 기독교의 찬송가와 성서가 한국인의 문화생활에 얼마나 큰 공헌을 했는가 하는 것은 한국 최초의 장시인 최남선(崔南善)의 소년(少年)이 나온 1908년 현재 찬송가 발행 부수가 6만에 달했고, 2년 후에는 22만 5천 부, 그 이듬해에 다시 5만 부, 그래서 22년간 총 발행 부수가 무려 87만 4천 5백 부에 달했다는 사실로도 가히 알 수 있다.[3]

그러면 찬송가의 역사를 잠시 살펴 보자.

① 찬미가(1892년 27면 초판, 95년 81편 재판, 99년 176편 3판, 1902년 205편 5판.

---

2 백철, "한국의 소설에 미친 기독교의 영향: 中大논문집," 1959년 판, 31.
3 이유선, 『永化70年史』.

② 찬양가(1894년 117편 초판, 95년 154편 재판, 1900년 182편 3판).
③ 찬송시(1895년 54편 초판, 98년 83편 재판, 1900년 87편 3판).

한편 이유선 씨는 찬송가가 신시(新詩) 운동의 모체가 되는 것을 다음과 같이 강조하였다.

> 더욱이 한국에 있어서의 찬송가는 교회 내의 예배 의식으로서만이 아니라 다음에 말하고자 하는 창가 운동과 신문학(특히 新詩) 운동의 모체(母體)가 되고 있어 그 역사적 의의는 실로 다대(多大)했던 것이다. 한국에 있어서 개신교의 찬송가는 한국의 서양 음악을 가능케 했을 뿐 아니라 애국가 운동과 창가 운동의 전개로 이 나라 내셔널리즘의 기치(旗幟)가 되었고, 신문학 운동, 그리고 예술가곡과 대중음악에 이르기까지 실로 한국 근대 문화의 모체가 되었던 것을 부정할 수 없다.[4]

이와 같이 찬송가는 신문학(특히 新詩) 운동이 모체가 되었다고 역사적 의의를 강조하였다. 그런데 이러한 공헌이 있음에도 불구하고 시평론가들이 신시(新詩)의 발전 과정을 설명함에 있어서 찬송가에 대한 항목이 빠져 있음을 지적하는 학자도 있다.

어떤 이는 詩歌의 발전 단계를 설명한다.

① 開化歌辭.

---

[4] 이유선, 『永化70年史』.

② 開化詩.
③ 唱歌.
④ 新詩.

또 어떤 이는 다음과 같이 설명한다.

① 새로운 여명을 향한 開眼.
② 창가와 新體詩.
③ 泰西文藝新報와 譯詩.

그러면서 이러한 설명을 붙이기도 하였다. 애국가에서 時調의 初中終의 3章의 行구분이나 줄글인 가사의 행 체제와는 다른 행의 구분을 볼 수 있다. 4·4·2구(句)가 1행이 되어 있다. 한시(漢詩)의 절구(絶句)의 기승전결(起承轉結)의 구성법에서 영향 받았다고 볼 수 있는 시조(時調)와는 다르다. 이 구성법은 보다 더 기독교의 찬송가에서 영향된 것일 것이다. "…이 창가의 형성에는 기독교 찬송가의 번역과 그 곡조가 영향했음을 간과할 수는 없을 것이다. 그러므로 공정한 시연구가(詩硏究家)라고 하면 신시(新詩) 형성의 과정에서 '찬송'을 반드시 삽입하여 평가해야 한다."[5]

---

5 金秉喆, 『韓國근대 번역 문학사 硏究-찬송가 번역사』, 72-82.

제38장

자립교회

앞 장들에서 이미 서술한 강화에서 몇몇 특징을 뽑아보는 것이 자립교회이다. 온고지신(溫故知新)이란 말은 매우 음미(吟味)할 만하고 명심해야 할 명구(名句)이다. 그런 의미에서 잠시 뒤를 돌아다보는 것이다. 이 자립교회란 선교사가 들어오기 전에 우리의 손으로 교회가 세워진 것을 뜻한다.

1, 천주교의 경우

1783년 10월 중국 북경에 파송하는 사은사의 일행 가운데 서장관(書狀官) 이동욱(李東郁)의 아들 승훈(承薰)이가 있었다. 그는 고국을 떠날 때 이미 입교를 결심하였다. 그는 자기 친구 이벽(李檗)의 권유로 북경에 가거든 천주교에 대해 그 교리를 배워 오라는 부탁을 받았었다. 그는 북경에 가서 1784년 3월 1일 북경 주재 예수회 신부 그라몽(Louis De

Graumont)에게 세례를 받고 '베드로'라는 영세명을 받아서 귀국하였다. 돌아올 때 수십 종의 교리 서적과 십자가상과 묵주 등을 갖고 왔다.

그는 1784년 3월에 귀국했다. 이승훈은 1766년 실학의 선구자 이익(李瀷)의 증손자이며, 이가환(李家煥)의 누이에게서 태어났으며, 정약용(茶山丁若鏞)의 누이가 그의 부인이다. 그는 귀국하여 정약종(丁若鍾), 정약전(若銓), 정약용의 3형제와 권철신(權哲身), 권일신(日身)의 형제와 이벽 등과 함께 1785년 봄부터 지금 명동에 있는 김범우(金範禹)의 집에서 비밀 종교 집회를 시작하였다. 이것이 우리나라에 있어 최초의 기독교 집회다.

2. 개신교의 경우

프로테스탄트 선교사가 입국하기 전에 이미 만주에는 세례 교인이 생겼다. 영국 스코틀랜드장로교 선교사 존 로스 목사와 존 매킨타이 목사에게 1876년에 세례받은 자가 수십 명이나 되었다. 그 뒤 서상륜도 만주에서 세례를 받았으며, 이응찬(李應贊), 백홍준(白鴻俊), 이성하(李成夏), 김진기(金鎭基)도 세례를 받았다. 그들이 로스 목사와 함께 성경 번역에 착수한 것이다. 서상륜은 귀국하여 의주에서, 또 그 후 황해도 송천(松川)에서 그들의 가족과 친구들과 함께 주일 예배를 드리기 시작하였다. 이러한 사실들은 모두 선교사가 입국하기 전에 교회가 세워진 역사적 사실들이다.

3. 성경의 준비

　천주교 신부들이 한국인과 접촉하여 포교한 것은 사실이다. 그러나 그들은 포교하면서 한국인에게 성경을 주지 못하고 교리 서적, 십자가상, 묵주를 주었으며 영세를 베풀었을 뿐이다. 그러므로 1866년 봄에 토마스(Thomas) 목사가 북경에서 중국에 망명한 한국 천주교 신자인 김자평(金子平), 최지혁(崔智赫)과 만나서 성경 토론을 하였는데 그들이 성경에 무식한 것을 보고 놀랐다고 하였다. 1801년 이후 60여 년 동안 천주교 신부들이 성경을 우리말로 번역하여 우리 선민에게 들려주었더라면 우리 선민의 신앙이 반석 위에 세워졌을 것이 아니었을까!

　그러나 이와는 반대로 프로테스탄트 선교사들은 성경 번역에 먼저 착수하였다는 것은 선교의 기본 방침이 옳았다는 것을 증거가 된다. 로스(John, Ross) 목사는 1882년부터 성경 번역에 착수하여 1887년 『예수교 성경 젼셔』를 번역 발간하였다. 뿐만 아니라 일본에서도 미국성서공회에서 이수정(李樹廷)과 합력하여 1884년 마가복음을 번역하였으며, 언더우드(Underwood) 선교사가 일본을 거쳐 내한할 때에 그 마가복음을 들고 왔다. 물론 1832년으로 거슬러 올라가면 독일계 화란 선교사 칼 구츨라프가 군산만에 상륙하여 40일 동안 체류하면서 『주기도문』을 번역하였다는 일화도 있다.

　어찌했든 신교 선교사들이 그들의 공교한 말로보다도 성경을 우리 선민에게 들려주는 것으로 완전한 선교가 된다고 생각한 것은 올바른 선교 정책이라고 높이 평가할 수가 있다. 그리하여 1890년에 성경번역위원회가 조직되어 1900년에는 신약전서를, 1910년에는 구약전서를 완역하여 두 차례에 걸친 축하 예배를 감격스럽게 드렸다.

1890-1910년 사이에 보급된 성경은 7백만 부로 중국에서 50년간 보급된 수량에 해당한다고 한다.

얼마나 놀랍고 자랑스러운 일인가!

따라서 우리나라 교회에서는 1년에 두 차례의 사경회(査經會), 곧 '성경을 상고하는 성회'를 교회마다 개최하였었다.

> 베뢰아 사람은 데살로니가에 있는 사람보다 더 신사적이어서 간절한 마음으로 말씀을 받고 이것이 그러한가 하여 날마다 성경을 상고하므로 그 중에 믿는 사람이 많고…(행 17장).

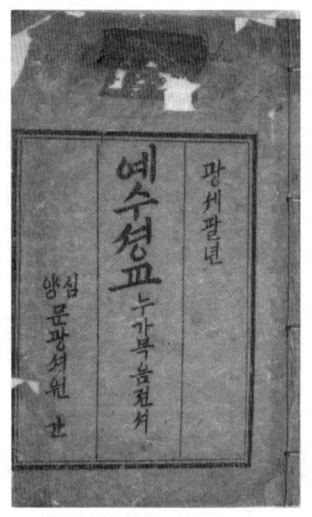

예수셩교 누가복음젼서, 1882년 (영인본)
<출처: 다음 블로그 에덴나무>

제39장

교육대회(敎育大會)

1. 세계주일학교대회 참가

우리나라에 선교사들이 들어와서 어느 곳에서나 교회를 설립하게 되면 주일마다 성경 활용법을 가르치는 일에 힘을 썼다. 우리의 믿음은 성경에 뿌리가 깊이 박힐 때 자라고 열매를 맺기 때문이다. 그리고 부정기적으로 사경회(査經會: 성경을 상고하는 모임)를 열었다. 1907년 9월 조선예수교장로회가 조직되던 해의 통계표에 의하면 주일학교 수가 1,022교로 학생 수는 72,968명이었다. 이 숫자는 그 해의 교회 수와 교인 수를 가리키는데 곧 교인 전체가 주일 오전에는 주일학교 장년부, 유년부에 속해서 성경을 공부하고 오후에야 가족과 더불어 주일 본예배에 참석하여 예배를 드렸다. 이처럼 지교회(支敎會)마다 주일학교가 조직됨에 따라서 전국적, 세계적인 기구에 유대 관계를 맺게 된 것이다.

1907년 5월 18-23일 로마에서 열린 제5회 세계주일학교대회에 윤치호(尹致昊)가 참석하여 실행위원에 선출되었다. 그리고 1910년 5월

19-25일 미국 워싱턴에서 열린 제6회 대회 때에는 윤치호는 실행위원에, 마포삼열 선교사는 명예 부회장으로, 조시원 선교사는 강사로, 특히 이승만(李承晩) 박사도 대표로 참석하였었다.

그런데 이러한 대회에 출석할 때마다 우리나라는 COREA란 명의로, 일본은 JAPAN으로 호명되어 알파벳 순으로 입장할 때에 우리는 일본보다 항상 앞서서 입장하게 되었다. 그러므로 1910년 8월 한일합방 이후 일본은 우리나라를 세계에 소개할 때에 COREA 대신 KOREA로 공문화하게 하였다. 우리나라가 1668년 화란 사람 하멜(Hamel)에 의해 유럽에 소개될 때에 COEREE로, 프랑스에서 『하멜 표류기』를 번역할 때에는 COREE로, 독일과 영국은 COREA로 번역하였다.

그러므로 우리나라가 유럽에 17세기에 소개될 때에 C자를 첫머리로 하였었으나 일본 사람들이 자기들의 첫머리 글자 J에 앞서 C자 순대로 한국대표가 나오지 못하도록 K자를 첫머리 글자로 바꿔치기했다고 풀이되고 있다. 1920년 10월 5-14일 일본서 열린 제8회 대회 때에는 44명이나 참석했었고, 이 대회 후에 세계대회 위원들이 우리나라에 왔다 감으로써 우리나라 교회에 대한 국제적 관심을 더욱 크게 하였다.

2. 국내주일학교대회

1921년 전국주일학교대회가 서울에서 열렸다. 대회 장소로는 YMCA 태화관, 승동교회당이었으며, 참가 인원은 2천여 명이었다. 대회장에는 남궁혁(南宮赫) 목사가 추대되었다. 남궁혁 목사는 우리나라에서 최초로 신학박사 학위를 받았으며, 평양신학교 교수였다. 그리고 계속하여 4년마다 대회가 개최되었다. 1925년 제2회 대회는 서울에서, 1929년 제3회 대회는 평양에서, 1933년 제4회 대회는 대구에서 열렸다. 그런데 이렇게 제4회 대회를 치른 뒤에는 조선총독부의 탄압 때문에 대회가 계속되지 못하였다.

잠시 역사적 상황을 회고해 보면 1934년은 선교 50주년에 해당하며 교회에서는 희년이라 하여 대대적으로 기념 행사가 전국적으로 거행되었는데 이 해가 한국교회의 최고 절정의 해였다.

일본 사람들은 1925년에 서울 남산에 조선 신궁을 세웠으며, 1931년에는 만주 사변을 일으켰으며, 1936에는 중일 전쟁을 일으켜 제국주의 근성을 철저히 나타내고 있었다. 그들은 이러한 침략의 근성을 나타내면서 우리 민족의 민족의식을 말살시키려는 정책을 썼다. 그리하여 신사 참배를 강제하기 시작하였다. 여기에서 1931년 9월 경남노회는 신사 참배를 반대한다는 결의를 하였으며, 1934년 목포 영흥중학교는 신사 참배를 거부하였다 하여 폐교당하였으며, 1935년 숭실학교 교장 윤산온(尹山溫) 박사도 신사 참배를 거부하였다 하여 파면을 당하였다.

마침내 1938년 평양 3崇(숭실전문, 숭실중학, 숭의여중)은 폐교를 당하였고, 그해 9월 총회는 고등계 형사들의 감시 아래서 신사 참배를 결의하는 데까지 이르렀다. 이 사건으로 2백 교회가 폐쇄되고, 2천여 명이 투옥되었으며, 주일에도 오전에만 횟집을 하게 하였고 6처 교회를 1개로 통합하고 종(장로교 1,548개)을 대포 재료로 헌납하고 비행기도 헌납하도록 강요당하였다. 예배당을 동사무소로, 예배당 뜰을 타작, 가마니 치기 장소로 삼았다. 그리고 조선총독부는 한글 교육을 전면적으로 금지하였으며, 일본식으로 창시개명(創氏改名)을 강요하기도 하였다. 이리하여 제5회 대회는 장기간 중단되었다.

3. 31년 만에 열린 5회 대회

1964년 대한기독교교육협회 주최로 31년 만에 제5회 주일학교대회가 이화여자대학교에서 열렸다. 물론 장로교회의 경우에는 1951년 고려파와의 분열, 1952년 기장파의 분열, 1959년 통합 측의 3차의 분열이 있는 뒤였다. 여기에서 합동 측에서는 1968년에, 1972년에, 1974년에, 1976년에 따로 전국주일학교교육대회를 개최해 왔다. 바울은 청년 일군 디모데에게 이렇게 권면하였다.

> 내가 이를 때까지 읽는 것과 권하는 것과 가르치는 것에 착념하라 (딤전 4:13).

제2회 조선주일학교대회
<출처: 전국주일학교연합회>

제40장

부흥 운동(復興運動)

　우리나라의 교회는 민족 수난에 따라서 부흥 운동의 굴곡이 있었다고 본다. 우리 민족은 셈의 후손으로 해 돋는 곳을 향하여 인류의 발상지에서 동쪽으로 뻗어 온 민족이다. 그러므로 첫째로 광명을 사랑하는 민족, 둘째로 용감한 민족인 것은 민족 문화사적으로 입증할 수 있다. 그러나 고구려의 옛 강토인 만주 넓은 땅을 잃어버리고 이 삼천리 반도 강산에 옹기종기 살아가게 되었다.

　그러면서도 이조(李朝) 5백 년 동안 당쟁으로 민족 단합은 깨어지고 위에서부터 아래까지 사리사욕(私利私慾)에만 혈안이 되어 서로 물어뜯으며 세월을 보내다가 마침내 국권을 이방인에게 빼앗기고 남의 종살이를 면치 못하게 되었다. 그러나 하나님께서 우리 민족을 버리지 않으시고 복음의 사신들을 꾸준히 이 땅에 들여 보내사 마침내 교회가 이 땅 방방곡곡에 세워지게 되었다. 민족 수난에 따르는 부흥 운동은 우리 민족에게 산 소망과 용기를 불러일으키게 된 것이다.

1. 1907년의 부흥 운동

1907년 1월 14일, 평양 장대현교회에서 시작된 신년 부흥사경회가 13일째를 맞았다. 황해도와 평안도 등 각지에서 모여든 1,500여 성도가 통성 기도를 드린 뒤 길선주 목사가 강단에 서 설교를 하였다.

"나는 아간과 같은 자입니다.… 나는 1년 전 죽은 친구의 유언을 지키지 못하고 돈을 훔쳤습니다."

길선주 목사는 1년 전 죽음을 앞둔 친구로부터 셈을 할 줄 모르는 아내를 위해 재산을 대신 정리해 달라는 부탁을 받고, 100달러 정도의 돈을 훔쳤다고 고백했다. 이를 시작으로 그날 저녁 600여 명이 새벽 2시까지 남아 회개 기도를 이어갔고 20여 명이 자신들의 죄를 공개적으로 고백했다.

한국 기독교 역사상 가장 큰 부흥으로 일컬어지는 1907년 평양 대부흥은 이렇게 시작됐다. 그해 6월까지 평양 지역에서만 3만 명이 회심했다. 길선주 목사는 1908년 압록강 순회 집회를 마치고 돌아오면서 평양의 뜨거운 감격을 전국 교회와 나눌 수 있는 전도 운동을 구상했다. 1909년 장로교와 감리교는 백만인 구령 운동을 전개했다. 1910년 서울에서 "그리스도인이 되기를 원한다"라며 결신 카드에 이름을 적어낸 사람은 1만3,000명이었다. 그해 9월 서울의 감리교회에서만 3,000명이 세례를 받았다. 평양 대부흥의 도화선은 원산 부흥 운동이었다. 로버트 하디(Robert Hardin) 선교사는 캐나다 출신으로 토론토의과대학을 졸업한 뒤 1890년 9월 한국에 도착했다. 부산, 원산에서 의료와 전도 활동을 펼쳤으나 이렇다 할 성과를 거두지 못했다.

1903년 8월 24일부터 30일까지 원산 집회에 강사로 참석해 교인들

앞에서 자신의 죄를 고백했다. 백인이라는 인종적 우월감, 의사라는 교만함, 성령 충만하지 못함으로 아무런 사역의 열매를 맺지 못했다며 회개했다. "하디 선교사로부터 시작된 부흥 운동은 한국교회를 윤리적으로 한 차원 끌어올렸다. 당시 한국 성도들은 하디의 회개를 통해 처음으로 죄의 확신과 회개가 실제 경험 속에서 무엇을 의미하는지 알게 되었다. 하디의 회개 직후 양반 출신인 진천수라는 청년이 회중 가운데서 일어났다. 그는 "나는 병든 아내를 미워했고, 술을 마시며 방탕한 생활을 했다"라며 "아내가 병들어 죽은 후에는 이를 수습하느라 친구와 명절을 함께 보낼 수 없어 아내를 저주했다"라고 죄를 고백했다. 진실한 죄의 고백은 큰 울림을 남겼다.

1904년 1월 원산에서 열린 교파별 연합기도회, 1906년 8월 평양선교사 사경회 등 곳곳에서 회개가 잇따랐다. 원산과 평양 부흥 운동을 통한 죄의식의 각성과 실질적 회개는 일상생활에서도 큰 변화를 낳았다. 부흥은 개개인의 영적 갱신 운동으로 그치지 않고 윤리 및 인권의식 제고와 사회개혁으로 이어졌다. 1907년 평양대부흥 전후로 학교 설립이 급증해 1909년까지 전국에 950여개의 기독교 학교가 세워졌다. 한국교회는 당시 심각한 사회 문제였던 음주 문제를 근본적으로 해결하기 위해 전국적인 금주 운동을 전개했다. 당시 기독교인이 된다는 것은 곧 술을 끊는다는 것을 의미했다.

한국교회는 하나님의 자녀로서 동등하게 대우받지 못하던 여성들의 인권과 지위 향상에도 나섰다. 선교사들은 특히 건강한 가정을 파괴하는 축첩 제도를 폐지하기 위해 "하나님께서 만드신 일부일처제를 지켜야 한다"라고 설득했다. 당시 여성의 지위는 남성을 위한 수단이나 도구에 불과했고, 어떠한 법적 보호도 받을 수 없었다. 남성들은 여러 명의 첩을 두는 것이 허용됐을 뿐 아니라 이를 부와 권력의 상징처럼 여겨졌다.

선교사들은 첩을 데리고 살거나 다른 여자와 함께 지내는 것을 정욕 때문이라고 지적하고 하나님을 바로 믿으라고 권면했다. 남성들에게는 정결을 회복하고 가정을 사랑하도록 교육했다. 당시 조선 사회에는 조혼 풍습으로 인해 강제혼, 거래혼 등이 빈번했고 여성은 교육 기회와 사회적 지위를 박탈당했다.

한국교회는 이를 방지하고자 강제혼 금지, 남녀의 교육기회 평등, 조혼 금지 등을 주장했다. 북감리교 선교사 해리스(M. C. Harris)는 1908년 볼티모어에서 열린 북감리교 총회에서 "부흥 운동의 여파로 수천 명이 함께 기도하고 말씀을 연구하면서 많은 술꾼이 술을 과감히 끊고 도박꾼, 오입쟁이 등이 그리스도 안에서 새사람이 됐다"라고 보고했다.

『조선예수교장로회 사기(史記)』 상권에 이렇게 기록되어 있다.

> 1907년 1월에 평양 장대현교회가 부흥하니라. 선시(先是)에 원산 거주 남감리 선교사 하리영(河鯉泳)이 평양에 와서 장·감 양파 선교사를 회집하여 부흥회를 열었는데 성령의 감동을 받아 각기 죄를 자복하는 중 이길함(李吉咸, Graham Lee)이 특별히 은혜를 받았다. 그는 평양교회 제직을 회집하여 1주일간 매일 밤에 요한일서를 교수하는 가운데 제직들이 은혜 받기 시작하였으며, 그 해 10월에 미국인 박사 하웰드, 매그닉, 존슨톤이 동 교회에 와서 영국 헬스 지방과 인도국교회에서 성령의 은사 받은 일을 설명하고, 청중을 향하여 성령 받기를 원하는 자는 기립하라 하매 길선주(吉善宙)가 즉시 기립하니 하웰드 박사가 예언하기를 이 땅에도 성령이 장차 강림하리라

하더니 이 해 1월 평안남도 사경회 때에 각 학교에서도 성령 받기를 위하여 기도하더니 김찬성(金燦星)이 인도하는 숭덕(崇德)학교 기도회에서 3백여 명 학생 일동이 회죄(悔罪) 통곡하니 이 일이 사경회에 전파되고 길선주가 성신 도리를 교수하는 중 채정민(蔡廷敏)을 위시하여 사경회 각 반이 회죄 통곡하였고, 선교사 이길함이 매일 밤 예배 인도 중 홀연히 급한 바람이 임하는 것 같더니 만당 청중이 성신의 감동하여 각기 죄를 자복하며 통곡하니라.

이것이 1907년 부흥 운동의 시초였다. 우리나라는 1905년 을사(乙巳) 보호조약에 의해서 외교권을 일본에 빼앗겼다. 대한제국의 운명은 바람 앞의 등불과 같은 존재였다. 당쟁으로 파열된 민족 양심이 성신 도리에 의해서 개조되어야 민족 부흥이 일어날 수 있는 것이다. 1910년 우리나라는 강제로 일본에 합병되었다. 그리하여 교회는 이 해에 백만명 구령 운동(Million souls for Christ)을 전국적으로 전개하여 평양서는 천 명이 10만 일의 전도일을 작정하였고 마가복음 70만 권이 보급되었다.

2. 1920년대의 백년 전진 운동

1919년 3월 1일 우리의 민족 대표는 독립선언서를 발표하여 독립국임을 세계에 선포하였다. 그러나 미국의 민족자결 원칙(民族自決原則)은 패전국에 예속되어 있던 약소 민족에게만 적용되었고, 전승국의 하나인 일본에 합병되어 있던 우리에게는 적용되지 않았다. 독립은 즉시 이루어지지 않았으나 독립 정신은 되살아났으며, 줄곧 항일 운동은 계속되었다. 그러나 국내에 있는 우리 겨레는 실망, 낙담, 자포자기하는 경향이 짙어졌다. 이러한 상황에서 교회는 백년 전진 운동을 전개하였다. 그뿐만 아니라 하나님께서는 김익두(金益斗), 이기선(李基宣) 목사에게 신유(神癒)의 능력을 주셔서 하나님은 지금도 살아 계시다는 확신을 불러일으켰다.

3. 1930년대의 심층화(深層化) 운동

조선총독부는 1925년 서울 남산에 조선 신궁을 세웠다. 조선예수교장로회 경남노회는 1931년 9월 노회에서 신사 참배 반대를 결의하였다. 일본은 1932년에 만주국을 설립하였으며, 1936년에는 중일 전쟁(中日戰爭)을 도발하였다. 우리 민족과 교회에 수난의 구름이 끼기 시작하였다. 이러할 때 내부적으로는 이용도 일파의 이단 종파가 일어나 신자를 미혹하였으며, 친일파들은 신사 참배 반대하는 이들을 제명, 고발하였으며, 1938년 9월 조선예수교장로회 제27회 총회는 신사 참배를 결의, 실행하였다. 기록에 의하면 2백여 교회가 폐쇄되었고, 2천여 명이 투옥되었으며, 주일 집회는 오전 중으로 제한을 받았다. 예배당 6처를 1처로 통합하고, 예배당 종을 대포알 제조로 헌납시키게 하였다.

그러나 이기선, 주기철, 최봉식, 채정민, 주남선, 한상동, 이원영(李源永) 목사 등 전도사, 장로 등 백여 명이 끝까지 진리를 수호하다가 주기철, 최봉석 목사, 박관준 장로는 순교하였고, 그 밖의 분들은 병보석으로, 또는 해방 후에 승리의 출옥을 하였다. 이 인물 가운데 이기선 목사는 1915년 평양신학교를 졸업하고 경남 울산읍, 김해읍에서 10년간 목회하였다.

1930년 이후에는 평북 의주(義州) 지방에서 38년까지 목회하면서 젊은 일군들을 길렀다. 그의 젊은 제자들이 신사 참배에 강경히 반대하여 순교(박의흠, 서정명 전도사), 투옥(김린희 전도사 등)되었으며, 생존자로는 김창인(金昌仁), 김정덕 목사 등이 있다. 1945년 5월 평양지방법원 예심 종결서에 의하면 이 목사에게는 치안유지법 위반, 불경죄, 보안법 위반, 육군 형법 위반이란 죄목이 걸려 있었다. 그는 1930년대에 있어서 진리 수호, 신앙의 심층화를 위해서 피나는 노력을 한 유일한 인사라고 평가할 수 있다.

해방 후 각종 부흥 운동은 신앙의 심층화 운동이라기보다도 평면(平面) 확대주의로 기울어지는 경향이 있었다. 우리는 아직도 원시적 샤머니즘에 젖어 있는 민족이므로 성경을 상고하는 집회로 질적 변화, 말씀의 생활화로 심층화가 바람직한 부흥 운동이라고 본다.

4. 한국 기독교 100주년 선교대회

1984년 8월 15-19일. 서울 여의도광장에는 교단을 초월해 연인원 400만 명의 개신교인이 모였다. 강단 중앙에는 대형 십자가가 걸렸고 "보라 내가 새 일을 행하리라"(사 43:19)는 표어가 붙었다. 태극마크 중앙에 자리를 잡은 십자가에서 부흥의 불길이 타오르는 마크는 행사가 어떤 목적을 지니고 있는지 보여줬다. 드넓은 광장을 가득 메운 수십만 명의 기도 소리는 마치 거대한 파도처럼 웅장했다. 한국 땅에 개신교 신앙이 전래한 지 100년을 축하하는 '한국 기독교 100주년 선교대회'의 진풍경이었다.

　매머드급 선교대회의 시작은 1980년 12월 4일로 거슬러 올라간다. 한국교회 대표 지도자로 손꼽혔던 한경직(영락교회 원로), 강원용(경동교회 원로), 지원상(기독교한국루터회 전 총회장), 박치순(해방교회 원로) 목사 등 복음주의와 에큐메니컬권, 진보와 보수 교계를 아우르는 교계 지도자 10여명이 서울 YMCA 회관에서 선교 100주년기념사업 범교단 협의체 구성을 위한 간담회를 했다. 그리고 "1885년 언더우드 아펜젤러 선교사에 의해 시작된 한국 개신교 100년 역사를 기념하고 감사와 회개, 결단의 자리를 만들어야 한다"라는 데 입을 모았다. 개신교 20개 교단, 26개 단체가 참여한 가운데 다음 해 1월 한국 기독교100주년기념사업협의회 총회를 개최했다. 총재에는 한경직 목사가 추대됐다.

　4년간 준비 끝에 열린 선교대회에선 한경직 목사를 비롯해 김준곤, 강원용, 조용기, 이호문, 신현균, 피종진, 이만신 목사 등 내로라하는 유명 목회자들이 설교했다. 특히, 마지막 날에는 세계적 부흥 전도자 빌리 그레이엄 목사가 등단해 "영원히 변하지 않는 것"이라는 메시지를 전하며 예수 그리스도를 인격적으로 영접할 것을 도전했다. 통역은 극동방송 이사장 김장환 목사가 맡았다.

　강단에선 민족과 교회에 베푸신 하나님의 은총과 축복에 감사드리고 한국교회에 주어진 민족 구원의 사명을 감당하지 못하고 무사안일에 빠진 지난 날의 잘못을 회개하는 기도가 터져 나왔다. 그리고 한국이 세계 선교를 책임지는 민족으로 나서자는 메시지가 선포됐다.

　첫째 날 '감사와 회개의 밤'을 시작으로, 둘째 날 '화해와 일치의 밤,' 셋째 날 '교회 성장과 교회 갱신의 밤,' 넷째 날 '민족 통일과 평화의 밤'으로 성회를 가졌다. 마지막 날 100만 명이 모인 예배에서는 '한국

복음화와 세계 선교를 위해' 간구했다. 참석자들은 분열의 역사를 넘어 화해의 사도로서 민족 화합, 평화 통일의 사명을 다하고 교회 갱신의 기치를 높여 선교 2세기로 나아간다는 교회상을 선포했다.

김준곤 목사는 당시 "선교 100년사의 감사와 회개와 헌신"이라는 설교에서 "교회 싸움에 경관들이 동원되고 폭력·폭언 파당 싸움이 터지면 어김없이 국난이 일어나곤 했다"라면서 "교권 싸움을 그만두고 하나 되어 사랑의 적극적인 사회적 실천을 해야 한다"라고 강조했다. 그는 "여호와 하나님을 민족의 하나님으로 삼고 예수 그리스도를 민족의 주로 삼으며 성령이 우리 민족 마음마다 역사하고 성경은 우리 민족의 신앙과 행위의 표준이 되게 하자"라고 선포했다.

선교대회장에는 LA 올림픽 금메달리스트 유인탁(레슬링) 씨 등 크리스천 선수들이 등장해 간증했다. 정동제일교회, 광림교회, 여의도순복음교회, 영락교회 등 대표적 교회에선 교역자, 평신도, 청년, 여성, 해외 등 분과별 선교대회가 열렸다. 역사적인 대회는 박치순 목사의 폐회 선언으로 막을 내렸다.

대회는 '사랑의 실천 운동'으로 승화됐다. 시각장애인 무료 개안수술 전문병원(현 실로암안과병원)과 사랑의 헌혈 운동, 불우아동 결연 사업 등이 이어졌다. 선교대회 당시 사무총장을 맡았던 강병훈 한국 기독교100주년기념사업협의회 이사장은 "한국선교 100주년을 축하하고 지난 역사를 정리한 선교대회를 통해 교계가 갈등과 반목의 상황에서 한마음이 됐다"라며 "특히 복음을 전해 준 서구 선교사들에게 감사의 뜻을 표하고 양적 성장에서 나아가 사랑실천 운동을 통한 성숙을 도모하고 민족 통일과 세계 선교의 방향성을 모색하는 자리였다"라고 평가했다.

1984년 당시 한국교회는 성장기에 있었고 사회적으로도 호의적 분위기가 있었기 때문에 선교대회가 축제 분위기에서 열렸다. 그러나 지금은 개신교가 사회적 신뢰도를 잃고 침체기와 정체기에 있는 만큼 매우 중요한 시기에 와 있다고 볼 수 있다. 복음의 본질은 사랑과 정의, 평화를 행함으로 사회 정의와 세계 평화에 기여하는 데 있다.

한국 기독교 100주년 선교대회
<출처: 한국컴퓨터선교회>

제41장

교회 일치 운동

1. 기구적 일치(機構的 一致)

특히, 1948년 이후 세계교회는 하나의 교회 운동을 전개하고 있는 것이 사실이다. 그러므로 남인도에서 이미 감리교, 장로교 등이 연합교회를 형성하였다. 이보다 앞서 1925년에는 캐나다에서 장로교, 감리교, 회중교회가 캐나다연합교회를 형성하여 에큐메니컬교회가 이루어졌던 것이다. 1926년 우리 조선예수교장로회 총회는 캐나다장로교로 잔류하고 있는 장로교 선교사들과 손을 끊고 캐나다연합교회와 유대 관계를 맺어 1956년까지 내려왔다.

그러나 그들은 1956년 이후 에큐메니컬교회로서 본색을 나타내어 예수교장로회 총회와의 관계를 끊고 기독교장로회 총회와 유대 관계를 맺고 말았다. 기독교장로회는 1953년 그들의 교단 기치(旗幟)를 선명히 하였다. 세계 에큐메니컬교회와의 노선을 같이 하기로 천명한 바가 있다. 그러므로 기독교장로회도 이제는 베일을 벗고 에큐메니컬교회로서 재정비 단계에 있다고 본다. 1959년 제3차분열 때에 통합 측이나 합동 측은 WCC를 탈퇴하기로 결의하였었으나 1969년 통합 측은 WCC 복귀를 결의하고, WCC에 대표를 파송하였다. 오늘날 세계교회는 일치 운동을 지향하고 있느니만큼 WCC 기구 안에서 또는 NCC 가맹교단 사이에 연합교회 운동을 과감히 전개할 필요가 있다고 본다. 6·25동란 이후 잡다한 군소 교회들이 물밀듯 이 땅에 들어와서 오늘날 교회의 난맥상을 이룬 것은 부끄럽기조차 하다.

어떻게 불신자들에게 복음을 전할 것인가?

진실한 교회조차 샤머니즘화의 경향을 띠어 가고 있으며 유사 종파의 첩자들이 교회 깊숙이 들어와 도사리고 있다. 그러므로 기구적 일치 운동이 바람직하다.

2. 영적 일치 운동

우리는 예수께서 하신 최후의 기도에서 '하나가 되는 일치 운동'을 발견할 수 있다.

> 거룩하신 아버지여, 내게 주신 아버지의 이름으로 저희를 보전하사 우리와 같이 저희도 하나가 되게 하옵소서. 내가 저희와 함께 있을 때에 내게 주신 아버지의 이름으로 저희를 보전하와 지키었나이다 (요 17장).

이 얼마나 간절한 소원이며, 또 우리가 마음에 간직해야 할 교회관인가! 그러므로 바울 사도는 목회 서신의 하나인 에베소에서 이렇게 강조하였다.

> 그 때에 너희는 그리스도 밖에 있었고 이스라엘 밖의 사람이라 약속의 언약들에 대하여 외인이요, 세상에서 소망이 없고 하나님도 없는 자이더니 이제는 전에 멀리 있던 너희가 그리스도 예수 안에서 그리스도의 피로 가까워졌느니라. 그는 우리의 화평이시라. 둘로 하나를 만드사 중간에 막힌 담을 허시고… 새 사람을 지어 화평하게 하시고 또 십자가로 이들을 한 몸으로 하나님과 화목하게 하려하심이라(엡 2장).

그러므로 바울은 다시 강조하고 있다.

> 모든 겸손과 온유로 하고 오래 참음으로 사랑 가운데서 서로 용납하고, 평안의 매는 줄로 성령의 하나되게 하신 것을 힘써 지키라(엡 4장).

오늘날 우리는 조직적 일치보다도 성령으로 하나 되게 하시는 역사를 기다려야 한다. 바울은 다시 영적 일치를 강조한다.

> 우리가 다 하나님의 아들을 믿는 것과, 아는 일에 하나가 되어 온전한 사람을 이루어 그리스도의 장성한 분량의 충만한 데까지 이르리니 이는 우리가 이제부터 어린 아이가 되지 아니하며 사람의 궤휼과

간사한 유혹에 빠져 모든 교훈의 풍조에 밀려 요동치 않게 하려 함이라.… 그는 머리니 곧 그리스도라 그에게서 온몸이 각 마디를 통하며 도움을 얻음으로 연락하고 상합하여 각 지체의 분량대로 역사하여 그 몸을 자라게 하여 사랑 안에서 스스로 세우느니라(엡 4장).

이 얼마나 영적이며 이상적인 일치 운동의 원리인가?
우리는 그러한 시대가 다가올 것을 기다리며 묵묵히 기도할 따름이다.

제42장

구제 활동

1. 월드비전

　인천 상륙작전이 성공한 직후인 1950년 10월 미국 「크리스천 다이제스트」 특파원 로버트 윌라드 피어스 목사가 한국에 왔다. 그는 거제도의 포로수용소에서 성경을 읽다가 "하나님의 마음이 아프게 하는 것들이 나의 마음도 아프게 하소서"라고 기도했다. 그는 피비린내 나는 전선의 곳곳을 다니며 전쟁의 참상을 세계에 알리고, 부모를 잃은 아이들과 남편을 잃은 아내를 도와 달라고 호소했다. 이 특파원이 바로 월드비전의 설립자 피어스 목사이다.

2. 컴패션

　1·4후퇴와 3·8선 인근의 치열한 공방으로 전쟁의 포화에 지쳐가던

52년 겨울 또 한 명의 미국인 목사가 한국을 방문했다. 미군 병사를 위로하는 집회를 인도하러 온 에버렛 스완슨 목사는 서울의 거리에서 추위를 피하기 위해 쓰레기 더미에 숨었다가 죽어가는 어린이를 목격했다. 귀국 비행기 안에서 "이 아이들을 위해 무엇을 할 것인가"를 기도한 스완슨 목사는 미국 전역을 돌아다니며 한국 어린이를 살리자고 외쳤다. 스완슨 목사가 설립한 단체의 이름은 마태복음 15장 32절의 "내가 무리를 불쌍히(compassion) 여기노라"는 말씀에서 따온 '컴패션'이다.

3. 기독교아동복리회(CCF)

한국의 근대적인 민간 구호기관의 역사는 기독교에서 시작됐다. 한국의 구세군 시설을 지원한 미국 기독교아동복리회(CCF) 한국지부가 설립된 1948년부터 잇따라 미국 기독교인들이 한국을 돕기 시작했다. CCF 한국 지부는 현재의 초록우산어린이재단이다. 어린이재단은 55년 한국에서 처음으로 어린이 전문병원을 설립했고, 63년에 세운 아펜셀러어린이회는 오늘날 지역사회복지관의 효시가 됐다.

한국에서 활동한 외국 NGO들의 지원은 53년부터 70년까지 현금을 제외하고 양곡 헌옷 의약품 기타 생필품 등 모두 115만 7,000t으로 약 2억 5,000만 달러의 규모라고 한다. 1970년대 초까지도 해외에서 보내온 원조금이 보건복지부 예산보다 더 많았다. 후원자와 어린이를 일대일로 이어주는 결연 사업도 한국에서 시작됐다. 51년 다시 한국을 찾은 월드비전의 피어스 목사는 전쟁으로 남편을 잃은 백옥현 씨와 4명의 딸을 부산에서 만났다.

남편은 피어스 목사와 함께 서울사대 부속중학교에서 성경공부반을 인도했던 김창화 교사로, 미처 피란을 가지 못하고 서울에 남아 있다가 숨졌다. 피어스 목사는 백 씨의 가족에게 매달 25달러씩 생활비를 도와 주겠다고 약속했다. 이렇게 시작된 결연 사업은 이제 한국인이 제3세계의 어린이들을 돕는 일로 전환됐다. 이제는 집을 지어 주는 해비타트, 떡과 복음을 함께 전하는 기아대책 등 다양한 특징과 개성을 가진 NGO들이 생태계를 형성하고 있다.

국제 단체가 아닌 한국의 토착 NGO들도 다양하게 성장했다. 이웃사랑회로 출발한 굿네이버스는 올해 창립 23년을 맞았고, 북한 동포를 돕기 위해 시작된 구호단체 선한사마리아인회는 국제 NGO 굿피플로 성장했다. 태안 유조선 사고를 계기로 결성된 한국교회 희망봉사단, 한국기독교교회협의회와 회원 교단이 창립한 한국 기독교사회봉사회 등 수많은 단체가 국내뿐만 아니라 해외에까지 도움의 손길을 뻗치고 있다.

기독교아동복리회(CCF)
<출처: 초록우산어린이재단>

제43장

한국교회와 해외 선교 운동

1. 제주도 선교

1907년 장로교 최초로 목사 안수를 받은 7인 중 한 명인 이기풍 목사는 이듬해 복음의 불모지 제주에서 선교를 시작했다. 제주 선교는 박해의 연속이었다. 제주 특유의 미신과 우상으로 이 목사의 전도 활동은 처음부터 난관에 부딪혔다. 하지만 이 목사 자신이 과거 미국 선교사에게 돌을 던졌던 '불량배'였음을 상기하고 묵묵히 선교 사역을 이어 갔다.

이기풍 목사는 굴욕을 당하고 매를 맞기도 했고, 집단적인 구타를 당하기도 했지만, 전도자의 길을 갔다. 그 결과 1908년 제주도에 최초의 교회가 설립되었는데, 그것이 한때 성내교회라고도 불린 성안교회의 시작이었다. 제주 선교는 미신과 우상의 땅을 복음으로 변혁시키는 계기가 됐고 이후 본격적인 해외 선교를 위한 터를 닦았다.

2. 중국 선교

1913년 11월 조선예수교장로회는 중국 산둥성에 최초로 해외 선교사를 파송했다. 박태로, 김영훈, 사병순 목사 등이 선교 여정을 시작했다. 집 한 채를 빌려 살면서 중국어 공부를 시작해 1년 만에 3명의 수세자(受洗者)와 40여 명의 신자를 확보했다. 그러나 박태로가 풍토병에 걸려 1916년 귀국한 뒤 사망하고, 다른 두 사람도 본국 교회의 허락 없이 선교지를 이탈해 돌아왔다.

장로교는 이듬해 후임 선교사를 파견하고 한국인 최초의 의료선교사 김윤식도 보낸다. 김윤식이 설립한 계림의원은 1921년 환자가 6천 명으로 늘어날 정도로 신임을 얻었다. 1931년에는 한국교회의 첫 여선교사인 김순호도 중국에 파견됐다.

산둥성 선교는 타문화권 선교의 모범 사례로 꼽힌다. 한국 선교사들이 중국교회 소속으로 활동하면서 현지인들의 입장을 존중했다는 점이 높은 평가를 받는다. 10년 동안 40개의 교회를 세우고 3개 노회(지방회)를 조직하는 성과를 냈다.

'산둥성 선교'는 5대 선교사였던 방지일 목사가 57년 중국 공산당에 의해 강제 출국당할 때까지 집중했다. 한국교회는 미국 선교부, 중국교회와 협력하면서 44년간 의료와 교육 사업 등에 전념하면서 공자와 맹자의 땅을 변화시켰다. 한국 기독교의 본격적인 첫 해외 선교라 할 수 있다. 당시 선교사 찰스 클락은 "실로 세계에 유례가 없는 경이적 사실"이라고 놀라워했다.

미국의 윌리엄 커(공위량) 선교사는 한국 선교사에 대해 "그들은 복음 외에는 아무것도 가진 것 없이 선교지로 나아갔다"라며 "삶을 드리고 단순한 복음 메시지를 주었다"라고 평했다. 이러한 노력으로 19개의 현지 사립학교가 생겨 436명의 학생을 상대로 기독교 교육을 했고 40년대 중반까지 35개 교회와 세례 교인 1,716명의 교세를 가질 정도로 산둥성 선교는 성공적이었다.

3. 일본 선교

한국교회는 유학생 등 흩어진 한인에 대한 동포애적 돌봄의 목적으로 선교사들을 줄줄이 파송했다. 같은 해 일본 도쿄로 유학생 선교를 위해 한석진 목사를 파송했고 1909년 러시아와 만주 일대 한인 동포 24만 명을 위해 최관흘 목사를 파송했다. 이들은 한국인 '디아스포라'와 함께 일제 강점기 시절 조국 독립을 위해 신앙으로 하나가 됐다.

4. 해방 후 선교사 파송

해외 선교의 성공적 경험은 해방 후 빌리 그레이엄 전도집회(1952·1956), 밥 피어스 목사의 부흥 운동(1955)에 이어 복음화 전도 운동(1965), 70년대 부흥 운동과 만나면서 선교의 대도약을 맞이했다. 해방 후 한국교회는 최찬영, 김순일 선교사 등을 태국에 파송하면서 해외 선교에 불을 붙였다. 이후 60년대부터 폭발적 선교의 성장을 보여 64년부터 78년까지 매년 평균 3.3명의 선교사가 해외로 파송됐고 89년까지 10년간은 연평균 46.6명의 선교사를 파송했다.

그 결과 지난해까지 169개국에 2만 4,742명을 파송할 수 있었다. 한국교회 선교의 도약과 함께 한국교회 영성의 '세계화'도 진행됐다. 새벽 기도와 제자 훈련 모델은 현지 교회가 '선교하는 교회'로 자라는 데 영적 힘을 공급했다. 여의도순복음교회의 성령 운동과 구역 조직 역시 '홈 셀 그룹' 등으로 번역되면서 현지 교회의 조직을 강화하는 데 기여했다.

가나안농군학교는 91년 방글라데시 쩔마리마을에 처음으로 전해지면서 필리핀, 미얀마 등지 빈민들에게 희망의 싹을 심었다. 한국세계선교협의회 한정국 사무총장은 "한국교회의 선교는 한국 역사에 섬김과 봉사의 정신을 심었다"라며 "한국교회는 이 같은 정신으로 타문화권 선교에 힘써야 한다"라고 말했다.

시기적으로 한국교회 최초의 해외 선교사는 1902년 하와이에 파송된 홍승하 전도사이다. 그러나 다른 문화권을 대상으로 한 본격적인 해외 선교로는 1913년 장로교 총회의 중국 선교사 파견이 꼽힌다. 그해 11월 박태로, 김영훈, 사병순 세 목사는 산둥성 라이양에 도착한다.

한국 선교사의 절반 정도가 특정 나라들에 몰려 있는 등 선교사 쏠림 현상이 여전한 것으로 드러났다.

5. 한국 선교사 파송 현황

한국세계선교협의회(KWMA)가 발표한 '2012년 한국 선교사 파송 현황'에 따르면 2011년 말 현재 169개국에서 사역하는 한국 선교사 2만 5,665명(이중 소속 포함) 가운데 중국, 미국, 필리핀, 인도, 태국 등 10개국에 파송된 선교사가 전체 선교사의 52.9%를 차지하는 것으로 나타났다. 특히, 선교사 파송 1위국인 중국에만 전체의 15.7%인 4,039명이 나가 있는 것으로 집계됐다. 파송 선교사 수는 2011년에 비해 1411명 늘어났으나 나라별 편중 실태는 여전히 개선되지 않은 것이다.

또 복음화 비율이 낮은 것으로 분류된 88개국에 파견된 한국 선교사는 지난해 1만 4,995명이었으나 이들 가운데서도 59.6%인 8,940명이 중국, 일본, 태국 등 7개국에 집중됐다. 나머지 81개국에는 6,055명이 파송됐다. 이들 7개국에는 나라당 평균 1,277명의 한국 선교사가 있는 반면 82개국에는 나라당 75명에 불과했다.

국내에 파송된 선교사 수도 1,690명으로 비교적 많았다. 이는 선교본부 행정 및 동원, 순회 선교사뿐 아니라 외국인 노동자와 유학생, 북한 이탈 주민을 대상으로 선교하는 사역자들이 포함됐기 때문이다.

선교사들이 일부 나라에 몰리는 것은 선교사 박해 여부와 비자 문제, 자녀 교육 여건, 선교 전략 부재 등에 따른 것으로 이를 해소하기 위해서는 현지 교회와의 전략적 교류 등 선교사 재배치를 위한 실효 있는 마스터플랜이 필수적이란 지적이다.

한정국 KWMA 사무총장은 "선교사도 사람이기 때문에 종교 탄압이 가혹하거나 자녀교육 여건이 열악한 지역은 선호하지 않을 수 있다"라며 "미전도 종족과 지역으로 가는 '전방 개척 선교'를 더 강조할 필요가 있다"라고 말했다.

이를 위해 KWMA는 2030년까지 전 세계 미개척 지역에 한국 선교사 10만 명을 파송하는 '타깃2030'을 지난해에 이어 계속 추진하겠다고 밝혔다. 한 사무총장은 "한국 선교사들이 선교지에서 엄청난 중복 투자와 과다 경쟁에서 벗어날 수 있도록 현지 교회와 선교사가 상부상조하는 메커니즘을 개발하고 교회와 선교사가 적은 26개 권역 전방 지역에 지역과 종족, 사역을 분담해 선교사를 파송하는 CAS(Comity Adoption Specialization) 전략을 실행하겠다"라고 말했다.

한편 선교사를 가장 많이 파송한 교단 선교부와 선교 단체는 전년에 이어 대한예수교장로회 합동 선교부인 총회세계선교회(GMS)와 한국대학생성경읽기선교회(UBF)이다. 한국 선교사의 주요 사역은 교회 개척, 제자 훈련, 캠퍼스 개척, 교육, 복지·개발, 선교 동원 순으로 조사됐다.

6. '세계 선교 주역'의 명암

해외에 파견된 한국인 선교사의 정확한 숫자는 파악하기 어렵다. 교단과 선교 단체, 개별교회 등 여러 경로에서 파견되기 때문이다. 한국세계선교협의회는 2012년 해외 선교사를 169개국 2만 4,700여 명으로 추산한다. 한국선교연구원도 2만 명 이상이 넘는 것으로 보고 있다. 2013년에 1,000여 명 증가한 2만 5,700명에 이른다. 1980년에 100명, 1989년 1천 명, 2002년을 전후해 1만 명대를 돌파한 데 이어 초고속 성장을 계속한 것이다.

하지만 선교계 안팎에서는 언제까지 수적인 증가에만 도취해 있을 것이냐는 회의론이 많다. 해외 선교사 파송 101년의 역사를 가진 한국교회가 양적 성장보다는 질적 차원에서의 변화가 더 시급하다는 인식이다.

파견 지역을 종교권별로 보면 기독교권 24.3%, 이슬람권 23.2%, 공산권 19.4%, 불교권 13.1% 등이다. 대륙별로는 47.3%, 유라시아 14.6%, 북미 9.3%, 아프리카 7.7%, 라틴아메리카 5.8% 등이다.

한국 선교사들은 교회 개척과 제자 훈련, 교육 등을 역점 사업으로 삼는다. 또 복지, 선교 행정, 문화·스포츠, 어린이·청소년, 외국인 근로자, 성경 번역, 상담 등에도 주력하고 있다.

그러나 169개국에 파견된 선교사의 50% 이상이 중화권과 미국을 비롯한 상위 10개국에 분포하는 특정 지역 쏠림 현상은 문제로 지적된다. 또 선교사 교육 부족, 양적 성장의 부작용으로 생겨난 사역의 질 저하, 사후평가 소홀, 서구 선교 답습 등도 개선이 필요한 점으로 꼽힌다. 한국 해외 선교의 가장 큰 문제는 공격적 선교다.

2007년 아프가니스탄 단기 선교팀 피랍 사태와 2000년대 특정 선교 단체를 중심으로 한 중동·중앙아시아 국가 내 평화 행진 등이 대표적 사례다. 이런 일이 불거질 때마다 쏟아져 나오는 부정적 반응은 개신교와 개신교의 선교 방법에 대한 반감을 적나라하게 보여 준다. 초대형교회의 물량주의적 대규모 단기 선교도 현지인들에게는 공격적인 선교 양상으로 비치기 쉽다.

7. 선교 방향 제시

해외 선교가 성과를 거두려면 양적인 성장 못지않게 질적 성숙을 키워야 한다는 견해가 많다. 전문가 양성을 통해 소수의 지도자에게 업무가 지나치게 집중되는 현상을 극복해야 한다는 것이다.

현지인들에게 우월감을 느끼지 않고 동등한 입장에서 협력하도록 선교지 문화에 대한 훈련을 강화하는 일도 시급하다. 또 선교사 수가 많지 않아도 순수하고 진지했던 과거의 선교 정신을 회복하고, 선교사 윤리

기준을 강화해 헌신에 필요한 인격과 실력을 검증해야 한다는 목소리도 크다. 무엇보다 제대로 된 선교를 위해선 신앙의 기본 정신으로 돌아가는 게 중요하다고 전문가들은 말한다.

> 선교의 원천적인 근거는 하나님의 사랑이다. 복음은 말로 전해지는 것일 뿐 아니라 삶과 행위로 행해지는 것이다. 상식과 예의, 상대를 배려하는 자세를 갖고 복음을 전한다면 진정성과 설득력이 훨씬 커진다.

21세기 한국 기독교는 내부적인 양적 성장과 함께 해외 선교에도 힘을 쏟아 미국 다음으로 가장 많은 선교사를 내보내면서 '세계 선교의 주역'으로 떠올랐다. 그러나 이 과정에서 적지 않은 문제점도 드러냈다. 대표적인 것이 양적 성장을 따라가지 못하는 선교의 질과 함께 공격적 선교를 둘러싼 논란이다. 교회 안팎에서는 합리성과 상식, 상대에 대한 배려를 토대로 진정한 신앙에 근거한 선교 문화를 정착시켜야 한다는 조언을 내놓고 있다.

그동안 한국교회는 선교사 파송을 지나치게 강조하는 바람에 전략과 정책을 배제한 채 파송 단체나 교단의 이해 관계, 경쟁 구도 속에서 선교사를 보낸 측면이 있다. 이 때문에 중복 투자와 선교사 쏠림 현상 등은 고질적 문제로 지적돼왔다. 실제로 지난해까지 선교사 2만 4,000여 명을 파송하고도 절반 이상이 10개 국가에 쏠려있는 편중 현상을 보였다. 이런 측면에서 올해는 미전도 지역을 향한 관심과 파송 노력이 요청된다.

한 사무총장은 "선교사와 교회가 없는 '프런티어' 지역으로 선교사가 전진 배치되는 것은 거부할 수 없는 흐름이 됐다"라며 "선교사들은 언제라도 자신이 재배치되는 것에 유연할 수 있어야 한다"라고 말했다. 현재 대표적 미전도 지역은 이슬람권과 서부 아프리카 불어권 지역 등이다.

제8차 한인세계선교대회
<출처: KWMC>

제5부

한국교회의 문제와 전망

제44장 교파의 분열과 전망
제45장 WCC 에큐메니컬 운동
제46장 KNCC 운동
제47장 ICCC 운동
제48장 국기와 주일 문제
제49장 국내 이단 종파의 내력
제50장 부흥 운동의 역사적소고(歷史的小考)
제51장 기독교와 3·1운동
제52장 민족 수난과 부흥 운동
제53장 한국 기독교와 공산당
제54장 재일교포 선교 문제
제55장 한국교회 선언문 비판
제56장 엑스폴로 74와 한국교회
제57장 장로교 합동 문제

제44장

교파의 분열과 전망

역사적으로 하나의 장로교회가 해방 후 오히려 사분오열되었다는 것은 감정적으로는 매우 슬픈 일로 여겨지지 않을 수 없다. 그러나 분열의 역사적 과정을 살펴볼 때 감상적으로만 비판하거나 전망해 볼 수도 없음을 솔직히 고백하지 않을 수 없다. 여기서 우리 장로교회가 사분오열된 역사적 원인을 살펴보아 우리의 진로에 대한 새로운 이해가 있기를 바라는 바이다. 교파 분열의 원인을 그 조목부터 생각해 볼 수 있다.

① 신사 참배 처리 문제.
② 자유주의 신학 사상 문제.
③ 신학교 문제.
④ WCC 운동.
⑤ 지방색 문제 등.

1. 신사 참배 처리 문제

1938년 9월 10일 평양 서문밖교회의 조선예수교장로회 제27회 총회에서 신사 참배를 종교 의식이 아니라 국가 의식으로 받아들이기로 하고 시행해 왔으므로 총회에 속한 교역자로서 그것을 실행한 것이 무엇이 잘못이냐 항거하는 인사들이 해방 후 교권을 장악하고 있었다. 이북에서는 해방 후 5도연합회 임원들과 회원들의 대부분이 그러하였으며, 신사 참배 처리문제는 통일 총회에서 거론하자고 하여 출옥 성도 이기선 목사의 정화 운동을 봉쇄하였다.

여기에서 재건파, 복귀파의 분파 운동은 크게 파문(波汶)을 던지었다. 이남에 있어서는 일본기독교단 조선연맹의 핵심 인사(통리 김관식 목사 일파)들은 어용적이기는 하나 조선연맹이란 단일교회로 지속시켜 보려고 시도해 보았으나 감리교 인사들의 환원 운동에 뒤를 이어 장로교회의 환원이 이루어짐에 따라서 친일파 지도자의 단일교회 계획은 좌절되었다. 그러나 신사 참배를 신앙적 견해보다도 국가 의식으로 인식해 오던 교권자들은 해방 후 출옥한 지도자들의 주장이나 행동에 오히려 반감을 사게 되었다.

그 가운데 어떤 분의 궤변을 들어보면 "우리도 교회를 지켜오느라고 신사 참배도 하였고 일본 사람의 등살을 참느라고 고생을 해서 오늘날까지 교회를 지켜왔는데 감옥에 가서 편안히 있다가 살아 나와서 큰소리 치고 있다"라고 운운한다.

이쯤 되면 양심의 고민이나 양심의 호소를 어디에서 찾아볼 수 있을 것인가?

그러므로 경남노회에서는 출옥자 한상동, 주남선 목사들의 정화 운동을 봉쇄하려고 하였으며, 총회는 근소한 표 차이로 고신 측을 제거하는 데 성공한 것이다. 그러므로 1954년 합동을 종용하는 인사들에게 고신 측이 주장한 것은 다음과 같으며, 그 문제는 시간이 해결해 주었다.

첫째, 신사 참배를 회개하라(1954년 안동총회에서는 1938년 제27총회에서 결의한 신사 참배 실행 결의를 취소하기로 결의하였으므로 이 문제는 해소되었다).

둘째, WCC를 탈퇴하라(WCC는 자유주의 신학자들이 주도하고 있으므로 탈퇴할 것을 주장하였으며, 1959년 총회에서 WCC 탈퇴를 결의하였으므로, 이 문제도 해소되었다).

셋째, 미국북장로교(후에 연합장로회)와의 우호를 단절하라(1959년 제3차 분열 이후 미국연합장로교 선교회는 통합 측과 유대 관계를 지속하게 되었으므로 이 문제도 시간이 해결하였다). 그러므로 1960년 12월 예장 승동 측과 고려 측은 합동 총회를 이루었다.

2. 자유주의 신학 문제

1926년 장로교 총회는 캐나다연합교회와 유대 관계를 맺고 함경도를 선교 구역으로 캐나다장로교의 선교 지역을 인계해 주었다. 이 캐나다 연합교회란 장로교, 감리교, 회중교회의 연합교회로 그 신학 방향이 자유주의적이었다. 그러므로 그 선교사들이 함경도에 들어와서는 보수적인 선교사는 은퇴하게 되어 물러가게 하고 진보적인 선교사들이 속속 내한하게 되었으며, 한국인들을 캐나다에 유학시켜 자유주의 신학 사상을 학습하고 돌아와서 자유롭게 활동할 수 있게 되었다.

오늘날 그들의 지도를 받은 인사들이 기독교장로회를 구성하고 있다. 그 대표적 인사가 김재준, 송창근, 김관식, 김영주, 김춘배 목사 등등이며, 그들의 교육을 받은 젊은 일군(이제는 그들도 장년 인사)들은 강원용, 김정준, 문동환, 문익환 목사 등등이다.

1939년 조선총독부 정책에 순응하여 조선신학교(한신대학교 전신)가 설립되었다는 것은 신사 참배 처리, 자유주의 신학 문제에 대한 기독교장로회의 기반을 알 수 있지 않은가!

3. 신학교를 통한 세력 규합

한국장로교는 신학교를 중심으로 한 지방색으로 망국적 분열병에 걸려 있다. 1939년 조선신학교, 1940년 평양신학교 복교, 1946년 고려신학교, 1947년 대한신학교, 1948년 장로회신학교, 그 후 1953년 총회신학교 합류, 1959년 이후 총회신학대학과 장로회신학대학 분열, 1979년 개혁신학교 분열 등등으로 신학교를 중심으로 하여 세력이 집중될 때에 교단이 형성되는 것이 상례가 되어 왔다.

그러므로 신학교의 난립(亂立)을 총회가 통제하지 못할 때 교회 안에 분열 세력을 조성, 조장하는 위험성을 내포하고 있다. 2018년 한국장로교 교파가 130개이며 100여 개의 무인가 신학교를 중심으로 무자격 목사를 양산하고 있다.

제45장

WCC 에큐메니컬 운동

벤자민 워필드는 기독교를 무너뜨리는 원인에 대해 말하였다.

기독교의 가장 큰 위협은 반기독교 세력이 아니다. 이슬람이 아무리 칼을 들이대도 기독교를 없앨 수는 없다. 아무도 불교가 기독교를 삼킬 것이라고 걱정하지 않는다. 도리어 시대마다 등장하는 타락한 기독교야말로 기독교의 생명을 가장 크게 위협하는 존재이다.

1. WCC란 무엇인가?

1948년 네덜란드의 암스테르담에서 창설된 세계교회협의회 기구이다. 즉 "성경이 말하는 대로 예수를 하나님이며, 구주로 믿고 홀로 한 분이신 성부와 성자와 성령께 영광을 돌리기 위하여 서로 하나가 되어 공동의 사명을 완수하려는 교회들의 친교 단체"로 창설되었다.

WCC는 '오이쿠메네,' 즉 '사람이 거주하는 모든 세계'에 가서 예수 그리스도의 복음을 전파하는 이른바 에큐메니컬 운동체이다. 교회의 일치와 갱생을 도모하며, 대화의 광장을 마련하여 함께 기도하고 함께 토론하는 동시에 상호 이해와 관용 정신으로 함께하는 협력단체이다.
　'에큐메니컬 운동'(교회일치 운동)이란 '세계적 교회 운동'으로 주로 기독교의 세계적 선교와 세계적 통일을 위한 운동이다.
　서로 다른 신앙고백을 가진 교파나 교회, 신앙 공동체들이 예수 그리스도의 교회가 하나라는 사실에 근거하여 교회를 '하나의 거룩하고 보편적이며, 사도적인 것(니케아 신조)으로 선언하고 교회의 일치와 하나됨을 실현하고자 하는 운동이다.
　'에큐메니컬'의 어원은 헬라어 '오이쿠메네'라는 단어에서 파생된 말이다. 이 단어의 기본 의미는 지리적인 것으로 "사람이 살고 있는 세계"라는 의미가 있는데, 여기서 '일치,' '연합'이라는 개념이 나왔다. 이 단어는 신약성경에서 15회 사용되었다.
　그리고 '에큐메니즘'은 헬라어 '코스모스'와 의미가 통합이다. 그것은 '우주, 전 세계'를 뜻하는 공간적 개념뿐만 아니라 '진리' 혹은 '질서'를 뜻하는 원리적 개념을 함축하고 있다. 이런 의미로서 에큐메니즘 혹은 이를 구현하기 위한 에큐메니컬 운동은 진리를 떠나서는 추구될 수 없음을 알 수 있다. 이 운동의 성경적 근거로 사용되는 요절은 요한복음 17장 21절, 이 말씀이 선교를 위한 통일을 암시한다고 주장하면서 이 운동은 세계적 선교와 세계적 교회 통일을 포함한다고 해설한다.

> 아버지여, 아버지께서 내 안에, 내가 아버지 안에 있는 것 같이 그들도 다 하나가 되어 우리 안에 있게 하사 세상으로 아버지께서 나를 보내신 것을 믿게 하옵소서(요 17:21).

2. WCC의 형성 역사

1) WCC 창립

1948년 화란 암스테르담에서 세계교회협의회(WCC)가 조직되었으며, 우리나라에서는 장로교, 감리교가 가맹되었으며, 그 후 현재에는 예수교장로회통합 측과 기독교장로회, 감리교회, 복음교회가 회원 교단으로 되어 있다. 1948년에 암스테르담에서 모였던 제1회 WCC 총회에 김관식, 엄요섭 두 목사를 파송하였고, 1954년 미국 일리노이 에반스톤에서 모였던 제2회 WCC 총회에는 유호준 목사가 참석했다. WCC가 조직된 동기는 1517년 루터의 종교개혁 이후 신교 안에는 많은 교파가 생겨 경쟁적으로 세력 확장을 도모하고 있었다. 그러므로 조직적인 단일화를 전제로 하여 협의체인 WCC가 창립을 보게 되었으며, 이념적으로 또 하나의 교회를 지향하는 신학적 근거 수립을 모색하고 있다.

따라서 이 단체를 선도하는 세력자들의 대부분이 급진적인 자유주의 신학 사상자들이며 공산주의자들을 용납한다는 데서 오늘날 우리나라와 같은 반공 국가의 교회로서는 전적으로 WCC 운동을 배격할 처지에 있는 것이다.

오늘날 한국교회의 극심한 분열 상태는 어떤 형태로든 개혁되고 교정되어야 한다. 하지만 그것이 화합이나 가시적 일치만을 위한 것이 되어서는 안 될 것이다. WCC가 무엇인지 정확한 정보 없이 '교회 연합'이라는 구호에만 현혹되어, 믿음의 선배들이 피를 흘리며 지키려고 했던 신앙과 교리를 버리고, 시대가 요구하는 기독교만을 용납하여 교리는 뒷전으로 하고 화합과 연합을 중요하게 여기는 이 시대를 바라보면서 개혁주의 신학에 따라 WCC의 정체를 밝혀야 한다.

2) WCC 창설 역사

IMC는 19세기에 일어난 선교 운동의 한 열매였다.

이것은 '신앙과 직제 운동'과 함께 제1차 세계대전이 끝난 뒤 세계 각국의 교회들이 특히 서구 여러 나라들이 당면한 모순에 찬 현대 사회와 복잡한 국제 관계에 대한 교회의 사명과 책임을 통감하면서 일으킨 운동이었다.

이것은 1910년 에든버러세계선교대회에 참석했던 미국성공회의 주교 브렌트의 제안으로 시작되었다. 즉, 그는 교회의 일치는 다만 기술적 전도 면의 협력뿐만 아니라 신학 특히 성례전과 직제의 문제가 다루어지지 않는 한 진정한 의미의 교회 일치는 이루어질 수 없다는 전제로 신앙과 직제 문제를 주 의제로 하는 세계대회를 강력히 주장했다.

두 운동은 각각 성격이 달랐지만 같은 목적과 방향으로 나아가게 되었다. 즉 "교회의 세계에 대한 첫째 의무와 봉사는 교회가 진정한 의미의 교회가 되는 것"이라고 선언하였다.

> 우리는 주 예수 그리스도를 믿는 신앙 가운데서 하나이다. 우리는 겸손하게 우리의 분열이 곧 그리스도를 저버리는 행위라는 것을 고백한다. 우리는 서로의 장벽을 넘어서서 하나의 공통된 그리스도인의 전망과 가치 표준을 인식한다. 그러므로 우리는 분열보다 하나의 더욱 긴밀한 통합을 필연적인 과제로 삼는다.

그리고 마침내 이 두 운동은 각각 별개로 존속할 것이 아니라 하나의 운동으로 추진하자는 데 합의를 얻고 1938년 네덜란드에서 준비회의를 열어 하나의 에큐메니컬 운동 단체, WCC를 조직할 것을 결정하게 되었다.

오늘날에 이 운동의 구체적 사업 기관으로 '국제선교협의회'(IMC)와 '세계교회협의회'(WCC)가 긴밀히 연락하여 활약하고 있다.

WCC(World Council of Churches)는 그 별명인 '도래 중인 하나의 큰 교회'(The Coming One Great Church)라는 말 속에 들어 있는 뜻처럼 참으로 하나의 큰 교회적 또는 인류문화사적 운동이라고 부를 수 있을 것이다.

이 운동의 신앙적 기반은 "세계교회협의회(WCC)는 교회들의 한 친교 모임으로서 주 예수 그리스도를 성서에 의하여 하나님이시며 구세주시라고 고백하며 그럼으로 성부, 성자, 성신의 영광을 위하여 공동의 소명을 다 함께 이루려고 노력한다"라는 고백에 기반을 두고 있다.

3. WCC의 규모

WCC는 처음에는 147개 회원교회들로 출발했으며, 현재 8개 권역으로(유럽, 아프리카, 북미, 아시아, 중동, 남미, 카리브 지역, 태평양 지역) 나뉜 140개국 349개 교단에 속한 5억 7천만의 회원들을 두고 있는 초대형 단체이다. 전 세계의 300여 교단을 그 회원으로 하고 있으며, 성공회, 루터교회, 개혁교회, 침례교회, 감리교회, 연합교회, 오순절교회 등 20개 이상의 다양한 교파들이 회원교회로 참여하고 있다.

한국교회에서 한국기독교교회협의회(NCCK)에 속한 대한성공회, 한국기독교장로회, 대한예수교장로회(통합), 기독교대한감리교, 기독교대한하나님의성회가 가입했다. NCCK에 속한 구세군대한본영, 기독교대한복음교회, 정교회한국대교구는 WCC에 동의하고 적극적으로 참여하지만, 회원으로 가입은 하지 않고 있다.

4. 통합과 합동 측의 분열

1956년 장로교회 승동 총회 이후 이 문제가 항상 논의되어 총회에서 연구위원을 구성하여 연구 보고케 하였으나 WCC 운동에 대한 견해가 좁혀질 수가 없게 되었다. 이것은 영구히 좁혀지지 않을는지도 모른다. 여기에서 1959년 제44회 총회에서 예장 합동과 통합 소위 당시 연동 측과 승동 측으로 분열하였다.

총회는 WCC 탈퇴를 결의하게 되었으나, 통합 측에서는 1969년 총회에서 WCC 복귀가 결의되어 1975년 8월 나이로비에서 회집한 WCC 총회에 대표를 파송하여 명실공히 WCC 에큐메니컬교단이 된 것이다.

그러므로 이 시대적 조류에 의하면 WCC적 에큐메니컬 운동은 하나의 교회연합 운동이므로 우리나라에서는 장차 이념적으로 교회를 지도하는 양심적 인사들이 교권을 잡고 리드할 때에는 WCC와 KNCC 회원 교단인 감리교, 기장, 예장 통합 측은 한국연합교회를 형성하게 될 것이며, 한국기독교총연합회의 회원 교단인 예장 합동 측, 고신 측, 개혁 측은 재합동하여 보수 교단을 형성하게 되리라고 예측해 본다.

그러나 보수와 진보 양 진영을 대표하는 이들 연합 기관의 두 갈래 연합 운동을 한 개로 묶어야 한다는 통합론이 연합 운동의 쟁점으로 대두되리라 본다. 사회가 정치적, 경제적, 윤리적으로 위기 상황일 때 교회 연합이 해결책으로 주장될 것이고 연합 운동과 단합된 사업으로 현실에 대처해야 한다는 소리가 커져 가리라 전망해 본다. 이럴 때에 보수주의 교회들은 분명히 성별 되어야 할 것이다.

5. WCC에 반대하는 교단

WCC가 비성경적인 에큐메니컬 운동이라는 입장에서 반대하는 결의문에 동참한 교단은 예장(합동), 예장(고신), 예장(고려), 예장(합신), 예장(대신), 기성, 예성, 예장(웨신), 예장(개혁국제), 기침, 예감, 예장(재건), 예장(합동중앙), 예장(합동진리), 예장(고려개혁), 예장(합동총신), 예장(합동동신), 예장(보수합동), 예장(합동보수)이다.

보수교단 연합 예배
<출처: 크리스천포커스>

제46장

KNCC 운동

1. 한국교회 연합 운동의 출발

한국 개신교의 에큐메니컬 운동의 출발점은 선교사들이 시작하였다. 선교 초기인 1885년에 한국에 온 장로교 선교사 언더우드(Horace. G. Underwood)와 감리교 선교사 아펜젤러(H. G. Appenzeller)가 한자리에서 예배를 보면서 협동 전선을 폈다는 데서 찾아볼 수 있다.

1887년에는 장로교와 감리교의 연합 기관인 장·감연합회가 결성되었고, 또 1890년 미국북장로교 선교회와 호주장로교 선교회가 합하여 연합공의회를 조직하였다. 이 공의회에 미국북감리교, 성공회, 침례교 선교사들은 참가하지 않았다.

1893년에는 장로교 정치를 사용하는 선교회가 조직되었으며, 1901년에는 선교사와 한국인 총대가 합하여 조선예수교장로회 공의회가 조직되었다. 이 공의회에는 미국북장로교, 남장로교, 호주장로교, 캐나다장로교가 각각 자기파에 속한 교회, 노회, 총회를 조직하지 않고 선교회에서 자유 할 수 있는 자유, 단일 행정 기구를 조직하기로 합의 결정하였다.

그리고 네 장로교 선교사가 선교 지역을 분할하여 선교하도록 하였고 찬송가를 공동으로 추진했다. 남장로교에서는 전라도, 호주장로교에서는 경상남도, 캐나다장로교에서는 함경도, 북장로교에서는 평안도, 황해도, 경상북도를 맡아 선교하여 교회, 학교, 병원을 세웠다. 또 1892년 6월 11일에는 미국북장로교와 북감리교가 합의하여 선교 구역을 설정하였다. 감리교가 담당한 구역은 남감리교에서 강원도 3분의 2, 연안, 해주, 원산 이남 지역, 북감리교에서는 평북 태천, 박천, 영변, 희천, 평남 강서, 강원도의 3분의 1, 서울 남부, 충남 지역이었다.

1905년 9월 11일 벙커(D. B. Bunker) 선교사 집에서 장로교의 네 선교부와 감리교의 두 선교부가 모여 신교선교공의회를 조직하고, 사업으로는 주로 친선과 전도 사업, 문서 사업, 의료 사업, 교 사업 등에 관하여 협의 결정하였으며, 한국의 단일교회 형성을 추진하였다. 특히, 장로교와 감리교 양 교파는 교리와 장정의 조화를 도모하기 위하여 위원까지 설정하였다. 그런데 장로교 선교회가 감리교의 합동안을 1907년까지 연기하고 나섰기 때문에 결국 성공하지 못하였다. 그후 북감리교와 남감리교의 통합은 1930년 12월 8일에 있었다.

한국교회 내의 선교회와 각 교파의 연합 및 단일교회 형성에 대한 열망이 1920년대에 전진 운동을 펴면서 계속되었다. 1924년 9월에 서울 새문안교회에서 열린 대한예수교연합공의회 창립총회가 장로회 19명, 미감리교 11명, 남감리교 6명 등 국내외 53명의 교계 인사가 참석하여 조직하였다. 그러다가 일본 제국주의가 한국교회를 박해하다가 1942년 3월 강제로 조선예수교장로회 총회를 일본기독교 조선장로교연맹으로 개칭 조직케 하여 하나의 교단을 출범시켰다. 또 1945년 7월에는 장로교, 감리교 연맹을 통하여 일본기독교 조선연맹으로 일본화하였다.

1945년 8월 15일 대한민국이 해방되면서 일본기독교 조선연맹은 해산되고 다시 각 교파의 교단은 본래의 교파로 돌아갔다. 일제의 탄압 속에서는 교파들이 각각 단합해서 교회를 유지해 왔으나 일제의 사슬에서 풀려나 신앙의 자유를 누리게 되면서 각각 자기들의 주장을 내세우며 세력을 형성하기 시작했다.

2. 한국 NCC의 인물과 활동

한국교회는 선교사연합회(1905)로부터 시작하여 장·감연합회(1911)가 조직되어 최초로 교회연합 사업을 위한 단체가 조직되었고, 1924년 대한예수교 연합공의회를 조직하여 세계교회와의 관계를 맺게 되었다. 1945년 8월 15일, 조국이 해방됨에 따라 교회도 본연의 기능이 부활되었다. 그리고 1946년 9월 3일에 한국기독교연합회(KNCC, Korean National Council of Church)가 창립되었다. 여기에는 장로회, 감리교, 성결교, 구세군 그리고 국내의 각 선교회와 교회 기관들이 가입하였다. 다음은 KNCC의 목적이다.

> 회원 상호 간의 경험과 사상을 교환하여 친선과 협조를 도모하고, 그리스도의 교훈 안에서 전도 사업과 봉사 사업을 증진, 전체적인 기독교연합 운동을 도모하기로 되어 있다.

1) 초대 총무에는 임영빈 목사가 추대되었다

　1948년 8월 22일 WCC가 제1회 창립총회를 암스테르담에서 소집했을 때, 한국교회에서는 대한예수교장로회 대표로 총무인 김관식 박사와 엄요섭 목사를 파견하고 가입 수속을 밟았다. 1950년 6월 25일 북한 공산군의 남침으로 남궁혁 총무가 납치되었고, 모든 정부 기관과 교회가 남한 각지로 피난을 가게 되어 한국기독교연합회는 와해 상태에 들어갔었다. 그 후 피난 상황에서 KNCC는 피난 교인과 교회 및 각 기관을 돌보기 위하여 전시비상대책위원회를 조직하고 유호준 목사를 임시 총무(1951-1960)로 선출하고 회무를 담당케 하였다.

　1951년 9월 5일에 제5회 총회를 부산시 광복교회에서 개최하고, 유호준 목사를 정식 총무로 선정하고 부산 보수동에 임시 사무실을 마련하여 사업을 계속하였다. 1952년 2월에는 서독 빌링겐에서 모인 국제선교협의회에 유호준 목사, 김인영 목사를 대표로 파견하였다.

　1952년 11월 15일에는 제6회 총회를 부산중앙장로교회에서 개최하였다. 1953년 9월 16일에 3년간에 걸친 피난을 마치고 서울로 복귀하여, 9월 24일부터 서울 종로 2가의 기독교서회 건물에 사무실을 정하고 집무를 계속하였다. 1954년 미국 에반스톤에서 모인 WCC 제2차 총회에는 김현정 목사, 명신홍 목사, 유호준 목사가 대표로 참석하였다.

　1953년에 기독교장로회가 "본 총회는 전 세계장로교회의 주류를 따라 세계교회협의회(WCC)에 협조하여 에큐메니컬 운동을 적극적으로 유지하여 국내에서도 한국기독교연합회(KNCC)와 자유 협력하여 기타 일반 협동사업에 적극 협력한다"라고 성명서를 발표한 후 가입하였다.

　그리고 1954년 8월 에반스톤에서 모인 WCC 제2차 총회에 가입 신청을 내고, 1961년 3월 인도 뉴델리에서 열린 WCC 제3차 총회 때는 정식회원으로 가입했다. 기독교장로회의 강원용 목사는 KNCC의 청년부 간사로 WCC를 중심한 에큐메니컬 운동 청년부에서 활동했으며, 1968년부터 WCC 중앙위원회 위원에 선출되어 한국 에큐메니컬 운동의 선두 주자가 되었다.

1961년에는 강신명(1960-1961) 목사 후임으로 길진경(1961-1968) 목사가 총무로 피선되었다. 길진경 목사는 공보국, 평신도국을 신설하는 등 기구를 확장하고, 연합 사업을 활발하게 진행했다.

2) 1968년에는 김관석(1968-1980) 목사를 총무로 선임하였다.

김관석 총무는 국내 연합 사업의 재검토와 에큐메니컬 정신 구현에 박차를 가했다. 그리고 1970년 제23회 총회에서는 연합 기구 체제로부터 교회 협의체로 전환하게 되었다. 1971년 총회에서 정관을 지적하고 KNCC의 명칭도 "한국기독교교회협의회로 바꾸었다. 한국기독교연합회의 정관에는 모든 교회 단체는 회원이 될 수 있었으나 한국기독교협의회라는 이름으로 고치고부터는 교회 교단만 회원 자격을 가지게 되었다. 그래서 20여의 연합 기관 회원들은 빠지고 6개의 회원 교단으로 재편성되었다.

김관석 총무는 대정부 투쟁에 선봉적 역할을 담당하였다. 그는 KNCC의 활동 프로그램을 크게 확대하여 단지 교회의 프로그램만 추진한 것이 아니라 사회 복지, 경제 정의, 인권, 여권, 정치, 남북 통일, 평신도 운동 등 다양한 프로그램을 전개하였다. WCC 발행 월간지 1976년 7, 8월호의「하나의 세계」(*One World*)에 의하면 한국기독교교회협의회가 발행한「한국사건종」(*The Korean Collection*)은 교인의 체포, 재판, 박해, 추방 및 한국에 거주하고 있는 외국 선교사와 교인들의 생각 등을 기록하고 있으며, 동간행물의 사본은 한국 NCC 총무인 김관석 목사에게 신청하면 입수할 수 있다고 첨부되어 있었다. 즉 한국 NCC의 김관석 총무를 통해 WCC는 한국 관계 자료를 입수하고 이것을 세계에 유포하였다.

한국 NCC는 인권 문제에 대해 대정부 활동을 강화하였다. KNCC가 1972년 11월 24일 유신헌법시행 국민투표를 무효라고 주장하였다. 1973년 5월 20일에는 '한국교인 신앙선언'을 발표하였으며, 1976년 3월 1일, 서울 명동성당 뜨락에서 발표된 '구국선언문' 등에 참여하는 등 적극적인 대정부 활동과 아울러 도시산업선교회 활동을 폈다. 산업선교회 실무자들에게 생활비를 주고 노동자들 편에서 국내 노조 운동과 회사의 운영에 간섭을 하게 하였다. 1973년 4월 남산 부활절 연합예배 때는 유신헌법을 반대하는 유인물을 뿌린 박형규, 권호경 목사가 구속되었다. 산업선교가 순수 복음 전도가 아니라 WCC의 해방신학 도입으로 개인 구원에서 사회 구원을 받아들이며 노동조합 운동과 구분이 어렵게 되었다.

산업선교회가 임금 투쟁에 앞장서고 산업 재해 보상을 위한 투쟁에도 앞장 섰다. 그리고 그 투쟁 방법 자체도 격렬한 폭력 방법을 썼다. 이러한 극한적 투쟁 때문에 기업 경영인들은 산업선교회를 경계의 대상으로 생각하였고 심지어는 도시산업선교회가 기업에 침투하면 기업이 도산하게 된다는 비난이 퍼부어졌다. 도산(都産)이 도산(倒産)이라는 별명까지 붙게 하였다.

1984년에는 김소영(1980-1988) 목사가 총무로 재선임하여 한국교회의 연합 운동을 확산하고 교회의 예언자적 사명을 감당하기 위해 최선을 다하며 KNCC의 재정 자립 방안 모색과 각 위원회에 여성들과 청년들을 참여시켜 에큐메니컬 운동을 활성화하였다. 김소영 총무는 KNCC가 예언자적 사명을 다할 것을 강조하며 대정부 관계는 폭력이 아닌 대화를 통해 문제를 해결하고, 사회 문제에 대해서는 선교적 차원에서 적극적으로 대처하며, 통일 문제에 대해서는 정부와의 대화를 통해 교회의 입장을 밝혀 나가겠다고 하였다. 각종 통일 문제에 관한 논문이 쏟아져 나왔다. 1987년 11월에는 비가맹 교단들과 한반도 평화 통일을 위한 교단 지도자 협의회를 열기도 했다.

3) 권호경(1988-1994) 목사가 총무로 선출되다.

권호경 총무는 '하나 되는 세계, 하나 되는 교회'에 박차를 가했다. 그는 KNCC가 세계로 눈을 돌리도록 했고, 1992년에는 방북을 했다. 환경회복을 위한 환경 선언을 발표했으며, 여성 안수 실현을 위한 각종 공청회 등을 활발히 전개했다. 1993년 4월에는 문민정부의 개혁을 지지하는 성명을 발표하는 등 친정부적 노선을 지향했다.

4) 김동완(1994-2002) 목사가 총무를 맡았다.

김동완 총무는 남북한 교회의 교류에 앞장서고 있다. 그는 조선기독교연맹(위원장 강영섭)의 초청으로 1997년 9월 23일부터 30일까지 북한을 방문했다. 그는 방문 기간 동안 조선기독교연맹, 평양신학원, 봉수교회, 칠곡교회, 가정 처소교회를 방문했다. 봉수교회는 일백 명의 교인이 참석하며, 가정 처소교회는 전국에 5백여 개에 이르며, 기독교연맹은 10개 지부와 50개의 군지부가 있다고 보고했다.

　북한이 해일로 큰 피해를 입어 식량난으로 어려움을 겪고 있으며, 어린이, 노인, 임산부가 큰 고통을 겪고 있다고 보고하고 식량 및 의약품 원조활동을 역설했다. 한국정부가 북한에 대한 식량 지원을 정치적 무기나 수단으로 활용하지 말고 동포를 돕는다는 인도적 차원에서 접근할 필요성을 강조했다. 특히, 나진 선봉 지역에 기독교사회봉사센터 설립을 추진하여 놀이방, 경로당, 국제회의실, 교육관, 예배당 건립을 협의하였다.

5) 지도자의 빈곤

　KNCC는 그 역사의 대부분 시기 동안 유능한 지도자를 얻지 못했다. 한국 기독교를 대표하여 국내 국외로 큰 역할을 해야 할 KNCC가 국내 기독교 교단의 정치적 각축전의 장소로 변했다. 신앙이 있고 유능한 지도자는 그 자리에 오기를 주저했다. 그 자리가 각 교단의 정치적 상황에 따라 좌우되는 불안을 안고 있기 때문이다. 또 KNCC의 경비의 대부분이 외국교회의 원조에 의존하고 있기 때문에 언제 그 원조가 중단될지 모르는 불안도 있다. 이러한 이유로 국내교회의 일류급 인사들은 그 자리에 들어가기를 원치 않으며, 그 자리에 들어가는 인사는 정치적으로 유능한 인물들이었다.

　그리고 유능한 지도자의 빈곤 속에서도 WCC에서 몇 사람이 계속 활동하고 있다. 1983년도에는 WCC 중앙위원회에 강원용 목사가 선출되었고, 다음으로 김형태 목사, 김준영 목사가 선임되어 활동하였다.

현재는 기장 총무 박종화 목사가 중앙위원이며, 박경서 박사가 WCC 아시아담당 국장으로, 박성원 목사가 세계개혁교회연맹 협력과 증언부 총무로 활동하고 있다. WCC가 현재 공석 중인 선교국장 자리를 한국 회원 교단에 배정했으나 추천을 못 하고 있다. WCC가 요청한 선교국장은 1998년도 제8차 총회를 준비하고, 선교 분야를 책임지는 막중한 자리이다.

그러나 선교국장의 조건으로 선교학 전공의 박사학위 취득자로 에큐메니컬 운동의 경험이 있으며 영어에 능통한 사람이어야 하는데 이런 인물을 찾기가 어려워 주요한 자리를 놓칠 위기에 처했다. 한국교회의 에큐메니컬 운동은 몇몇 사람이 국제회의에 단골손님으로 참석하는 등 지도자의 빈곤을 극명히 보여주었다. 현재 KNCC 회원 교단은 예장통합, 기장, 기감, 구세군, 성공회, 복음교회, 한국정교회, 기하성 등 8개 교단이다.

지역 NCC 전국협의회 모임(2015년)
<출처: 기장 공주세광교회 홈페이지>

제47장

ICCC 운동

1. 칼 매킨타이어(Karl Mcintyre)

ICCC(International Council of Christian Churches)란 국제기독교연합회로서 1948년 암스테르담에서 창립을 보았고 그때의 주동 인물인 매킨타이어(Karl Mcintyre) 박사는 소천할 때까지 그 회장직을 독점하였다. 그러므로 ICCC는 국제적 기구이면서 또 매킨타이어 개인의 원맨쇼 무대이다. ICCC가 우리나라의 교회와 접촉을 갖게 된 것은 1950년이며, 당시 고신 측의 인사들(한상동, 박윤선 목사)이 매킨타이어의 초청을 받아 미국에 건너가 훼이스신학교에서 명예 신학박사 학위를 받고 돌아왔다. 필라델피아에 있는 훼이스신학교는 ICCC 조직 후에 창립되었으나 그 창립자가 매킨타이어이며 현재 이 신학교는 ICCC 산하에 속에 속한다.

ICCC 계통의 신문(중국판 角聲)이 소개한 그 사업 항목이 있다.

① 「기독교 도등탑보」(크리스천 Beacon) 발행.

② 20세기 개혁 성광파전대(星光波錢代) 곧 방송 사업.

③ 종교 교육 부문-곧 훼이스신학교.

④ 만국기독교청년단체(I.C.Y.).

⑤ 만국교련포도회.

⑥ 만국기독교구제사업 등을 들고 있다.

그러므로 훼이스신학교는 ICCC 비종교 교육 부문을 담당한 기관이며, 매킨타이어의 신앙 노선 곧 분리주의자 양성 기관이다. 미국에서 박사 학위를 받고 귀국한 한상동, 박윤선 목사는 그 해 고신 측 총회에 참석하여 ICCC 가입안을 보류시켰다. 이것이 매킨타이어에게 큰 실망을 주었으며, 그 후 1959년 이후 그는 우리나라 교회와의 관계에 있어서 적극성을 띠게 되었다.

1959년 장로회 총회가 제3차로 분열되었을 때 합동 총회가 WCC에서 탈퇴한다는 결의를 듣고 퍽 고무적으로 감동을 받고 합동 총회를 경제적으로 돕기 위해서 미국서 10만 불을 모금하여 그 해 크리스마스 선물(gift)로 우리나라에 보내 왔다. 이 크리스마스 선물을 제3차 분열 때문에 미국남북장로교 선교부와 결별한 합동 총회의 교회 수습비로 활용하였다.

지방 인사들이 상경하여 수습비를 요청하면 김윤찬 목사의 추천서를 갖고 ICCC 한국 사무실 책임자 맬스베리 목사(馬斗元)에게 가서 찾아 쓰도록 되었다. 그런데 합동 총회 안에서 ICCC에 반대하는 세력이 특히 영남 지역에서 대두하게 되었다. 1960년 봄 매킨타이어의 동지 홀드크로트프 목사(許大殿-전 駐韓 선교사)가 내한하여 ICCC 한국 사무실을 정식으로 설치하고, 그들이 속하는 성경장로회 한국총회와 ICCC를 조직하여 그 총수로 김치선 목사(총신 교수 겸 대한신학교 교장)를 추대하였다.

여기에서 성경장로회란 하나의 교파가 우리나라에 생기게 되고 그 선교사와 교역자들이 우리 총회 산하 취약 지구에 돌아다니며 많은 교회를 성장 측으로 끌어가는 사례가 생기게 되었다. 그리하여 1961년 9월 부산 남교회에서 회집한 제46회 총회에서는 ICCC와의 우호 관계를 단절할 것을 결의하였다. 1970년대에 들어서면서 ICCC 활동은 약화되기 시작했다.

2. ICCC와 우호 단절

1960년 9월 승동교회에서 회집한 제45회 총회에서는 고신 측과의 합동위원이 선출되었고, 쌍방의 위원들이 그해 10월 25일 대전중앙교회에서 회합하여 12월 13일 서울 승동교회에서 합동 총회로 회집할 것에 합의를 보았으며, 쌍방 총회가 합법적으로 결의한 합동 총회가 성립되었다.

그 합동 총회의 총회장에 한상동 목사(고신), 부회장에 김윤찬 목사(승동)가 각각 선출되었다. 그런데 1960년 7-8월 중에 맥킨타이어가 친히 내한하여 우리 총회 지도부 인사들에게 ICCC가입을 종용하였으나, 총회 내부 사정을 설명하며, 1년간 보류해 달라고 요청하였다.

맥킨타이어는 ICCC에 당장 가입하지 않으면 경제 원조는 중단될 것이라고 위협하였으나, 1959년 속회총회에서 외곽 단체(WCC, NAE)에 관여하지 않을 것을 결의한 합동 총회가 다시 외곽 단체인 ICCC에 가입하는 것은 시기상조이므로 금년에 한해서 5만 불만 더 원조해 달라고 요청하였다.

이때 대구의 박병훈 목사는 매킨타이어와 단독 회견하고 우리나라에서 자기와 합력해서 ICCC 운동을 전개할 것을 다짐하였다. 이러한 상황에서 합동 총회는 고신 측과 합동하게 되었으며, 훼이스신학교에서 박사학위를 받았으나 ICCC 운동에 찬동하지 않는 한상동 목사가 합동 총회장에 선출된 것이다.

그러므로 1961년 9월 부산 총회에서는 임원선거에 앞서 ICCC 관계 인사를 규탄하기 시작하였다. 특히, 부회장 김윤찬 목사의 ICCC 관계가 공격의 대상이 되었다. 그리하여 긴급동의로 ICCC 우호 관계 단절이 결정된 후에 임원 선거에 임하였다.

총회장에 한상동 목사가 재선되었으며, 부회장에는 김윤찬 목사가 탈락하고 이환수 목사가 선출되었다. 이에 앞서 1961년 9월 총회를 앞두고 대구 21개 교회 목사 21명이 "왜 ICCC와의 우호 관계를 끊어야 하나"라는 성명을 발표하였는데 그 영향이 매우 컸다. 그 성명서에 의하면 우호 관계를 끊어야 하는 이유를 들었다.

① 자립에 방해되기 때문이다.
② 한국 교회 분열을 방지하기 위하여.
③ ICCC의 특징은 분리주의이다. 미국에서 그들의 분열상은 고사하고 오늘 우리나라, 우리 노회, 또 군위 지방 다산 지방, 교회에 나타나는 파렴치한 수단을 보라.
④ 우호 관계는 ICCC가 먼저 파괴했다. 우리는 물질보다 순수한 우의를 원하였다. 그러나 그들은 우의라는 미명하에 우리 교회에 침략을 감행하였다.(하략).

이 성명서에 서명하신 목사들은 황철도(서현), 이성헌(서문), 노재남(서부), 김주오(서문로), 손계웅(동부), 이영수(봉산), 이성택(대봉 제일), 김태운(반야월), 박장동(하양), 김찬명(경산), 정석홍(대동), 박명석(범어), 정계종(대광), 박용묵(동신), 박정남(천일), 서도한(사월), 설명도(상임), 손명복(성남), 김기식(왜관읍), 김수원(북일)이다.

3. 분리주의자 매킨타이어

칼 매킨타이어는 한국교회에 두 가지 악영향을 끼쳤다.

첫째, 근본주의 신학을 확장하고, 재정지원을 통해 장로교 분열, 침례교 분열, 성결교 분열에 개입했고, 교회 분리주의자들을 양산했다.

둘째, 냉전 상황의 한국교회 안에 WCC에 대한 용공 선전을 하였다. 이승만 대통령도 전쟁 중단을 촉구하는 WCC의 요구를 무시하고 북진통일을 주장하면서 WCC를 용공으로 몰았다. 칼 매킨타이어가 주장하고 있는 것과는 정반대로 WCC는 1950년 전쟁이 일어난 지 한 달 후인 7월 9-15일 캐나다 토론토에서 중앙위원회를 열어 "한국 상황과 세계 질서에 대한 성명"을 발표했다.

매킨타이어[1] 목사는 보수교회, 개혁주의 교회의 단합을 권고하기보다

---

[1] 칼 매킨타이어 박사는 2003년 향년 95세로 사망했다. 그는 WCC가 자유적이며 용공이라고 비판했으며 미국장로교회(PCUSA)도 지나치게 자유주의적이라고 비판하고 1936년 교단을 탈퇴하고 성경장로교회를 세웠다. 그는 미국장로교회 총회가 열리는

도 분리주의의 선동가이다. 그가 우리 장로교인과 접촉하여 합동 총회에서 성경장로회, 호헌파, 또 다른 하나의 장로회를 분리하였다. 성결교인과 접선하여 재합동을 훼방하여 한 분파를 예수교성결교회로 굳혀 놓았다. 몇몇 감리교인과 접촉하여 자유감리교니, 예수교감리교를 조직하게 하였으며, 한때 침례교 분열에도 입김을 쏘였다.

그러므로 이성헌, 김태운 목사들이 발표한 성명서와 같이 ICCC는 분리주의 단체임이 드러났다. 그런데 최근 ICCC의 초청을 받아 이환수, 이성헌, 김태운 목사 일행이 도미하여 매킨타이어와 만났을 때 그는 합동 총회 분열을 선동하였다. "예장 합동 총회는 파선한 배와 같으니 거기서 나오라"고 말했다. 합동 총회가 작년 이래 갈릴리 바다에 떠 있는 배처럼 격동기에 있는 것은 사실이다.

그러나 누가 총회를 파선으로 끌고 가며, 누가 총회 분열을 획책하는가?

그렇다면 분명히 이것은 사단의 공작이 아닐 수 없다. 그런데 매긴타이어의 망언에 대하여 이 모 목사는 이렇게 대답했다고 한다.

"배는 아주 깨어지지 않았으니 선장만 갈면 된다. 그것은 인본주의적 교회관의 발로이다."

교회의 선장은 오직 예수님이시다(마 8장 사건을 참조). 우리의 장로교 총회 회장은 1년직이며 우리의 장로교회는 민주 정치에 의해 존립하고 있으며, 총회장이 감독이거나 독재자가 아니다. 그러므로 선장만 갈면 된다는 생각은 장로교회 정치 이념을 모르는 까닭에서 온 하나의 실언(失言)이다.

곳에는 어김없이 나타나 피켓을 들고 시위를 벌였다. 그가 시력을 거의 상실했으나 휠체어에 앉은 상태로 시위를 1997년까지 했다. 그가 세운 필라델피아의 Faith신학교도 매릴랜드로 옮겼다.

장로교 총회는 또 다시 옛 친일파, 신학 교육을 받은 인사들에게 선동을 받거나 속지 말아야 한다. 또 한편 정상적인 신학 교육을 받지 못한 인사의 정책에도 농락을 당하지 말아야 한다. 그러나 우리는 모두 성령의 도가니에서 융합되어 한마음, 한뜻으로 우리 교회의 전통을 고수하도록 서로 다른 사람을 존경하면서 성회에 임해야 한다.

칼 매킨타이어(1906-2002)
<출처: 게티이미지>

제48장

국기와 주일 문제

1. 국기에 대한 의식 문제

예나 오늘이나 어떠한 나라에서든지 그 나라의 국기를 제정하여 그 국가를 상징한다. 그러므로 자기 나라의 국기에 대하여서나 남의 나라의 국기에 대하여서 정중하게 취급하는 것이 상식이요 예의이다. 그러나 어떤 의식에 있어서 국기에 대한 의례에 구호나 방식이 문제가 될 때가 많다.

일제 때에는 일본 국기가 태양을 그린 것이라 하여 신사 참배(神社,參拜)를 반대하는 이들이 국기 배례(國旗拜禮)를 반대하였다. 그뿐 아니라 예배드리기 전에 궁성 요배, 국기 배례, 순국 선열(殉國先烈)에 대한 묵도 등을 명하는 것을 못마땅하게 여기며 하나님께 대한 모독으로 생각하였다. 또한, 구령에서 경례 혹은 배례란 말은 신(神)에게 또는 인격자(人格者)에게 대한 존경을 표하는 뜻이 있으므로 국기를 신격화, 인격화시키는 점을 들어 강력히 거부하였다.

그런데 해방 후 우리나라에서도 과거 일제(日帝)의 잔재 의식(殘滓意識) 아래서 국기에 대하여 배례란 구호 아래 허리를 굽히도록 명령하는 인사들이 있었다. 여기서 1949년 3월 경기도 파주군 조리면 봉일천초등학교에서 국기 배례 거부 사건이 발생하였다. 국기에 대한 배례를 반대한 학생 43명이 퇴학 처분을 당하였는데 그중 36명이 대원교회(大院敎會) 소속 유년 주일학교생들이었으며, 당시 목사가 구속되기도 하였었다.

이 문제는 전국적으로 교계(敎界)에 큰 파문을 일으켜서 반대하는 서명 운동이 일어났으며, 교계 대표들이 당시 이승만 대통령을 방문하고 우리 교회의 일제하 수난과 아울러 국기 배례에 대한 시정을 요구하였다. 그러므로 1950년 4월 25일 국무회의에서 묵도는 폐지하고, '배례'는 '주목'으로 고쳐 구령하도록 결정하여 발표하였다.

당시 일간신문의 보도는 다음과 같다.

> 지난 25일 개최한 국무회의에서 종전에 실시하고 있던 국기에 대한 예식을 변경하기로 결의하였다. 곧 우리가 국기에 대하여 존경하며 애국심을 가지는 것은 국기가 국가 민족을 대표하는 상징인 까닭인데 종래 우리가 허리를 꾸부리고 배례하는 것은 일제식이고 우상숭배의 형식에 가까우므로 금번에 이를 변경하여 다만 국기에 대하여 주목하면서 부동자세(不動姿勢)로 차렷한 후에 오른편 손을 왼편 가슴 심장 위에 대기로 하였다. 그런데 군인 및 경찰관만은 종전 예식대로 실시하게 되었다 한다. 또한, 각종 의식 때의 묵도는 일체 폐지하기로 하였다고 한다.[1]

---

1 「동아일보」 제8247호, 서기 1950년 4월 27일(목요일) 2면; 「조선일보」 제8314호, 단기 4283년 4월 27일(목요일) 2면.

이러한 국무회의 결의가 있은 뒤에 퇴학당하였던 국민학교 아동들이 복교했다.

2. 국기에 대하여 주목(注目)

1950년 국무회의의 결의는 그 효력이 아직도 살아있다고 생각한다. 그러므로 경례나 배례라는 구호를 예사로이 하는 지도자는 일제의 잔재의식(殘滓意識)이 아직도 그들의 혈관에 살아있는 증거를 보여 주는 것이라고 단정하지 않을 수 없다.

또 한편 아무리 구령하는 사람이 경례나 배례라고 구령하더라도 그것을 우상 숭배를 명령하는 구호가 아니라 국기에 대한 의식으로 보고 올바른 자세를 취한다면 양심에 거리낄 것이 없지 않겠는가?

다만 구령자가 경례나 배례라고 구령하면서 허리를 굽히라고 명령한다면 그것은 국무회의의 결의대로 허리를 꾸부리고 배례하는 것은 일제식이고 우상 숭배의 형식에 가까우므로 거부할 수 있다고 본다.

최근 일부 교회학교의 학생들이 그들의 교회 신앙 지도에 따라서 국기에 대한 의식에서 국기 배례란 구호가 신격화된 구호라고 하여 구령에 따르지 않아서 퇴교 처분을 당하였다고 한다. 이에 그 학부형들이 학교 당국자를 걸어 법원에 고소를 제기하였던 바 최근 대법원에서는 피고인 학교 당국의 처사가 옳았다는 판결이 났다고 보도되었다.

그 고소 내용과 대법원의 판결문이 어떠한지 알 수 없으나 우리 교회는 1950년 국무회의의 결의 정신에 근거한 조처 이상이 없다고 생각한다.

그 뒤에 국기에 대한 의례 준칙이 있는지 없는지 우리 국민에게 공시

된 일이 없지 않은가?

그러므로 당국자나 일반 국민이나 국기는 국가의 상징일 뿐이요 그 이상이 아니라는 기본 개념이 뚜렷해야 한다.

최근 '국기에 대한 선서'란 의식이 새로이 시행되고 있는 것은 국기를 신격화, 의인화(擬人化)시키려는 의도에서 이루어진 것이 아닌가 하는 의혹이 있으므로 우리 총회는 대표를 선정하여 당국에 그 시정을 촉구하기로 결의한 바 있다. 그러므로 당국자는 국기에 대한 의식에서 그 구호에 대해 다시 한번 '주목'에 환기하는 공문하달(公文下達)을 촉구하는 바이다. 한편 국기에 대한 선서는 그야말로 의인화시킨 인상이 있으므로 하루빨리 폐지하거나 바로잡을 것을 요청하는 바이다.

3. 주일의 일반 행사 문제

우리 교회는 당국에 대하여 또 하나의 시정을 촉구하고 있다. 곧 주일(일요일)에 관공서에서 시행하는 행사 문제이다. 국가에서 행해진 공무원 시험은 대부분 주일에 이루어진다. 가령 7, 9급 공무원 시험 등등이다. 우리 대한민국에서도 일요일은 공휴일로 정하였다. 그러나 7, 9급 공무원 채용 시험이 일요일에 시행되는 것은 우리 신자들에게 공무원 자격을 박탈하는 결과가 되기 쉽다. 또는 지방에서 컴퓨터(주산) 급수 따는 시험도 일요일에 실시하는 곳이 있다. 시험 감독과 장소를 학교를 이용하기 때문이란 핑계를 하기도 한다.

그러나 일반이 함께 누려야 할 국가 봉사나 휴가에 대한 권리가 편의주의(便宜主義) 때문에 침해되어서는 안 된다. 이러한 문제를 상급처에 진정할 때에는 수긍하면서 하부처에 시달한다는 것이다. 그러므로 일제 잔재 의식의 발로나 과잉 충성심(過剩忠誠心)이 하루빨리 곽청(廓淸)되어야 한다.

우리 교회에 있어서 주일은 성도가 거룩하게 지켜야만 하는 날이므로 신앙적 차원에서 보호되어야 한다. 과거 20세기 동안 이를 지켜 왔던 신앙의 신조를 지켜야만 한다.

과거 북한에서 김일성이 주일에 투표했을 때, 7인의 대표가 위험을 무릅쓰고 그와 면담하여 주일 투표의 부당성을 지적한 것은 귀한 예가 된다. 당시 북한교회 성도들은 주일 새벽 0시부터 그다음 월요일 0시까지 전부를 하나님께 드리고자 애를 썼다. 또한, 국민학교 학생들은 주일에 소집해도 학교에 가지 않았다. 벌로 7일간 화장실 청소를 해도 학교에 가지 않았다. 주일에는 학교 숙제도 하지 않았다. 수학 여행 시 주일을 껴서 갈 때는 그곳에서 꼭 예배를 드리고 주보를 받아 오라고 요구했다.

주일성수를 교회에서 솔선수범해야 하는데 목회자들이 주일날 행사를 계획하기 때문에 일반 교인들의 주일성수에 대한 인식이 흐려지고 있다. 주일에 장로 장립식을 하는 것도 옳지 않다. 생일잔치도 되도록 주일에 하지 않아야 한다.

주일을 거룩히 지키며 하나님께 예배드리는 것은 신자의 기본적 의무이며 하나님을 기쁘시게 하는 일이다. 믿음의 선배들이 우리에게 물려 준 주일성수의 아름다운 전통이 퇴색되어 가는데 이 전통을 회복해야 한다. 우리 교회는 주일에는 종일 하나님을 예배하는 일과 성도들을 섬기며, 운동 및 오락을 금하며, 매식, 매매를 금하며, 영리 사업과 공부를 금할 뿐만 아니라 입학시험, 입사시험에 응시하지 않아야 한다.

제49장

국내 이단 종파의 내력

현재 우리나라에는 이단 종파가 활개를 치고 있다. 외국산 이단 종파들인 여호와의 증인, 몰몬교, 안식일교, 크리스천 사이언스는 이미 세계적으로 공인된 이단 종파 이거니와 국산 이단 종파들의 발호(跋扈)는 교묘하게 교회에 침투되고 있다.

따라서 이의 방지를 위한 신학적 비판이 최근 신학자들에 의해 예의(銳意) 논의되기 시작한 것은 바람직하다. 젊은 학자 박영관 박사는 최근 『이단 종파 비판』이라는 저서를 통하여 신학적으로 6대 이단 종파를 비판하였다. 계속해서 그의 나운몽 집단에 대한 비판이 발표되자 이것이 법정에 제소되는 불상사까지 발생되었다. 여기서 역사적으로 우리나라에서 발생한 이단 종파의 내력을 살펴보고자 한다.

1. 이용도(李龍道), 황국주(黃國柱)의 목 가름

그들은 1930년대에 전국적으로 선풍을 일으킨 인물들이었다. 그들은 현실 교회에 도전해서 특히 교역자의 무력과 세속화를 공격하였다. 그러므로 평신도들에게 선풍적인 인기가 있었다. 그러나 그들의 신앙에 의혹이 발로되기 시작하였다. 이용도는 감리교 목사로서 입신녀(入神女)의 꼬임에 빠져 교파 창설을 허락하였다. 그것이 평양의 중앙선도원이며, 그 후 예수교회로서 스웨덴버그의 신비주의를 전적으로 흡수하였다. 원산, 철산의 『새 주파』가 모두 그 일파였다. 이용도는 예수의 신성(神性)을 강조하는 나머지 예수는 마리아의 피 한 방울도 받지 않았다고 주장하였다고 한다. 황국주는 신비 중에 자기의 목이 떨어지고 그 자리에 예수의 목이 붙었다 하며 자기를 신성화하였다. 이 목 가름의 원리가 피 가름, 또는 혼음 사건으로 변천되었다.

2. 정달성(鄭達成)의 성수주일 무용론

정달성은 평안남포 중화군 일대에서 부흥 운동을 인도해 오던 분이다. 성경에 해박하고 박력도 있었다. 그러나 주일을 거룩히 지킨다는 데 이의(異意)를 제기하며, 주일에 일해도 좋다고 하여 농촌교회 교인들을 유혹하였다. 농번기에 가뜩이나 분주한데 주일을 거룩히 지키라는 교회의 엄명은 무거운 멍에와 같이 생각되었다. 하나님을 사랑하며, 하나님의 사랑으로 구원받았다는 고마움이 중심에서 일어나지 않고 성수주일을 계율적으로 지키려고 하니깐 무거운 짐이 되었다. 그런데 부흥회를 인도하는 강사가 주일에 일해도 상관없다고 하니 이 교훈이 농촌 교인들에게 먹혀들어갔다.

　최근 세칭 구원파에 속하는 자들이 주일에 일해도, 예배당에 가지 않더라도 마음에 거리낌이 없다는 생각은 이미 옛날부터 교회 안에 잠입해 있는 쓴 뿌리이다. 이러한 이단 종파들은 일본 강점기 때부터 그 근원을 갖고 있다. 1954년 5월 문선명은 세계기독교통일신령협회를 정식으로 발족시켰다. 1955년 어느 날 당시 이화여자대학교 총장 김활란 박사 앞으로 미국에서 조회하는 편지가 내도하였다. 그 조회 편지에 의하면 이화여대학교 교수 김영운이 미국 친구에게 문선명을 소개하는 편지에 그를 가리켜 장차 이 땅에 올 그 사람 즉, 정감록에 나타나는 그 사람이란 것이다. 김 총장은 해괴(駭怪)하다 생각하여 사실을 조사한 결과 교수 몇몇과 학생 수십 명이 통일교에 접선되어 있음을 알아내었다. 여기서 집단 해직, 집단 정학 처분이 내려져서 당시 사회에서는 그 처사가 가혹하다고까지 비판되었었다.

　당시 필자는「기독공보」편집국장으로 재직 중이면서 그들의 원리강론을 청강하였고, 김영운의 편지를 복사하여 보도한 일이 있었다. 원리강론 중에 "하나님은 플러스와 마이너스(＋, －)의 하나님이다"라는 것이었다. 그리고 이리저리 탐문한 결과 이브가 선악과를 따먹은 것을 성적 타락으로 해석한다는 것이었다. 그러므로『이단 종파 비판』은 이렇게 비판하고 있다.

　　　세계기독교통일신령협회는 문선명 씨에 의하여 지금부터 20년 전에 우리나라에서 발생한 하나의 이단종파이다. 그는 이용도, 황국주의 후배이며, 김백문이 쓴『성서신학』과『기독교 근본원리』를 표절하여 소위 『원리강론』을 만들었고, 정득은 노파의 범성욕(汎性慾)주의의 영향을 받아서 형성한 하나의 혼합주의 사교의 교주인 것이다.[1]

3. 박태선의 혼음 사건

박태선은 본래 서울 남대문교회 집사였다. 6·25동란 중에 혼음 교리(混淫敎理)에 감염이 된 듯하다. 그의 계보가 박영관 박사의 조사로 발표되었다.

이용도, 황국주는 문선명, 정득은… 박태선으로 이어졌다. 박태선은 수복 이후 서울에 올라와서 신유의 역사를 받았다 하여 부흥회 강사로 나서게 되었다. 1955년 여름이었다. 대구부흥협회 주최로 남산에서 부흥집회가 열리면서 고(故) 스완슨(Swanson) 목사를 강사로 초청하였고, 박태선은 새벽 집회만을 인도하였다.

이때 "성령이 향기처럼, 이슬처럼 내렸다. 성령의 불꽃을 카메라에 포착하였다" 하여 이상한 사진을 확대하여 게시하기도 하였다. 5만 제단을 건축할 자금을 위해서 헌금을 거두니 돈, 시계, 반지 등을 가마니로 거두어 덤핑하였다. 대구부흥협회가 주최한 집회에서 거둔 헌금이므로 의당히 그 부흥회가 주관해야 한다.

그런데 한국인 목사와 장로들이 민족의식(?)을 가장하여 예수교부흥협회를 급조(急造)하여 그 단체가 거금을 횡탈하여 오늘의 전도관의 모체(母體)를 육성해 놓고 말았다. 박태선은 한강 집회에서 피 가름의 원

---

[1] 박영관, 『이단 종파 비판』(서울: 기독교문서선교회, 1990), 27.

리를 설명하여 황국주의 목 가름의 원리와 일맥상통한 것을 스스로 고백하였다.

4. 용문산 이단 운동

고신파에서 나운몽 장로의 『구국 설교집』 제5집을 문제 삼아 아래와 같은 점들을 들어서 이단으로 규정하였다.

① 공자 석가도 신이 보내신 동방의 선지자요, 신의 뜻을 나타내었다.
② 복음이 전파되기 전 시대인은 유, 불교를 통해 구원받은 사람이 있다.
③ 유, 불교가 기독교 복음 안에서 조화되는 것이 천국이다.
④ 진리는 형에 있지 아니하고 질에 있으니, 진리이면 유교나 불교나 기독교가 하나가 된다고 함.[2] 마치 그의 주장은 기독교신령통일의 이념과도 비슷하다.

이와 같이 우리나라에 유사 이단 종파들이 교묘히 교회 안에 침투해서 순진한 양을 횡탈하고 그 영혼을 죽이는 것이다. 이러한 종파의 문제는 비단 장로교와 감리교와의 문제가 아니라 교회 전체의 일이다. 그러므로 신학자들의 신학적 비판에 귀를 기울여야 하며 행정 책임자들은 권징을 엄격히 해서 교회의 순수성을 지켜야 한다.

---

[2] "활개 치는 종파 운동 ②," 「새 생명」, 11월호, 72-73.

제50장

부흥 운동의 역사적소고(歷史的小考)

대한예수교장로회 합동 총회가 1984년을 지향하여 1만 교회 운동을 전개하기로 추진 중이다. 우리나라에 특히 장로교회가 설립된 이래 여러 차례의 부흥의 계기가 있었다.

1. 1907년의 부흥 운동이다

평양 장대현교회에서 일어난 부흥은 요원의 불꽃처럼 전국에 파급되었다. 우리나라는 1905년 러일 전쟁의 강화조약인 포츠담조약에 의하여 우리나라의 외교권이 일본에 넘어가고 얼마 안 있어 을사보호조약이 체결됨으로써 우리나라의 주권은 위험한 처지에 있었다. 이때 교회의 부흥은 성령으로 거듭나는 역사, 민족 개조의 기운이 팽배하게 된 것이다. 그러기에 1910년 한일합방으로 주권을 일본에 아주 많이 뺏기고 나라가 망했을 때 우리 교회는 백만 명 구령 운동을 전개한 것이다.

1910년 교회의 통계를 보면, 교회 수는 1,682처요, 교인 수는 140,470명이었다. 이 백만 구령 운동은 구체적으로 교회 부흥 운동을 지향한 운동이었다.

2. 1920년의 전진 운동이다

1919년 3월 1일 우리 민족의 대표 33인의 이름으로 발표된 독립선언서에 의하여 우리의 독립국임을 만방에 선포하였다. 그러나 우리의 독립선포는 그 실효(實效)를 거두지 못했을 뿐 아니라 애국자는 외국 망명, 또는 투옥을 당하고, 교회 지도자도 크게 수난을 당하였다. 민족의 심정은 절망 상태에 빠져 자포자기(自抛自棄)하는 경향이 짙어 갔다. 이러한 민족적, 교회적 위기에서 우리 교회는 전진 운동을 전개하였다. 한편 김익두, 이기선 목사가 신유의 능력을 베풀어 하나님께서 살아 계심을 그들을 통하여 증거 하심으로 우리 민족은 실망 가운데 소망을 품게 되었다.

이때 교회 통계는 다음과 같다. 목사 수는 1백80명, 교회 수 1천9백21처, 예배당 1천7백38개, 교인 수 13만 6천1백76명이었다. 1919년 3·1운동 직후에는 교세가 약화하여 교인 수는 119,896명으로 감소하였으나 전진 운동을 전개하여 교세가 회복되었으며, 1933년에는 30만 명을 헤아리게 되었다.

3. 일정 말기의 진리 운동이다

일본이 만주국을 건설하고 중국 대륙까지 침략의 마수(魔手)를 펴기 시작하였다. 1938년 일본의 경찰력은 우리 총회가 신사 참배를 국가의 식으로 받아들이는 역사적 오점을 남기게 하였다. 이러한 시기에 있어서 목사, 장로, 집사 가운데 진리 수호를 위한 전국적인 운동이 뿌리 깊게 진행되었다. 그 중심인물이 이기선, 주기철, 한상동, 채정민, 최봉석, 주남선 목사 등이었으며, 그들의 대부분이 전국적 검거 선풍에 의하여 구속되어 평양으로 압송하여 평양교도소에 갇혔다.

그중 주기철, 최봉석 목사와 박관준 장로는 평양에서, 박의흠 전도사는 안동에서, 서정명 전도사는 정주(定州) 근방에서 구속 고문 끝에 옥사하였다. 곧 순교의 제물이 되었다.

1945년 해방과 함께 출옥한 이는 이기선, 한상동, 주남선, 채정민(보석) 목사, 김린희, 서정환, 이인재 전도사 등 50여 명으로 전국 감옥에서 해방을 맞이하게 되었다. 만일 50여 명의 순교자와 50여 명의 출옥 성도가 없었더라면 우리나라 교회의 명맥은 가이 없었을 것이다. 그러나 하나님의 교회는 세상 권력에 의해서 한때 실패하는 것 같으나 결단코 망하지 않는 것이다. 이러한 순교자들의 신앙 정신으로 마침내 해방과 아울러 교회는 부활하게 된 것이다.

4. 3백만 구령 운동이다.

해방 후 총회신학교 교수 한 분이 3백만 구령 운동을 제창하였다. 아마도 3천만 명의 십일조를 생각했을 것이다. 그러나 해방 후 민족 전체가 국가 건설에 열중하고 있었으니만큼 3백만 구령 운동은 크게 호응을 보지 못하였다.

1955년 3천만을 그리스도에게란 구호 아래 민족 복음화 운동이 전개되었다. 그러나 이 운동은 초교파 운동으로 대중 집회에는 성공을 거두었다고 본다. 또 그 이후 1973년 8월 빌리 그레이엄 전도 집회는 5천만을 그리스도에게 인도하자는 대중 집회로 100만 명 이상이 회집하는 시위적인 효과를 거두었다. 여기에서 77년 여름 엑스폴로 74도 그 여세에 의해서 대중 집회로서는 성공을 보았다고 볼 수는 있다. 그러나 이러한 운동이 실효적 성과를 거두었다고 볼 수는 없다.

그러므로 우리 총회는 교회 설립 운동을 전개함으로써 교회적 사명과 민족적 소원(所願)을 달성하는 데 구체화해야 할 단계에 도달하였다. 이에 따라 제59회 총회에서는 총회 결의 때문에 1만 교회 운동을 전개하기로 하여 그 추진 방안을 모색하며 추진력을 집약시키기로 하였다. 교인 200명 이상의 교회에서 자발적으로 자급적으로 개척교회 한 곳씩을 설립한다고 하면 1975년도에 우리 총회 산하 교회가 3천 교회를 확보할 수가 있다고 보았다. 그러므로 기도하고 힘과 정성을 모아 1984년도까지 1만 교회 운동이 성공을 거두도록 노력을 기울이기로 했다.

제51장

기독교와 3·1운동

1919년 3·1운동은 근세 우리 민족의 커다란 민족 운동의 하나이다. 일제의 사슬을 끊고 자유를 찾으려는 민족의 외침이 온 세계에 메아리쳤고, 민족의 정기를 만방에 떨쳤다. 이 3·1운동의 정신적 바탕이 우리 교회에서 발원하고 있으나, 결코 교회의 배경을 업고 나선 운동은 아니었다. 다만 우리 교회 교인들이 민족적 자각으로 이 운동의 선봉에 섰을 뿐이다. 그리고 이 운동은 위대한 애국자들도 배출하였다.

오늘 우리가 이 3·1운동의 정신을 어떻게 이어받을까?

그것은 민주 자유를 위한 민족적 자각을 다시 가지며, 무엇보다도 복음화 운동으로 이 민족에 공헌해야 할 것이다.

1. 자주정신의 원천

1) 예수의 선언

> 주의 성령이 내게 임하셨으니 이는 가난한 자에게 복음을 전하게 하시려고 내게 기름을 부으시고 나를 보내사 포로가 된 자에게 자유를, 눈먼 자에게 다시 보게 함을 전파하며, 눌린 자를 자유케 하고, 주의 은혜의 해를 전파하게 하려 하심이라(눅 4장).

이것은 주님이 이 세상에 오신 목적을 밝히신 말씀이다. 물론 이 말씀에는 영적 뜻이 더 중요하다. 그러나 실제로 기독교가 들어가는 지역마다 자유, 평등, 민주주의 정신이 싹트기 시작하여 마침내 열매를 맺게 되었다. 이러한 예는 우리나라에서도 증거되고 있다. 우리나라에 개신교 선교사가 들어온 것은 1884년 알렌 의사와 1885년 언더우드와 아펜젤러 목사가 그 선봉이었다. 물론 이때는 이미 김옥균 등의 개화 운동으로 개화 사상이 얼마쯤 민중 속에 침투되어 있었다.

그러나 개신교 선교사들이 속속 이 나라에 들어오면서 성경을 보급하는 일로써 복음 전도의 방편으로 삼았다. 만주를 근거하여 선교하던 로스 목사가 쪽 복음을 밀수입시킨 일이나, 일본에서 '예수 행전'의 일부를 번역 출판한 이수정의 문서 전도가 본격적으로 성과를 거두지 못했을망정 그들이 전한 '예수 행전'을 통하여 예수 그리스도의 자유 정신이 이 민족의 가슴 속에 파고들기 시작하였다고 본다.

그 뒤 1890년에 성경번역위원회를 조직하여 성경 번역에 본격적으로 착수하였으며 출판 보급하였다. 그러므로 1890-1910년 사이에 7백만 권이 보급되었다고 하며, 이 숫자는 중국에서 50년 보급한 숫자와 맞먹는다고 한다. 성경 보급이 활발해지므로 영적 구원의 진리를 터득한 기독교인의 수가 증가되는 동시에 그 기독교인은 누구나 자유 정신이 투철하게 되는 것이다. 그러므로 우리나라에 기독교가 들어온 뒤 기독교 신자가 되는 때에는 우선 종의 제도가 깨졌었고, 종들을 해방시켜 동등한 인격 대우를 하였다.

필자는 선친 체정민(故蔡廷敏 목사)에게 들은 말씀이 있다. 고향에서 전도자 이성하(李成夏, 만주서 세례 받은 이)에게 전도를 받고 신자가 된 후에 집에 있던 종들을 해방했다. 그들도 신자가 되었다. 어느 신정에 선친이 예전 종이었던 나이 많은 신자를 만나 세배 인사를 드렸더니 감격해서 눈물을 흘리더라고 했다. 그러므로 자유 정신이란 인격을 존중할 줄 아는 신앙에서 우러날 때라야 참으로 독립 정신을 발휘할 수 있다고 본다. 3·1운동의 정신적 연원(淵源)은 이러한 기독교적 자유정신에 두고 있다.

2) 교육을 통한 인격 개발

특히, 우리나라 장로교회는 "예배당 곁에 학교를 세우라"는 칼빈의 정신을 따라 학교 운영에 힘썼다. 오늘날에 와서는 교육 제도가 크게 변화되었지마는 초대교회는 전도 사업보다 교육 사업에 더 정열을 기울였다고 본다.

물론 이것은 인문 개발만을 위한 교육 사업이 아니었다. 교육의 목적은 문맹을 퇴치하여 성경을 읽을 수 있게 하며, 또한 지식을 향상하기 위함이었다. 따라서 과학 지식을 보급해 생활 개량, 생활 향상을 도모한 것이었다. 여기서 3·1운동이 일어나기 전해인 1918년 장로교회 통계표를 살펴보자.

① 소학교: 512교, 학생: 17,895명.
② 중학교: 16교, 학생 1,831명.
③ 교육비: 88,736원.
④ 전도비: 15,290원.
⑤ 건축비: 62,158원.
⑥ 교회 비용 및 사례금: 72,410원.

당시 교회 수는 미조직교회를 합하여 2,005 교회인데 조직교회는 418처로 그러므로 조직교회에서는 소학교를 모두 경영했다는 결론이 된다. 이 당시 교인 총수는 13만 1천9백1십2명이었다. 한편 11년 후 광주학생사건이 일어나던 해의 통계표는 다음과 같다.

① 소학교: 491교, 학생: 21,349명.
② 중학교: 27교, 학생: 2,788명.
③ 교육비: 339,384원.
④ 전도비: 14,336원.
⑤ 건축비: 181,764원.
⑥ 교회비용 및 사례금 223,306원.

당시 교회 수는 조직교회 1,279처 미조직교회 953처인데 이때 우리나라 초등 교육 제도는 일제하에서 사립학교가 위축을 받기 시작한 것이다. 어쨌든 기독교회가 교육을 통한 인격 개발에 크게 공헌한 것은 숨길 수 없는 사실이다. 교회학교에서 교육을 받은 인사 가운데 자유 정신의 소유자가 많이 있어서 우리 민족의 근대화의 개척자들이 된 것이다. 그들을 일일이 예를 들려면 한정이 없다.

대한민국 초대 대통령 이승만 박사는 배재학당 출신이며, 고당 조만식 장로는 숭실학당 출신으로 오산학교 교장을 역임했다. 독립선언서의 서명자이며, 기독교의 대표인들 중 남강 이승훈은 오산학교 창립자로 인재를 많이 배출하였다. 이렇게 교회 계통의 학교들은 자유정신을 가진 인격자와 독립지사를 양성하는 처소가 되었다.

3) 자유 필봉(筆鋒)의 기수들

현대 민권 운동의 기수는 언론이다. 우리나라에서 근대식 신문으로 「독립신문」을 첫 기수로 인정한다. 그 신문의 관계자 서재필 박사는 도미하여 크리스천이 되어 귀국해서는 문서를 통한 독립 운동을 전개하였다. 그밖에도 이승만, 남궁억, 윤치호 등은 모두 초대 언론인들이었다. 「황성신문」, 「대한매일신보」, 「협성회보」 등이 자유 민권 사상을 계몽하는 일에 심혈을 기울였으며, 독립 정신을 고취하였다.

민간 신문뿐만 아니라 교계 신문도 일찍이 발행되어 있었다. 1896년 4월 7일에 「독립신문」 창간호가 나왔는데, 교회 신문은 1897년 2월 2일에 「조선그리스도신문」이 나왔다. 이 신문들이 자유, 민권, 민족주의 사상을 계몽하였으며, 그 온상들이었다. 신문 발행만이 아니라 신문 인쇄를 할 수 있는 인쇄 시설을 교회가 갖추었었다는 사실은 오늘에 비하여도 선구자 중의 선구자이다. 배제 삼문인쇄소에서 「독립신문」 등이 인쇄되었다. 이러한 사업들이 먼 훗날에 독립 운동을 일으킬 수 있는 정신적 요람이 되었다.

4) 인간 개조와 부흥 운동

우리 교회 역사상 3·1운동 전후를 통하여 몇 차례의 부흥 운동이 전개되었다.

우선, 1907년의 부흥 운동이었다. 이때의 부흥은 순전히 성령의 역사였다. 죄인이 통회자복하는 통곡은 강사의 연설에 있는 것이 아니라, 강하게 역사 하시는 성령의 일이었다. 더욱이 그때 강사 중 한 사람인 길선주 장로는 성령론을 강해하였다. 길선주가 성신 교리를 교수하는 중 채정민을 비롯하여 사경회 각 반이 회죄(悔罪) 통곡하였고, 선교사 이길함이 매야(每夜) 예배 인도 중 홀연히 급한 바람이 임하는 것 같더니 만당 청중이 성신의 감동하여 각기 죄를 자복하며 통곡하였다. 이렇게 10여 일에 각 교회가 크게 부흥되었으며, 길선주의 인도로 1개월을 더 계속하는 중 수천 명 교인이 다 중생의 성신세례를 받았다.[1]

이 성령의 역사는 중생과 성화를 의미한다. 중생이란 죄로 죽었던 영이 다시 살아나는 역사인 동시에 인간 개조를 의미한다. 인간 개조는 제도나 법으로 이루어지는 것이 아니라, 성령의 감화와 변화로만 이루어진다.

필자의 선친(채정민 목사, 그 당시 평신도)은 왜 통회자복 하였는가?
그것은 필자의 조부님께 대한 불효, 곧 그리스도에게 인도하지 못한

---

[1] 『조선 장로교회 사기』, 상권, 180.

죄 때문이었다. 그만큼 죄에 대하여 민감해졌으며, 인간 개조의 역사가 전국적으로 전개되었었다. 한편 그 당시의 객관적 정세를 살펴보면 대한제국의 멸망이 눈앞에 다가왔을 때였다.

대한제국은 왜 멸망하게 되었는가?

조선왕조 오백 년 동안 저지른 죄가 가득 찬 까닭이었다. 동시에 우리 민족의 완고, 무지, 무기력이 이 나라의 멸망을 방관만 하고 있었다. 그러므로 민족의 개조는 오랫동안 우리 민족을 지배해 온 불교, 유교로 불가능하여, 새로운 생명의 역사가 대망되고 있었다. 1907년 1월 평양 장대현교회에서 모인 연합집회는 초대교회의 다락방 역사가 재현되는 인상과 감동이 계속되었다. 이러한 성령을 통한 인간 개조가 비록 소수의 교인에게 한정되었으나, 1910년 한일합방으로 망국의 비운을 겪어야 할 때 교회는 용감하게 백만 명 구령 운동을 전개하였다.

이 운동은 장로교에 한하지 않고 개신교 전체가 추진하였다. 재령에서는 기독교 신자들이 신청한 전도 일수가 모두 1만 일에 달하였다. 또 평양에서는 천 명의 청중이 전적으로 개인 전도에 바치겠다고 약속한 날수가 모두 2만 2천 일에 달하였다. 그리하여 모두 10만에 달하는 전도 일수가 약속되었다. 수백만 권의 소책자와 70만 권의 마가복음이 한국 사람들에게 판매되었다. 수천 명의 기독교 신자들이 이러한 운동을 위하여 날마다 기도하였다. 이러한 부흥 운동은 인간 개조를 통한 교회의 부흥을 가져왔으며, 아울러 단체 활동을 위한 훈련도 저절로 이루어진 것이다. 이러한 훈련이 3·1운동 때 우리 교회 교인들이 동원되는 데 크게 도움이 되었고, 3·1운동을 민족적 운동으로까지 끌고 나아가는 동력이 되었다고 본다.

2. 민족자결 원칙 적용

1) 전승국에서는 적용(適用)하지 않았다

    1914-1918년 사이에 일어났던 제1차 세계대전을 종막 지으면서 미국 대통령 윌슨은 전후 수습 방안으로 민족자결 14개 원칙을 제창했다. 민족자결이란 그 민족의 일은 스스로 처리해야 하며, 다른 나라에 예속되거나 간섭하지 말자는 정치적 방안이었다. 미국은 영·불 등과 함께 연합군에 가담하여 독·오에 대하여 선전 포고와 동시에 참전하여 연합군의 승리를 굳혔으며, 파리강화회담에서 민족자결 원칙에 대한 강화조약이 체결되었다. 여기에 패전국인 독일, 오스트리아, 또는 러시아에 병합되었던 민족 국가들이 독립국으로 등장하게 되었다.
    러시아에서 폴란드, 핀란드, 독일에서 체코슬로바키아가 독립하였으므로 유럽의 지도가 개편되었으며, 아프리카에 있던 독일의 식민지들이 영, 불에 위임, 혹은 독립을 보게 되었다. 그런데 이 민족자결 원칙이란 전승 국가에 예속된 민족에게는 적용되지 않았다. 우리의 애국 투사나 애국자들은 미국 대통령 윌슨의 주장인 민족자결 원칙을 문자대로 환영하였으며, 그 원칙에 의하여 독립 선언을 하게 된 것이다. 1919년 3월 1일에 선포된 독립선언문에 의하면 일본에 대하여 독립을 청원하거나 항의하는 독립선언문이 아니라 글자 뜻 그대로 독립 선언이었다.

    오등(吾等)은 자에 아(我) 조선의 독립국임과 조선인의 자주민임을 선언하노라.

이것은 민족 대표 33인의 서명이 있는 독립선언문의 첫머리다. 세계 열강의 공인된 민족자결 원칙에 의하여 우리 민족의 자주민, 독립국임을 천하에 선언한 것이다. 그런데 우리의 이 독립 선언이 실효를 거두지 못한 것은 일본이 전승국의 일원이기 때문에 민족자결 원칙이 전승국에는 미치지 않은 까닭이다. 우선 민족자결 원칙을 주장한 미국 자신도 필리핀의 독립을 인정하지 않았으며, 영국은 인도에 대한 독립 약속을 이행하지 않았으며, 프랑스도 인도차이나(베트남)를 계속 강점하고 있었다. 필리핀, 인도, 베트남이 독립한 것은 제2차 세계대전이 종결된 이후였다.

제1차 세계대전 중에 일본은 영국과의 교전국인 독일에 선전포고를 하고 독일이 중국 교주만(膠州灣)을 근거하고 있는 청도(靑島) 등지에 상륙하여 독일군의 무장을 해제시킴으로써 전승국의 반열에 들게 되었다. 그러므로 우리의 독립 선언을 전승국 일본이 응해 줄 리가 없었다. 평화스럽게 독립을 선언하고 무저항적 독립 만세 시위를 부르는 순진한 백의민족(白衣民族)을 향하여 그들은 총칼을 휘둘렀다. 그리고 독립선언문에 행동 강령으로 나타난 공약 3장의 정신은 비폭력적 저항 정신으로 일관하고 있다.

> **첫째**, 오직 자유적 정신을 발휘할 것이요, 결코 배타적 감정으로 일주하지 말라.
> **둘째**, 최후의 일인까지 최후의 일각까지 민족의 정당한 의사를 쾌히 발표하자.
> **셋째**, 일체의 행동은 질서를 가장 존중하여 오인의 주장과 태도가 어디까지든지 공명정대하게 하라.

이렇게 우리의 태도는 순진하였다. 비록 우리의 독립 선언이 그때에는 실효를 거두지 못한 것 같으나 우리 민족의 자유정신이 크게 선양되었으며, 제2차 세계대전을 마무리하면서 미, 영, 소는 우리의 독립을 전제로 하는 일본의 항복을 내세우게 했다. 오늘날 대한민국은 3·1운동 이후에 설립된 대한민국 임시정부의 전통을 계승하는 역사적 염원이 되기도 하는 것이다. 결코, 독립 선언은 실패하지 않았다.

2) 선언문의 오류점

독립선언문의 작성자는 육당 최남선(崔南善)이다. 그는 학자나 불교도였으며, 해방 이후 천주교에 개종하였다. 그의 독립선언문은 귀중한 문헌이다. 그러나 기독교 관점에서 약간의 오류가 있음을 지적하지 않을 수 없다. 선언문 마지막 부분에 이런 글귀가 있다.

> 천백세 조령(祖靈)이 오등(吾等)을 음우하며, 전 세계의 기운이 외호(外護) 하나니 착수가 곧 성공이라 다만 전두(前頭)에 광명으로 매진할 따름인저
> 천백세의 조상의 영혼이 우리를 음으로 돕는다.

이러한 생각은 유교적 관념이다. 이것은 기독교적으로는 용납될 수 없는 어구인데 우리 교회 대표 16명 중 목사도 여러분이 있었으나 그것이 수정되지 않고 발표되었다는 점이다. 아마도 이것은 우리 기독교의 대표격인 이승훈은 평신도였으며, 길선주, 김병조, 김창준, 양전백, 유여대, 신홍식, 오화영, 정춘수 목사들은 독립선언서를 직접 검열할 기

회가 없이 인쇄 선포되지 않았는가 추측해 보기도 하는 것이다.

그러므로 후세에 우리들이 독립선언서를 정독할 때마다 조령의 음우란 어구에서 선배들의 처사가 신통하지 못했다는 아쉬움을 느낀다. 그러나 3·1운동 비화에서 알려진 바대로 서명자의 순위를 정할 때에 남강(이승훈 장로)이 천도교의 손병희에게 첫 자리를 양보한 것은 기독교인인 남강의 도량 있는 처사이며, 따라서 목사 길선주(장로교)가 이필주(감리교)를 앞세운 것은 평신도로서의 예의 바른 처사였다고 볼 뿐이다. 그리고 신앙 신조가 다른 천도교, 불교도와 함께 독립선언서에 서명했다는 점에 대하여도 음미해야 할 일이다. 3·1운동은 어디까지나 민족 운동이며, 정치 운동이었다.

비록 기독교 대표니, 천도교 대표니, 불교 대표니 하고 내세우나 교회가 그들을 파송한 것은 아니며, 실제로 만세 시위를 모의한 장소, 태극기를 만들고 독립선언문을 등사하는 처소가 교회 부속 건물이나, 심지어 예배당 일부를 사용하였다 하더라도 개인적 행위이지, 교회가 정식으로 결정하고 교회적으로 가담한 것은 아니다. 그러므로 요즘 말대로 그것이 에큐메니컬 운동은 아니었다고 본다.

그뿐만도 아니다. 그 33인이 모두 함께 합석한 적은 없었다. 서명 33인으로 되어 있었으나, 이북 출신인 몇몇 인사는 남강 이승훈 장로에게 도장을 위임하여 날인하였으며, 다만 그들의 독립 의지를 발표했다고 본다. 그러므로 서명자인 목사, 장로들이 교회적 배경을 업고 독립 운동에 가담한 것이 아니라, 민족의 한 사람으로 가담했다고 봐야 한다.

3) 백년전진(百年前進)과 전진 운동 전개

교회가 직접 3·1운동에 가담하지 않았다 하더라도 교회의 지도자와 교인들이 많이 체포, 투옥되고 예배당이 파괴되고 불타는 수난(受難)을 겪게 되었다. 그뿐만 아니라 독립 선언이 실효를 거두지 못하고 일본의 탄압이 격심하게 되었으므로 많은 지사가 국외로 망명을 갔으며, 망명하지 못한 일반 민중은 민족적으로 실의와 실망에 빠져 자포자기를 하는 경향도 띠게 되었다.

이야말로 민족적 비극이 아닐 수 없다. 이러한 민족적 존망이 위기에 처해 있을 때 우리 교회는 관망하고 있을 수만 없었다. 감리교회에서는 백년전진이란 명제로 조직적인 운동을 계획 추진하였으며, 장로교회에서는 전진 운동이라고 불렀다.

이 운동 목표에 대하여 다음과 같은 기록이 있다.

> 한국교회의 활동에 새로운 생명을 불어넣고… 복음 전도의 노력을 증진하며… 주일학교 활동에 새로운 자극을 주는 일이었다고 한다. 그러므로 4천 개에 달하는 한국장로교회에서는 거의 모두 이 전진 운동을 위한 특별 부흥집회가 열렸으며, 1920년 한 해 동안에 5,603명의 사람이 신앙을 고백하고 교회로 들어오게 되었다.[2]
> 일본 정부의 압박, 투옥과 교회의 빈약한 지도력, 내적 분쟁과 부도덕, 홍수의 피해와 마적의 약탈, 기근과 궁핍 등, 이러한 모든 고난을 겪으면서도 1920년부터 1925년까지 사이에 교회들이 잘 성장하

---

[2] 서명원 저, 『한국교회 성장사』, 63.

였던 것이 사실이다. 이 5년 동안의 성장률은 실로 30%에 달하였다. 세례 교인이 69,000명으로부터 89,000명으로 증가하였다는 것은 '좋은 성장'이다.³

이렇게 교회와 민족이 갖은 수난을 겪을 때 자포자기를 하는 민족에게 새 소망을 불러일으키는 또 하나의 역사가 시작되었으니 곧 김익두 목사의 신유(神癒) 역사였다. 라인강의 기적은 독일 민족의 과학적 두뇌와 근면 성실이 낳은 산물이며, 한강변의 기적은 근대화의 꿈을 실현해 보려는 하나의 청사진이다. 그러나 1920년대에 있어서 김익두 목사의 신유 역사는 하나님께서 살아 계셔서 역사하신다는 실증을 보여줌으로 자포자기한 민족이 소망을 갖고 교회로 들어오게 하는 것이었다. 그러나 여기에 부산물이 없을 수는 없다.

여기에 대하여 순교자 주기철 목사의 교인 성분의 분석을 살펴보자.

① 독립 운동을 위해 입교한 자-민간 사회 단체를 통해서는 독립 운동을 하기가 어렵고 비교적 집회의 자유가 있는 교회에 침투해서 독립 운동을 하려는 애국자들.
② 도덕적 수양을 위해 입교한 자-종교 편력자로서 산상 교훈을 최고의 도덕률로 인정하고 인격 수양을 위해 개종한 인사들.
③ 속죄 구령을 위해 입교한 자-의인은 없나니 한 사람도 없다. 죄인이 예수 그리스도와 그 십자가의 보혈 능력을 믿음으로 영원히 구원 얻는다는 순수한 복음을 받아들인 사람들.

---

³ Ibid., 76.

이 분석은 투옥 전에 행한 설교이며, 앞으로 한국교회가 수난을 당할 때, ①과 ②에 해당한 사람들이 당하는 수난은 헛될 것이나 ③에 속하는 거듭난 사람들이 받는 고난은 영광될 것이라. 그러므로 일사각오(一死覺悟)로 신앙을 지켜야 한다고 강조하였다.

4) 애국심만으로는 신앙을 유지 못함

우리 교회가 이 땅에 존립(存立)하고 있을 때 그 민족이 뿌리를 박고 선다. 그러므로 민족의 흥망이 교회의 성쇠에도 크게 영향을 주는 것이 사실이다. 그러나 교회는 "반석 위에 내 교회를 세우리니 음부의 권세가 이기지 못 하리라"(마 16장)는 예수님의 선언과 같이 세상 권세가 좌우할 수 없으며, 아무리 교회 지도자가 배반한다고 하더라도 교회가 붕괴하는 것은 아니다. 그런데 우리나라 교회는 3·1운동 이후 교회의 본디 사명에서 탈선하여 민족주의의 온상화가 되는 경향이 짙었기 때문에 교회가 당한 외부적 탄압은 엉뚱하게 되었다.

가령 일제 말기에 총회가 신사 참배를 결의하고 교회 지도자가 신도(神道) 의식을 실행하는 따위는 민족주의의 변질이며, 신앙의 타락을 의미한다. 1939년 총회에 참석했던 총대들이 대부분이 3·1운동 당시 열렬한 애국자들이었다. 그들의 대부분이 강대에 서면 이스라엘 민족의 해방 역사를 말했으며, 모세와 다니엘 같은 인물을 숭상하는 설교를 하였었다. 교회 지도자만이 아니었다. 과거의 애국지사들이 일본의 황국 신민으로서의 갖은 충성을 표시하였다.

그러므로 애국심만으로 순수한 신앙을 유지할 수는 없다. 민족주의자나 인격 수양을 위하여 교회에 들어왔던 신자들이 대부분 변절하여 일본식 기독교를 표방하고 어용 종교로 전락하고 말았다. 그러므로 애국자이기 전에 참된 기독 신자가 되었더라면 그들은 일제의 갖은 탄압에서도 절개를 굽히지 않았을 것이다.

제2차 세계대전 당시 독일에서 히틀러를 반대하던 교회 지도자들은 대부분이 투옥되었고, 어용 종교 지도자들만이 득세하였었다. 그러다가 히틀러가 망한 후 투옥되었던 교회 지도자들이 출옥하여 교회를 정화 부흥시키는 역사가 시작되었다. 오늘날 우리나라 교회 상황과 대조한다고 하면 부끄러움을 금할 수가 없다.

교회는 그 지역 사회에 있어서 민족 양심의 지표가 되어야 한다. 교회가 순화되지 못하면 인격 존경 사상과 자유 정신은 희미해지기 쉽다. 그러므로 일제 잔재가 자연 도태하기까지는 아직도 시간적 여유가 있음이 아쉬운 일이다.

"나의 형제 골육의 친척을 위하여 나 자신이 저주를 받아 그리스도에게서 끊어질지라도 원하는 바"라고 설파한 바울의 동족애는 참된 크리스천의 심정 발로다. 그러므로 바알에게 무릎을 꿇지 않았던 7천 명, 또는 엘리사 선지가 양성한 새로운 일군이 등장하던 날 여호사밧 왕조에 여호와 섬기는 일이 부흥을 가져왔던 것처럼 우리 교회의 역사에도 하루빨리 새로운 기운이 일어나기를 바라는 마음 간절하다.

제52장

민족 수난과 부흥 운동

우리나라 교회의 역사를 살펴보면 민족의 수난에 앞뒤로 부흥 운동이 일어난 것은 우연한 사실일 수가 없다. 그때그때마다 우리 민족에게 임하시는 하나님의 특별 섭리를 느껴 마지않는다. 이에 몇 가지 실례를 들어 살펴보자. 1907년에 일어났던 부흥 운동은 우리 교회 사상 최초의 부흥 역사이다.

어떤 사가는 1903년 원산에서 일어난 선교사들의 모임을 그 진원(震源)으로 삼는 이도 있다. 그러나 우리는 1907년 평양에서 일어난 성령의 역사를 하나님의 특별한 섭리로 인식한다. 우리 민족 국가는 1905년 포츠머스조약에 의해서 우리 외교권이 일본으로 넘어갔었다. 그것은 미국의 종용에 의한 것이다.

그러므로 나라를 사랑하는 우리 동포의 우국의 정을 말할 수 없었다. 여기에서 뜻있는 사람들이 교회로 들어오게 되었으며, 우리 민족의 운명을 하나님께 맡기자는 민족 운동이 일어나게 되었다. 때마침 1907년 1월에 평양에서 열린 도 사경회에서 길선주 장로(장대현교회, 그는 그해

9월에야 목사로 장립받았다)는 성령론을 강해하였다. 그의 성령 강해는 곧 인간 개조, 민족 개조론으로 확대되는 성령의 역사가 일어났다. 그러므로 심지어 소학교 학생들까지도 죄를 통회함으로써 신생(新生)의 역사를 체험하며, 확신하며, 또한 새로운 생활을 시작하게 되었다. 그러므로 1907년 부흥 운동은 성령의 인간(민족) 개조 운동이라고 본다.

1. 한일합방

만일 성령의 이러한 역사가 없었더라면 1910년에 있었던 한일합방의 비극을 극복할 마음의 자세가 확립되지 못하였을 것이라고 본다. 그러므로 1910년 한일합방으로 국가의 주권을 빼앗긴 우리 교회가 폭력에 의한 국권 회복을 꾀하지 않고 묵묵히 교회 전진 운동을 전개하기 시작하였다. 물론 이 전진 운동은 크게 실효를 거두었다고는 볼 수 없으나 우리 교회가 이 땅 위에서 민족적으로, 집단으로 무엇을 할 것인가를 제시한 것이라고 할 수 있다.

1914-1918년에 일어난 제1차 세계대전은 피압박 민족에게 자결 원칙을 제시하였다. 그러나 그 민족자결 원칙이 패전 국가 러시아, 독일, 오스트리아 등등에 예속되었던 민족에게만 적용이 되었고, 전승 국가(미, 영, 불, 일)에 예속되어 있던 민족에게는 적용되지 못하였다. 그러므로 미국에 예속되었던 필리핀, 영국에 예속되었던 인도, 프랑스에 예속되었던 베트남, 일본에 합병되었던 한국은 미국이 주장한 민족자결 원칙에서 제외되어 독립되지 못하였다.

1919년 3월 1일 우리 2천만 민족은 독립 선언을 하고 독립 만세를 불렀다. 일본에 대한 독립 청원, 또는 항쟁이 아니라 독립 선언이었으나 독립은 실현되지 못하고 오히려 민족적 수난을 크게 당하였다. 그러므로 우리 민족의 실망과 낙담은 말할 수 없이 컸다. 여기에서 허탈 상태에 빠진 우리 민족은 주색(酒色)으로 패망 직전에 놓이게 되었다. 이러한 민족적 위기에 직면하였을 때에 우리 교회에서는 신유(神癒)의 역사가 일어나기 시작하였다. 그 주요 인물이 김익두 목사와 이기선(李基宣) 목사였다.

김익두 목사는 전국적으로 순회하면서 각종 병을 고쳤으며, 이기선 목사는 경남 일대에서 신유의 역사를 행하였다. 신유의 역사란 이적 기사를 가리키며, 이적 기사란 절망 상태에 빠진 자들에게 새로운 희망을 안겨 주는 성령의 역사인 것이다. 하나님께서는 살아 계셔서 지금도 역사하고 계시다는 것을 실증적으로 보여 주시기 위해 두 목사를 통하여 신유의 역사로 나타낸 것이다.

이와 때를 같이 하여 교회 안에서 일어난 청년 운동, 주일학교 운동, 절제 운동 등은 절망 중인 민족의 얼을 회생시키는 커다란 생명 운동이 되었다. 또한, 일본도 우리의 3·1운동에 자극을 받아 문화 정책을 실행함으로 일간 신문 발행을 허가하였으며, 1920년 3월 5일에 「조선일보」, 4월 1일에 「동아일보」가 창간을 보게 되면서, 1920년, 1930년에 있어서 각종 민족 운동의 뒷받침, 또는 대변자의 역할을 담당하게 되었다. 특히, 학생들의 운동, 1929년 광주 학생 사건, 여름방학을 이용한 계몽 운동을 뒷받침한 사건은 크게 평가할 사건들이며 길이 남을 민족의 활동이었다. 이에 따라서 민족적인 각종 운동이 줄기차게 계속됐으며, 우리 교회는 민족 양심의 지표로써 크게 찬양을 받게 되었다.

2. 해방

1945년 우리 민족은 일본의 질곡에서 해방되었다. 일제 말기에 뿌려진 순교의 피, 순국의 피는 대한민국의 꽃을 피웠다. 그러나 38선으로 국토와 민족의 분열과 6·25의 민족 상잔의 비극을 겪었으나 민족 복음화의 샘 줄기가 우리 교회의 밑바탕에서 솟아오르기 시작하였다.

1965년 일어났던 3천만을 그리스도에게로의 운동이 마침내 1973년에는 5천만을 그리스도에게로, 또는 민족 복음화 운동으로까지 확대되었으며, 따라서 학원 복음화, 전군 신자화 운동이 지금도 줄기차게 계속되고 있다. 특히, 인도차이나반도 사태를 눈앞에 본 우리 교회는 민족적 단합에 앞장설 것을 마음에 다짐하지 않을 수 없었다. 그러므로 우리는 모든 내분을 지양하고 총화 단결이 우리 교회 안에서부터 일어나야 할 것을 통절하게 느끼고 있다. 우리 교회는 교역자들의 동향, 그들의 향배를 주의 깊게 관찰하고 있다. 지금은 무엇을 발표하지 않고 묵묵히 바라보고 있다.

더욱이 우리 합동 총회가 정회하고 속회를 기다리는 동안 60만 교인들의 마음은 매우 초조하게 총회의 속회를 바라보고 기원하고 있다. 폭로, 공갈의 얕은 전술을 쓰는 지도자들을 오히려 불쌍히 여기는 심정으로 정관하고 있을 따름이다. 우리는 모두 공동 생명체의 지체들이다. 눈이 손을, 손이 발을 향하여 너는 쓸데없다, 네가 잘못이라고 책임을 전가하더라도 그 죄과나 공과는 온몸에 영향을 미치는 것이다. 그러므로 영적 각성을 촉구할 수 있는 지도자들, 부흥사들의 활동을 우리는 주목하며, 또한 기대를 걸어 보고자 한다.

3. 민족 복음화 운동

빌리 그레이엄 전도 집회를 시발점으로 1970-80년대 민족 복음화 운동은 뜨겁게 달아올랐다. 이 전도 집회 이후 잇달아 열린 대규모 집회는 한국교회 부흥의 마중물이 됐다는 평가를 받는다.

그레이엄 목사 전도 집회가 열렸던 서울 여의도광장에서 1974년 '엑스플로 74'가 열렸다. 한국대학생선교회(CCC) 대표 고(故) 김준곤 목사가 주도한 엑스플로 74는 여의도 광장에서 5박 6일간 함께 먹고 자며 전도 훈련을 하는 집회였다. 첫날 집회에 136만여 명이 참석했고 연인원 650여만 명이 참석한 것으로 알려졌다. 김준곤 목사는 "젊은이들이 예수의 꿈을 꾸고 인류구원의 환상을 보며 한 손에는 복음을, 다른 한 손에는 사랑을 들고 지구촌 구석구석을 누비는 거룩한 민족이 되게 하옵소서"라고 기도하며 부흥의 불길을 댕겼다.

'민족복음화대성회'는 1907년의 평양 대부흥 운동 70주년을 기념해 1977년 여의도 광장에서 열렸다. 이 집회는 외국 선교 단체 등 외부의 도움이 아니라 부흥사로 이름을 알린 신현균 목사를 비롯한 국내 목회자들을 중심으로 준비되었다. 주제는 "민족 복음화를 위하여, 한국인에 의해서, 오직 성령으로"였다. 이 집회에서 처음으로 평양 대부흥 운동을 한국교회 부흥 및 성령 운동의 역사적 사건으로 기념했다.

1980년 '세계복음화대성회,' 1984년 '한국기독교 100주년 선교대회' 등 80년대에도 대규모 기독 집회의 열기는 이어졌다. 특히, 80년대 집회는 교회의 부흥뿐 아니라 열방으로 복음을 전하라는 하나님의 지상명령을 전파하는 데 큰 역할을 했다.

6·25동란으로 보릿고개를 겪은 뒤 가난에서 벗어나자는 시대적 소망

과 맞물려 대중 전도집회는 큰 호응을 얻었고 이후 한국교회뿐 아니라 경제도 크게 성장했다"라며 다만 산업화에 따른 도농 양극화 등으로 농촌교회가 쇠퇴한 것은 극복해야 할 과제이다.

민족 복음화 운동
<출처: 극동방송>

제53장

한국 기독교와 공산당

우리는 오는 25일로서 6·25동란 24주년을 맞게 된다. 그 날은 바로 성스러운 주일이었으며, 공무원이나 군인들은 공휴일을 맞이하여 단란한 휴일을 즐기고 있었다. 도전자들은 민주 사회의 공휴일을 악용하여 그 날 새벽 남한을 침공해 왔다. 북한 공산당의 침략이 빚은 상처와 비극은 너무도 크다. 오늘날도 그 상처가 완쾌되었다고 볼 수 없다.

우리는 이제 6·25 동란을 회상하면서 공산주의자들이 우리 교회에 입힌 상처가 어떠한가를 살펴보기로 하자.

우리 교회는 공산주의자들과의 관계에 있어서 항상 피해를 보았다.

이제 역사적 상황을 간추려 살펴보자.

1. 러시아 전도와 피해

1) 우리 교회가 재외 동포를 위해 목사 파송하다.

특히, 러시아 해삼위 등지에 흩어져 있는 교포들을 대상으로 전도 목사를 파송한 것이 1909년으로 평양신학교 2회 졸업생 최관홀 목사였다. 그가 그리스정교회에 개종하였었기 때문에 한때 해삼위 전도를 중지하였다가 1918년에 김현찬(金鉉贊) 목사를 파송하였다.

2) 러시아 전도 사역을 위해 구역 분할

1920년 총회 기록에 의하면 러시아 전도 사업에 있어서 감리교회와 구역 분할을 하였다. 그리고 1922년에는 우리 총회 산하에 시베리아노회가 조직되었으나 1926년에 집회가 곤란하므로 노회를 폐지하였다.

3) 순교자 추모 예배

1922년 함북노회에서는 러시아에서 순교당한 이훈(李勳) 전도사의 추도 예배를 거행하였다. 장로교 총회가 파송한 역대 전도 목사는 다음과 같다. 최관홀(崔寬屹), 김현찬, 최흥종(崔興鍾), 최일형(崔鎰亨)이다.

4) 신한촌에 김영학 목사 파송

1922년 감리교회에서도 김영학 목사를 해삼위 신한촌에 파송하였다.

그는 1930년에 반동분자란 죄목으로 붙들리어 10년의 중노동 형을 받았다. 1932년 11월 눈과 얼음 위에서 노동하다가 얼음이 갈라져 익사함으로써 순교의 제물이 되었다.[1]

5) 오소리에 한경희 목사 파송

1933년 장로교 총회에서는 만주 북쪽 오소리 강변에 사는 동포들을 위해 한경희(韓敬禧) 목사를 파송하였다. 그는 1935년 1월 4일 순회 중 공산당 비적에게 총살을 당하였다.

2. 국토 양단과 공산당

1925년 한국의 조선공산당이 조직되었다. 이들은 일제의 기독교 탄압에 편승하여 조선청년동맹과 한양청년동맹을 만들어 반기독교 운동을 전개했다. 그러므로 우리 민족은 정치적으로는 일본 사람의 탄압을 받았고, 사상적으로는 공산주의자들의 박해로 정치적으로는 식민지였고 사회적으로는 체념주의가, 사상적으로는 좌경화가, 종교적으로는 무기력하게 되었다.

1945년 해방과 동시에 38선으로 국토가 양단되고 이북은 공산당의 강점 아래 들어갔다. 그러나 기독교인들이 중심으로 하여 의주에서는 기독교사회민주당이, 평양에서는 기독교자유당이 조직되었으나 그 지

---

[1] 러시아 공산 혁명은 1917년에 있었으나 몇 해 동안 연해주(沿海州)까지 그 세력이 확장되지 못했으며, 1922년부터 교회를 핍박하기 시작하였다.

도자들의 대부분이 투옥되거나 이남으로 월남하게 되었다. 1946년 11월 3일은 주일이었는데 총선거를 실시하였다. 이에 앞서 10월 20일에 회집한 5도 연합노회는 주일 선거를 정면으로 반대하는 강경한 태도를 표시하였다. 당황한 공산당은 일부 교역자들을 회유하여 기독교연맹을 조직하여 공산당 정책을 지지하도록 하였다.

여기에 많은 교역자가 투옥되었고, 그 생사를 아직도 모르고 있다. 강제노동에 끌려가서 희생되기도 하고 총살당하기도 하였다. 해방되자마자 서울의 종로 거리는 공산당 건물이 즐비했고 민족의 나갈 길은 자본주의냐, 공산주의냐, 어느 노선으로 가야 할지 우왕좌왕하였다.

3. 6·25동란과 공산당

공산주의자들은 무신론자(無神論者)요, 유물주의(唯物主義)자이며, 종교를 아편이라고 주장하는 자들이며, 그들의 사상은 종교와 병존(倂存)할 수 없는 사상이다. 공산당이 6·25동란을 통해 보여 준 그들의 잔인한 인간성은 악마와 같이 기독교인들을 잔인하게 살해하였다.

이 전쟁은 우리가 오랫동안 6·25동란(動亂) 또는 6·25사변(事變)이라고 불렀던 전쟁이다. 당시 북한의 김일성 집단이 소련의 사주를 받아 일으킨 괴뢰 전쟁(proxy war)이라는 의미에서 이 전쟁은 동란 혹은 사변으로 불리기 적합했다. 언제부터인가 이 전쟁을 동란(사변)이라는 말 대신에 '한국 전쟁'이라는 이름으로 바꾸어 부르기 시작했다. 영어권 사람들은 이 전쟁을 한국 전쟁(Korean War)이라고 부른다. 그러나 영어 이름의 명명법은 틀린 것이다.

한국 전쟁에서는 한국인들뿐만 아니라 미국과 영국 프랑스 등 당대의 강대국이 모두 참전했을 뿐 아니라 국제 연합의 깃발 아래 총 67개국 군대가 참전했다. 그뿐 아니라 의무 지원 5개국, 물자 지원 40개국, 전후복구 사업 지원 6개국 등 총 67개국이 참전했다. 참전국 숫자와 그 내용을 볼 때 한국 전쟁은 가히 세계대전이라고도 말할 수 있는 전쟁이었다.

북괴의 남침으로 인한 6·25 한국 전쟁은 1950년대 초반 3년여에 걸쳐 남북한 전체 인구의 10%가 넘는 약 3백만 명 이상의 한국민이 죽거나 다쳤고, 그나마 일제 식민지에서 독립한 직후 몇 푼 안 되던 국가의 세간 살림마저 몽땅 날려 버리게 한 한민족 역사상 가장 처참한 전쟁이 되었다.

유엔군을 포함한 우리 측 병사 1백10만 명이 죽거나 다쳤으며 북측의 사상자도 1백42만여 명에 달한다. 또 민간인 사상자만 1백만 명에 이르는 처참한 동족상잔의 비극이었다. 1953년 7월 27일 휴전협정이 조인되기 전까지 3년 동안 이 땅은 초토화되어 버린 비극의 현장이었다.

북괴의 만행과 어처구니없는 행동에 많은 동포가 가족을 잃거나 헤어져 살고 있으며, 추위와 병고와 기아에 시달린 사람이 얼마나 많았던가? 피난을 못 하여 인민군 점령지에 있었던 사람들은 두 눈으로 똑똑히 보았다. 우익이라 죽이고 친일파란 누명을 씌워 죽였으며 대한민국 정부의 녹을 먹었으니 살려 둘 수 없다는 것이다. 이런저런 이유로 수많은 양민이 학살되었다.

6·25동란, 그해의 겨울은 유난히 길고 추었다. 그때라고 해서 특별히 긴 겨울, 특별히 추운 겨울이 아니었지만 그렇게 길고 춥게 느껴졌다. 그 겨울은 배가 고팠다. 모든 벌이는 끊기고 벌이가 없는 상태에서 하루

세 끼의 끼니를 이을 수가 없었다. 두 끼 중 한 끼마저도 보리죽으로 때웠다. 막노동과 노숙이나 다름없는 천막이나 판잣집에서 겨울을 지낸 사람들이 겪은 고생은 눈물겹기까지 하다. 그러니 그 겨울이 춥고 길 수밖에 없었다.

기독교 연감 1957년 판에 의하면 그 피해 상황은 다음과 같다.

1) 예배당 파괴

① 장로교: 완전 소실-152동, 8천여 평, 파괴-1,467동, 2만 6천여 평.
② 감리교: 완전 소실 84동, 4천여 명, 파괴-155동 9천여 평.
③ 성결교: 완전소실-27동, 1천여 평, 파괴-79동, 4천여 평.
④ 구세군: 완전 소실-4동, 4백여 평, 파괴-4동, 8백여 평.

2) 순교 및 피납 교역자

① 장로교: 150명.
② 감리교: 48명.
③ 성결교: 11명.
④ 구세군: 7명.
⑤ 가톨릭: 150명.

1945년 38선으로 국토가 양단되고, 또 6·25동란이 일어난 전후에 이북에서 3백만에 가까운 인민이 자유대한으로 월남해 왔다. 그 가운데 많은 기독교인이 있었으며, 또 월남해서 기독교인이 된 사람도 매우 많다. 이북에 살 때에는 무종교인이거나 반종교인이었으나 고향 산천을 떠나 타향에 와서 살면서 인생이 허무한 것을 깨달은 월남 동포 가운데 기독교에 귀의하여 독실한 신자가 되었으며, 그중 젊은 남자 가운데 교역자가 된 사람도 많이 있다. 특히, 동란 중에 반공 포로(反共捕虜)로서 자유를 찾은 신우 회원 중에 50명 이상이 목사가 되어 목회에 성공하는 이도 있다.

최근 발행된 『공산 세계 속의 기독교 투쟁사』는 공산 국가에 있어서 공산주의 정책을 여실(如實)히 폭로하고 있다. 그 책자 속에 우리나라 교회의 투쟁사가 없음은 유감이며, 역자(譯者)가 부록으로라도 우리 교회의 수난, 투쟁사를 수록하였더라면 좋았을 걸 하는 아쉬움이 있다. 어제나 오늘이나 교회는 인간의 자유를 존중하며, 자유를 확보하기 위해 항상 십자가를 지는 단체이다.

인간의 존엄성과 생명의 경외성과 신비성을 아는 인간이라면 우리 기독교회와 함께 생의 운명을 함께 하며, 공동 투쟁하게 되는 것이다. 교회 스스로가 반공, 승공을 표방하지 않거니와 승공의 원천은 교회에 서라야 발전하게 되는 것이다.

4. 6·25동란과 기독교적 조명

아아 잊으랴 어찌 우리 이 날을 조국을 원수들이 짓밟아 오던 날을⋯.

그렇다.

우리가 어찌 이 날을 잊을 수 있을까?

사람이 아무리 망각의 실존이라 하더라도 6·25 동란의 참상을 겪은 이들은 잊지 못한다.

북괴의 남침으로 인한 6·25한국 전쟁은 1950년대 초반 3년여에 걸쳐 남북한 전체 인구의 10%가 넘는 약 3백만 명 이상의 한국민이 죽거나 다쳤고, 그나마 일제 식민지에서 독립한 직후 몇 푼 안 되던 국가의 세간 살림마저 몽땅 날려 버리게 한 한민족 역사상 가장 처참한 전쟁이 되었다. 유엔군을 포함한 우리 측 병사 1백10만 명이 죽거나 다쳤으며 북측의 사상자도 1백42만여 명에 달한다. 또 민간인 사상자만 1백만 명에 이르는 처참한 동족상잔의 비극이었다. 1953년 7월 27일 휴전 협정이 조인되기 전까지 3년 동안 이 땅은 초토화되어 버린 비극의 현장이었다.

북괴의 만행과 어처구니 없는 행동에 많은 동포가 가족을 잃거나 헤어져 살고 있으며, 추위와 병고와 기아에 시달린 사람이 얼마나 많았던가?

피난을 못하여 인민군 점령지에 있었던 사람들은 두 눈으로 똑똑히 보았다. 우익이라 죽이고 친일파란 누명을 씌워 죽였으며 대한민국 정부의 녹을 먹었으니 살려 둘 수 없다는 것이다. 이런저런 이유로 수많은 양민이 학살되었다. 6·25동란, 그해의 겨울은 유난히 길고 추웠다.

그때라고 해서 특별히 긴 겨울, 특별히 추운 겨울이 아니었지만 그렇게 길고 춥게 느껴졌다. 그 겨울은 배가 고팠다. 모든 벌이는 끊기고 벌이가 없는 상태에서 하루 세 끼의 끼니를 이을 수가 없었다. 두 끼 중 한 끼마저도 보리죽으로 때웠다. 막노동과 노숙이나 다름없는 천막이나 판자집에서 겨울을 지낸 사람들이 겪은 고생은 눈물겹기까지 하다. 그러니 그 겨울이 춥고 길 수밖에 없었다. 그럼에도 오늘에 이르기까지 무려

62년이 지나는 긴 세월 동안에도 6·25동란의 비극은 아직 치유되지 않았고, 세계 비극의 표본처럼 남아있다.

기독교적 입장에서 6 25 동란을 조명해 보자.

1) 한민족 역사상 가장 처참한 강대국 전쟁

잭 리비 교수(Jack S. Levy[*War in the Modern Great Power System*, 1895-1975])는 한국 전쟁을 '강대국 전쟁'(Great Power War)의 하나로 분류하고 있다. 2010년 9월 3일 『기네스북 월드 레코드』(*Guiness Book World Records*)는 6·25동란을 역사상 가장 많은 국가(677R국)가 참전(參戰)한 세계 기록으로 공식 인증하였다.

2) '6·25동란'에 대한 북한 및 종북 좌파들의 변명과 오류

6·25동란에 대한 김일성의 주장은 6·25동란은 한반도를 식민지화하려는 '미제국주의자들'이 남한의 '괴뢰 정부'를 앞세워 침략 전쟁을 일으켰으며 북한은 이에 대항한 '정의의 전쟁'을 통해 승리를 쟁취했다는 것이다. 이러한 주장은 소극적으로 동족상잔의 비극을 일으킨 책임 및 통일이라는 전쟁 목적의 달성 실패에 대한 책임을 회피하며, 적극적으로는 반미·반제 의식을 더욱 강화시키고 '미제에 대한 승리'라는 업적을 고양하려는 목적을 내포하고 있다고 할 수 있다.

결국, 북한은 6·25동란을 "조국 해방 전쟁이며 미제의 침략을 물리치고 조국의 자유와 독립을 수호하기 위한 정의의 민족 해방 전쟁"이라고 주장한다. 이는 마르크스-레닌주의의 전쟁관에 기초하고 있는 것으로 "사회주의 내지 공산주의의 실현을 위한 전쟁은 정의의 전쟁이며, 자본주의 사회를 수호·확대하기 위한 전쟁은 부정의의 전쟁"이라는 개념 규정에 따른 것이다.

한국 전쟁은 북한이 먼저 시작했다는 사실을 인정하지 않을 수 없는 근거가 백일하에 공개되었다. 한국 전쟁 발발 직전 북한군에게 남침 공격 명령을 하달한 소련 군부가 작성한 공격 명령서가 발굴, 공개되었다는 사실은 한국 전쟁의 침략국이 어느 나라인가에 대한 논쟁에 종지부를 찍게 하였다(국방부군사편찬연구소, "한국 전쟁 북한군 전투명령"). 그럼에도 불구하고 한국의 좌익 종북주의자들은 시인하지 않았다. 좌익들은 그들의 잘못된 이론을 폐기하는 대신 한국 전쟁을 두 가지 다른 차원에서 옹호하고 변명하였다.

첫째, 북한을 비롯한 공산 진영이 먼저 공격한 것은 사실이지만 이는 미국이 남침을 유도한 결과라는 소위 '남침 유도설'을 주장한다.

둘째, 한국 전쟁이 국제 전쟁이 아니라 내란(內亂, Civil War)으로 보아야 한다는 주장이다.

한국 전쟁을 내란으로 간주하게 되면 누가 먼저 전쟁을 일으켰느냐의 문제는 더 중요한 쟁점이 되지 않는다. 따라서 종북 좌파들은 한국 전쟁이 민족 해방 전쟁이라는 북한의 주장에 동조함으로써, 민족 해방이라는 숭고한 목표를 달성하는 데 전쟁을 누가 먼저 일으켰느냐의 여부는 문제가 될 것이 없다는 입장을 취한다.

3) '6·25동란'은 한국교회의 불(不) 회개에 대한 하나님의 재앙과 징계

한국에 있어서 하나님의 진노를 쌓았던 죄는 한국교회가 범한 신사 참배의 공죄를 회개하지 않았다. 1938년 9월 10일, 평양 서문밖 예배당에서 모인 조선예수교장로회 27회 총회는 일본 군구주의자들의 압제에 굴복하여 신사 참배를 가결했다. 이 죄는 한국교회가 범한 큰 공죄였다. 하나님을 배신 배약하고, 성경과 신조와 교리와 교회 정치와 역사를 팔아먹은 죄악이었다.

하나님은 1945년 8월 15일을 기하여 이 땅에 해방의 기쁨을 주셨다. 또한, 왕조 역사에 종지부를 찍고 자유 민주주의가 등장하여 역사의 새 장이 열리는 벅찬 마당에 한국교회는 일제 탄압 때 범한 여러 가지 공죄를 회개하고 희망찬 아침을 맞았다. 아울러 신사 참배 반대 운동으로 옥사하신 분 외에 출옥한 진리의 종들이 회개 운동과 한국교회 재정비 운동을 제의하였다.

그러나 신사 참배를 솔선하였던 교권주의자들로 말미암아 북한의 교회는 다시 혼란에 빠지고 말았다. 남한의 경우 1946년 6월 12일부터 4일간 서울 승동교회당에서 남부 총회를 열어, 27회 총회가 범한 신사 참배 결의는 취소하고, 조선신학원을 조선신학교로 개칭하여 남부 총회 직영 신학교로 결정하였다. 그러나 이 조선신학원은 평양신학교가 폐교당한 후 서울에서 신사 참배를 솔선한 자유주의자들에 의하여 설립된 (1939년) 학교였다. 그런데도 해방 후 남부 총회가 신학적으로 자유주의요 신사 참배 솔선수범자들에 의하여 일본의 보호와 감독 아래 자라왔던 학교를 남한 전역의 목사 양성 학교로 인준해 준 이 사실은 신사 참배 결의에 못지않은 큰 죄였다.

이처럼 신사 참배는 사탄 앞에서 외적인 항복이요, 조선신학교를 결정함은 내적인 항복이다. 이 일로 인하여 1946년 9월 20일 부산에서 명실공히 평양신학교의 신학 사상을 계승하는 고려신학교가 설립되었다. 하지만 당시 남부 총회는 고려신학 운동을 분열주의자로 낙인을 찍어 총회에서 축출하고 말았다. 그러나 고려신학 운동은 해방 후 자유주의의 신학 운동의 정체와 신사 참배의 한국교회적 공죄가 무엇인가를 만천하에 알리는 계기가 되었다. 해방을 맞은 한국의 남북한교회들은 참으로 하나님을 섭섭하게 하였고, 환난 날에 시험을 감당하지 못하여 넘어진 죄를 회개할 기회를 주었으나 그것을 오히려 악용하였다.

그러므로 하나님이 6·25동란을 통하여 한국교회의 회개를 촉구한 것이며, 북쪽에서 끓던 공산주의의 가마(렘 1:13-16)를 남으로 기울어지게 한 것이다.

4) 유물론적 공산주의와 자유 민주주의에 대한 민족적 자각심을 일깨워줌

해방 후 북한은 소련군이 점령하고, 남한은 미군을 위시한 UN군이 진주하였다. 1945년 12월, 모스크바삼상회의에서 미, 영, 중, 소의 4개국이 5년간 한국 신탁통치 안을 결정하였다. 그 이후부터 한국은 외세에 의해서 분단의 조짐이 일기 시작하고, 급기야 38선이 우리 백성들의 눈과 귀와 입과 마음에 새겨지게 되었다. 결국, 1948년 5월 10일 남한에서만 총선이 시행되고 ,5월 30일에 최초의 국회가 열렸다. 7월 17일에는 헌법을 공포하여 초대 대통령 이승만 박사가 민선으로 당선되고 , 8월 15일에는 대한민국 정부 수립이 세계 만방에 선포되었다.

결국, 6·25동란은 유물론적 공산주의와 자유 민주주의의 대결이었다. 우리 국민은 유물론적 공산주의가 무신론을 국시로 하고, 인류의 정의, 자유, 사랑, 평등을 좀먹는 비기독교적 정체임을 6·25를 통해 절감하게 되었다. 자유 민주주의는 기독교적 산물임이 분명해졌다.

5) 복음 전파를 위한 섭리적 환난임을 알려 줌

분명히 성경은 "끓는 가마"가 남으로 기울어진 것은 유대의 죄에 대한 심판이요, 징계라고 했다. 이것은 하나님 자신이 전쟁이란 환난을 일으키시는 분이라고 주장한다(렘 1:15-16) 이러한 성경의 주장은 결코 이 세상 역사의 수레바퀴가 우연의 산물이 아님을 알려 주기 위함이요 그것이 하나님으로 말미암는 줄 알게 함으로 선민들에게 회개할 기회를 주심이요. 그 환난의 중함을 볼 때 우리 죄가 그 환난보다 더 컸음을 깨닫게 하기 위함이다. 그런데도 하나님은 이 전쟁이란 환난을 통해 남한 전역에 복음 운동이 맹렬히 전개되도록 섭리하였다. 6·25동란으로 인하여 월남한 많은 이북의 기독 신자들로 말미암아 남한 전역에 새로운 교회 운동이 일어나게 되었다.

6·25동란 이후에 남한에서의 기독교 신자의 폭발적인 증가는 실로 대단한 것이었다. 그뿐만 아니라 피난지 부산 삼일교회당에서는 초교파적으로 한국교계의 지도자들이 함께 모여 부흥 사경회를 개최하고 회개하는 역사가 일어났다. 그 일로 인하여 하나님은 맥아더 장군에게 인천 상륙 작전의 지혜와 성공을 허락하심으로 서울 수복의 축복을 다시 받게 된 것이다.

분명 대한민국은 세계 기독교의 복음 운동의 기지임이 확실하다. 전

세계에서 그 어느 나라도 기독교 복음 운동의 열정은 한국을 못 따라온다. 이것은 공산권(무신론), 불교의 힌두교권(허무주의), 이슬람교권의 마지막 선교 보루가 되기 위함이다.

한국 땅의 남한 일부가 잠시라도 고요를 누리고 자유, 정의, 평등, 사랑의 나무 아래 거하게 됨은 세계 선교 코스의 마지막 기지로 삼으시는 하나님의 구속사적 경륜이 있는 것이다. 그러므로 6·25동란이 복음 선교 운동을 위한 하나님의 섭리적 환난임을 읽을 수 있어야 한다.

6 · 25 동란
<출처: 다음 블로그 슈트름게슈쯔의밀리터리와 병기>

제54장

재일교포 선교 문제

1. 불행한 최초의 관계

우리나라와 일본과의 관계는 지리적(地理的)으로는 현해탄(玄海灘)을 사이에 두고 가까우면서도 정치적으로는 가장 먼 나라와 같은 상관 관계가 되어 있다. 1592년 일본의 집권자인 도요도미(豊臣秀吉)는 그의 야심을 달성하기 위해 우리나라를 침략해 왔다. 그는 일본의 기독 신자인 고니시(小西行長)와 불교 신자인 가도(加藤淸正)에게 20만 대군을 끌고 한국을 침략하도록 하였다. 그들이 성공하면 한국 공략이 성공하는 것이요, 실패한다고 하면 그들 신자의 세력이 그만큼 꺾기는 결과도 초래할 수 있다.

고니시는 천주교 신자로 20만 대군을 이끌고 5월 24일 부산에 상륙하였으며, 20일 만에 서울에 입성하였다. 입성할 때에 십자가를 앞세웠다는 것이다. 그들의 침략이 성공하였더라면 그들은 기독교 신앙을 강제하였을 것이다. 그러므로 침략자를 통한 선교의 과오를 범하지 못하도록 임진왜란은 그들의 참패로 끝을 맺은 것이다.

그러나 우리의 많은 문화재가 손실을 당한 것은 회복할 수 없다. 막대한 문헌들, 활자(活字), 기능공, 학자를 납치하여 자기들의 문화 발전에 기여시킨 바가 적지 아니하다. 도요도미의 세력이 물러가고 도쿠가와(德川家康) 막부 시대에 이르러서는 그들의 한국 정책이 달라졌다. 그는 많은 포로를 귀국시켰으며, 우호 관계를 모색하였다. 도쿠가와는 반기독자였다. 그래서 고니시는 죽음을 당하였고, 많은 천주교 신자가 희생되었다. 그런데 포로 가운데서 또 많은 사람이 유럽(포르투갈, 스페인 등등)인들에게 노예로 팔려 갔다. 불행 중에 다행으로 이들 가운데서 유럽인에게 전도를 받고 기독교 신자가 된 사람이 많았고 많은 일본 신자가 순교를 당할 때 우리의 교포들도 수난에 동참하였다.

2. 유학생을 위한 전도

1876년 일본과의 수호조약이 체결되었다. 그리하여 1881년에 12신사 유람단이 일본을 시찰하러 갔다가 그중 안종수(安宗洙)는 일본의 농학 권위자인 쯔다(津田仙)의 집을 방문하였을 때 산상보훈의 구절을 쓴 액자를 발견하였다. 그리고 그의 친구 이수정(李樹廷)에게 쯔다를 소개하여 마침내 그는 신자가 되어 세례를 받았으며, 미국성서공회 일본 주재 총무 루미스(D. Henry Loomis) 목사와 함께 우리글로 성경 번역하는 일에 협조하여 1884년 마가복음을 번역하였다.

한편 유길준(兪吉濬)과 유완수(柳完秀)는 경응의숙(慶應義塾)에, 윤치호(尹致昊)는 동인사(同人社)에 입학하여 공부하였으며, 개화당의 김옥균(金玉均)은 많은 학생을 일본에 유학시켰다(한석진 목사 傳記). 그 후 한일 관계가 밀접해짐에 따라서 일본 유학생 수가 증가하게 되었으며, 이들을 상대하고 선교할 필요성과 아울러 현지 유학생의 요구가 있게 되었다. 그리하여 1909년에 임종순(林鍾純) 장로가 장·감 공의회의 파송을 받아 갔었으며, 목사 파송을 요청받게 되었다. 그러므로 1909년에 회집하였던 조선예수교장로회 독노회에서는 한석진 씨를 신문 관련 일을 보기 전에 한 달 동안 일본 동경에 보내어 유학생에게 목사일을 보게 하며 경비는 마포삼열, 길선주 두 사람에게 맡겨 지불케 할 일을 결의 실행하였다. 한석진 목사는 마포 목사의 소개로 헤프번(T.C Hepbun) 목사를 만났으며, 일본인 우에무라(植村正久) 목사의 알선으로 이정로(李鼎魯) 목사를 신학교에 유학시키게 하였다. 1911년 독노회 보고에 의하면 이렇게 나와 있다.

① 전도인 박영일 씨를 작년에 4개월, 금년에 3개월 보냈으며,
② 예배처소는 조선청년회관을 빌려 써오며, 교인은 158인이며 연보는 매 주일에 평균 1원이며,
③ 감리교회 교인과 장로회 교인이 나뉘어 예배보는 일이 생기므로 대구(大邱) 부해리(溥海利, H. M. Bruin) 목사의 인도로 장로회 규모를 폐하고 합하여 예배보게 한 일이 있사오며,
④ 동경교회 감리교인과 장로교인의 공익을 위하여 감리교회와 교섭게 할 일(장로회 총회 1911년 회록)이다. 이 일을 위하여 전도 연보로 391원 50전이 수납되었다. 이것이 현재 제일 대한기독교회의 최초의 창립 역사이다.

3. 재일교포를 위한 정책

최근 모국을 방문한 재일동포들은 동경에 신학교 설립을 요청한 일이 있다. 국무총리는 그 건의를 받아 문교부에 위촉 연구 중이라고 하는바 일본 정부가 한인 선교사의 입국을 허락지 않는 벽에 부딪혀 있다. 충현교회에서, 순복음중앙교회에서 선교사의 입국을 청원한 바 일본외무성은 허락하나 법무성에서 거부하고 있다. 현재 일본에 있는 동포의 수는 60만을 넘고 있다.

1976년 이후 조총련계(朝總聯系)의 인사들이 조국 방문, 성묘단의 귀국을 통해 조국에 대한 인식이 새로워졌으므로 조총련을 탈퇴하여 최근엔 조민련(朝民聯)의 새로운 발족이 있게 되었다. 그러므로 정부에서도 조총련계의 조선대학에 대응할 초급대학을 개교할 계획이 진행 중에 있다는 소식은 흐뭇한 일인 동시에 거기에 교역자를 양성하는 기관을 병설할 방법이 모색되기를 바라는 마음 간절하다.

현재 재일동포(在日同胞)교회의 현황은 매우 약세이다. 47개의 교회가 있으며, 남녀 교인 총수는 3,559명이며, 1년간 경상비는 129,315,285원이다. 재일 대한기독교회에 가입하지 않은 단립교회가 45처 있으나 재일동포 60만에 비하여 기독교인의 수는 4천 미만이다.

일본에 있는 동포들을 위한 사상적 지도는 매우 중요하다. 그들에게 모국 방문의 기회를 줌으로써 지금까지의 조총련의 선전이 허위였음을 깨닫게 되어 전향하는 동포의 수가 늘어나는 것이 사실이다.

그러므로 우리 교회가 솔선하여 그들에게 인간의 존엄성, 동포애, 인류애를 보여 주며 또한 계몽해야 한다.

현재 우리 합동 총회가 재일교회와의 유대 관계를 맺고 있는 것은 이러한 특수성에 의한 처사이다. 재일대한기독교회가 WCC에 옵서버를 파송하며, 일본 NCC에 가입되어 있으며, 세계개혁교회연맹에도 관계되어 있어서 그 동향은 미묘하다. 그러나 해외 동포들의 대동단결과 그 영향을 고려하여 적극적으로 지원해야 할 의무감도 있는 것이다. 그러므로 우리 교회는 정부가 신학교 설립, 선교사 파송에 대한 강력한 뒷받침을 요청해야 하며, 60만 동포의 복음화를 위한 선교 활동이 크게 바람직하며 또 힘써야 할 일이다.

재일한국기독교선교협의회 2016 신년성회 및 제11차 총회 은혜 가운데 마치다!
<출처: 미션라이프>

제55장

한국교회 선언문 비판

1. 범 교단 운동 태동

　인도차이나 사태 이후 우리 교회의 19개 교파가 범교단적으로 대동단결하여 나라를 위한 기도회를 함으로써 국가에 대한 우리의 충정을 밝힌 바 있다. 우리 교회가 이 땅 위에 유형적 교회로 존재할 때에 국가의 안위(安危)가 교회의 존립에 직접적인 영향이 큰 것을 우리는 우리의 과거 90년의 역사에서 뼈저리게 체험하였다. 그러므로 155마일의 휴전선을 사이에 두고 이북 공산도당의 남침 위협을 받는 이 현실에서 우리 교회가 국민 총화에 솔선수범해야 할 의무를 느낀다.
　그동안 교계 일부의 정치 인사들의 극단적 행동으로 말미암아 교계 여론을 격화시키려 했으며 교계를 오도(誤導)할 뻔하였었다. 급기야 캄보디아, 베트남의 멸망을 현실로 보는 우리의 지성(知性)은 그들의 운명이 언덕 너머의 화재(火災)로만 볼 수 없었다. 여기서 여야(與野) 정당은 국가안보에 대한 공동 성명 발표와 대화를 통한 정책 법안 심의와 통과를 보는 등 국민 총화에 역점을 두고 있음을 간과할 수 없으며 민심 안정에 커다란 효과를 보여 주고 있다.

이러한 역사적 상황에서 19개 교파 지도자들이 교회의 신앙적 견해를 밝히는 한국교회 선언문을 발표한 것은 우리의 관심을 끌게 한다. 물론 한국기독교지도자협의회는 각 교파의 지도급 인사들의 사적 협의체이며, 각 교파에서 공적으로 승인, 또는 인준을 모두 받았다고 보지 않는다. 그들이 모두 각 교파의 총회장, 감독 지도자급 인사로서 그 교파를 대표할 만한 인사들이며, 그들의 행위가 그 교파의 교리, 신조, 정책에 어긋나지 않는 이상 그들의 언동(言動)은 공신력(公信力)이 있다고 볼 수 있다.

그런데 이번 선언문은 시간상으로 매우 때를 얻었다고 볼 수 있으며, 또한 높이 평가하는 동시에 우리는 지원, 호응에 인색하지 않으려 한다.

그러나 우리는 동 선언문의 머리말에서 또는 항목에서 몇 가지 이의(異議)를 설명하면서 동 선언서의 항목 전체를 소개하려 한다.

첫째, 대통령 긴급조치를 선언한 데 대해서 일부 교회에서는 이 같은 정부 시책에 대하여… 인권과 신앙의 자유를 침해하고 있다고 주장하였다. 그들 중 몇 사람은 현재 갇혀 있다. 대통령 긴급조치나 정부 시책에 대한 논평은 여기서 생략한다. 본보는 본란을 통하여 자주 우리의 견해를 밝힌 바가 있기 때문이다. 여기서 문제 되는 것은 현재 갇혀 있는 그분들이 어떤 사건의 누구누구인가를 밝히지 않은 점이다. 그동안 간첩 사건에 목사 몇 사람의 명단이 발표되었고, 또한 청계천 빈민 선교비 유용 혐의로 갇힌 목사들을 관련시킬 수는 없다고 본다.

둘째, 외국 보도의 불충분을 바로잡기 위한 목적은 옳았다고 본다. 선언문과 같이 아직 한국교회는 정부로 인해서 그 신앙이나 교회에 간섭이나 침해를 받은 일이 없고 선교 활동도 큰 제약 없이 자유로이 계속하고 있다.

그런데 다만 약간의 제한이 가해졌다면 무엇을 말하는가?

불가피한 일시적인 조치로만 넘길 수 있는 문제인가?

그것도 밝히지 않았다.

2. 선언문의 핵심

① 우리는 오늘의 현실에서는 대한민국의 주권 없이는 이 땅에 교회도 있을 수 없음을 인정하고 현 시국 하에서는 신앙 수호와 국가 안보를 우리의 제1차적 과업으로 간주한다. 공산 치하에서는 신앙의 자유가 없음을 비교해서 대한민국의 주권 없이는 이 땅에 교회도 있을 수 없음을 인정한다고 한 것은 사실이지마는 신학적으로 생각할 때 너무 지나친 인본적(人本的) 해석이다. 우리의 주권이 없을 때 유형적 교회의 존립이 이에 크게 좌우될 때가 있다. 그러나 지하교회, 신령적 교회는 오히려 심층화(深層化)되고 마침내 형상화되는 것이다. 과거의 경험이 이것을 우리에게 가르쳐 주고 있다.

② 우리는 크리스천인 동시에 시민이므로 이 양자의 임무를 책임 있게 수행하는 것을 기독자적 생활의 원칙으로 믿는다.

③ 우리는 현재 조국이 당면하고 있는 난국에 대하여 방관적 태도를

보일 수 없다. 따라서 상호 이해와 화해와 일치를 통하여 더욱더 건설적으로 일하는 것이 옳다고 생각한다.

④ 만일에 우리의 신앙과 선교의 자유가 침해당할 때는 우리 4백만 기독교인은 생명을 걸고 항거할 것을 다짐한다.

⑤ 우리는 그리스도의 교회가 구약 시대부터 오늘에 이르기까지 언제나 제사장과 예언자의 직능을 아울러 실천해 옴으로써 교회와 사회의 건전한 발전을 가져왔음에 비추어 앞으로도 이 두 가지의 직능을 수행할 것을 다짐한다. 현대교회가 구약 시대와 같이 교인들의 소원과 속죄를 담당한 제사장이라고 해석할 수 없고, 스스로 하나님께 함께 간구하는 제사장일 뿐이라고 생각된다. 오해가 없어야 한다.

⑥ 우리는 외국 선교 단체의 재정적, 인적인 원조를 환영하나, 우리의 자주성을 침해하지 않는 범위 내에서 계속 협조해 줄 것을 요망한다. 선교사들의 입국 목적에 어긋나는 행동은 국가 간의 우호 관계를 깨뜨리기 쉽고 그들의 국가적 권위에 편승하려는 사대주의(事大主義)가 철저히 지양되어야 한다. 선언서 머리말에서 이러한 상황이 외국에 보도될 때에 너무나 불충분하게 보도되어 한국교회가 정부로부터 극심한 박해나 제약을 받는 것으로 이해하게 된 것 같다.

이 책임이 누구에게 있는가?

최근 WCC 계열 인사들이 대거 내한하였다가 갔으며, 박형규 목사가 부활절 전단 사건에 관련 갇혔을 때 그의 가족 구호금을 보내게 해온 그릇된 보고자가 누구인가?

선교사인가?

국내 인사인가?

⑦ 우리는 현재 한국의 기독교의 실정에 있어서 어느 한 기관이나 단체나 개인의 성명서가 한국교회의 전체적 의견이나 소신이라고 볼 수 없다. 따라서 세계교회는 전달된 일부의 보도에 따라 한국의 정치적 상황이나 교회의 향방을 속단하지 말아 주기를 바란다. 오늘날까지 한국 NCC와 DCC 명의로 시국에 대한 상반된 성명서가 발표됨으로써 교계 여론을 격화시켰었다. 그리고 모 교파의 노회에서까지 시국 선언을 발표하는 등 교회가 마치 정당 기관으로 착각될 정도로 극화되었던 것이 사실이다. 인도차이나 사태 이후 교회는 잠잠해졌다. 그런데 선언문에 참가한 교회 중에 NCC 가입 교파가 7개이며 12개 교파는 비 NCC계이다.

⑧ 우리는 현재 전 인류가 당면하고 있는 전반적인 문제에 대하여 심심한 관심이 있으며, 더욱이 기독교 신앙의 자유를 제한하고 인간의 권리를 부정하는 공산주의의 위협에 대하여 전 세계 교회의 적극적인 관심 표명을 요망하다는 조항에 대하여는 국가적 차원에서 신앙 다음 주선하여야 할 문제로서 8항은 너무 미온적(微溫的)이다. 우리 기독교회는 공산주의자를 적(敵)그리스도요, 사단의 화신(化身)이라고 보는 것이다. 그러기에 그들은 기독교의 적이요, 그들의 정치 활동을 볼 때 인류의 적임을 만천하(滿天下)가 아는 것이다. 더욱이 우리나라가 당면하고 있는 북한의 남침 위협과 인도차이나의 무력 침략을 산 교훈으로 보며 반공 없이 교회와 인류의 자유가 보존될 수 없음을 알 것이다. 그러므로 우리는 공산주의에 대한 구체적인 반공 사상을 인식시키며, WCC를 타고 들어오는 공산 침투전략을 세계 교회에 알림으로

써 WCC의 용공정책을 규탄하고 시정을 촉구해야 한다.

또 가맹된 모든 교회는 탈퇴할 것을 강력히 권면하여야 할 것이 아닌가?

제56장

엑스폴로 74와 한국교회

1. 엑스폴로(Explo) 74

　엑스폴로는 72년 미국 텍사스 댈러스에서 처음 열렸다. "사랑과 성령으로 인간 자신을 혁명하는 예수 혁명"을 추구한 1차 대회에선 6만 명의 학생, 2만 명의 평신도, 240여 개 교회 단체가 참여했다. 한국대학생선교회(CCC) 설립자 김준곤 목사도 그 자리에 참석하였다.
　엑스플로 72에서 김준곤 목사는 새로운 복음전도 아이디어를 얻었다. 대회 마지막 날 그는 "2년 뒤 한국에서 30만 명이 모이는 대회를 개최하겠다"라고 선포했다. 당시 한국교회 안에는 75년까지 민족복음화운동을 성취하기 위해 전 성도를 훈련한다는 계획이 추진되고 있었다. 한국에서 열린 엑스폴로 74는 한국교회 교파 중 80%가 참여하는 범기독교적 전도훈련이었다.
　당시 한국 개신교 인구는 270만 명으로 추산됐는데 그중 10분의 1이 넘는 32만 3419명이 5박 6일간 '전민족 복음화, 전교인 전도 인화 훈련'이라는 기치 아래 학교 73곳과 광장 천막 등에서 숙식을 했다. 낮에는 전도훈련을 받고, 저녁에는 대각성 집회를 열어 가슴을 치며 철야기도를 했다. '예수 혁명(성령의 제3 폭발)'을 주제로 열린 대회의 목적은 크게 7가지였다.

① 예수의 지상명령인 전도의 폭발점을 만든다.
② 전 민족 복음화를 위한 전 신자 정예화 훈련에 나선다.
③ 사도행전적 교회 부흥의 폭발 점을 형성한다.
④ 예수 혁명 운동을 세계적 차원으로 폭발시킨다.
⑤ 학생·청소년층에 신앙 운동의 새로운 동기를 유발한다.
⑥ 사랑의 새 물결을 일으킨다.
⑦ 전도를 위해 크리스천의 힘을 총화·집약한다는 것이었다.

2. 전도 훈련

엑스폴로 74의 중요한 목표는 30만 명의 전도 요원 강습이었다. 30만 명에게 정도의 방법을 가르치며, 그들이 그 배운 방법을 그들이 속해 있는 교회를 위해서 충분히 활동할 것을 요망하였다. 그리고 밤 집회는 대중 집회로 모이며, 최종일인 주일 오후에는 대연합집회를 가짐으로써 작년 빌리 그레이엄 전도집회 때와 같이 백만 명 이상이 5·16광장에 모여 성령의 역사를 기다리자는 것이었다.

이 집회의 주관자인 김준곤 목사(한국대학생선교회 대표)가 합동 측 교단 소속 목사이기 때문에 한국 NCC계에서는 반대, 무관하다는 태도를 이미 표명하였다. 물론 우리는 그가 합동 측 교단에 속한 인사이니 적극적으로 협조한다는 것보다는 이번 집회가 단순한 전도를 위한 훈련과 실천에 중점을 두기 때문에 우리는 협조할 용의가 있을 뿐이었다.

우리는 그동안 한국대학생선교회(C.C.C.)에서 사랑방 전도요원 강습을 통하여 많은 교인을 훈련했으며, 그들이 자기 교회 목사의 지도를 받아 지역사회에서 전도를 실천함으로써 큰 성과를 보았다. 그러므로 우리는 오늘날과 같이 민족적 각성, 민족적 총화 단결을 위한 민족 양심(民族良心)의 순화 운동(醇化運動)을 지향하는 전도 운동이 시급하다.

3. 진기록 전도대회

엑스플로 74 는 한국교회사에 남을 매머드급 대회였던 만큼 각종 진기록을 갖고 있다. 초교파적으로 1만 2000개 교회가 참여한 사상 최대의 전도 집회로 연인원 655만 명이 참여했다. 전도요원은 매일 32만 3000여 명씩 총 194만 명이 집중 훈련을 받았다. 전도요원 훈련자 중 22만 명은 여의도광장과 주변 학교에서 합숙했고 10만 명은 서울 시내와 경기도 지역에서 오갔다. 참가자는 중·고등학생 8만 7,400명, 대학생 2만 5,300명, 평신도 19만 3,200명, 목회자 1만 3,000명, 교수 500명, 의료인 312명, 법조인 208명 등이었다. 외국인 3,400명도 서울 시내 학교와 교회, 호텔 등지에서 머물며 훈련을 받았다. 주최 측은 외국 참가자를 위해 4개 국어로 동시통역을 했다. 평신도는 총 48시간 교육을 받았는데 기본 전도 교육, 순론, 그리스도는 누구인가 등을 이수했다. 목회자들도 특강과 세미나 등 40시간 교육을 마쳤다.

기본 훈련 교재 35만 부, 사영리 100만 부, 성령 소책자 100만 부가 활용됐다. 철야기도회에는 연인원 143만 명이 참석했으며, 성가대도 매일 1만 명씩 총 6만 명이 무대에 섰다. 집중훈련에 따른 결과도 상당했다. 20만 명이 정도 활동에 나서서 42만 명에게 전도했다. 그중 결신자가 27만 2,000명, 관심 자가 12만 명이었다. 외국인 3,000명에게도 정도를 해 1,192명이 결신했다.

헌금은 당시 돈으로 1억 6,687만 원이 모였다. 그때 80kg 쌀 1가마가 2만 원이었던 것을 감안하면 요즘 시세로 대략 20억 원으로 추정된다. 대회 기간 동안 전도대원들을 위한 식사용으로 쌀 7,000가마가 소비됐다. 빵 360만 개, 반찬 등 부식 150t이 제공됐다. 식수차는 매일 17대씩 동원됐다. 참가자들의 식사를 준비한 봉사자만 연 3,400명이었다.

4. 영적 대각성 운동

엑스플로 74는 한국 기독교에 전도의 중요성을 심어 준 영적 대각성 집회였다. 학원 복음화 운동의 방향성이 민족복음화와 세계 선교로 전이(轉移)됐다는 평가를 받고 있다. 대회 후 지방별로 후속 전도대회가 여러 곳에서 열렸으며 기도회와 전도 훈련이 지속했다. 이때부터 사영리가 전도의 도구로 자리 잡았다. 대회를 기점으로 예수 혁명, 성령 충만, "민족의 가슴마다 피 묻은 그리스도를 심자"라는 구호가 교회마다 전해졌다.

당시 국제 CCC 대표였던 빌 브라이트 박사는 엑스플로 74를 이렇게 평가했다.

일주일 동안 전도와 제자 훈련을 위한 최대의 합숙 훈련이 있었다. 최대의 철야 기도회가 있었고 최대의 개인 전도가 실행돼 최대의 결신자가 생겼다. 한 번에 사상 최대의 그리스도인들이 성령충만을 받아 지상명령 성취를 위해 그들의 삶을 헌신하였다.

73년 빌리 그레이엄 전도 집회에 이어 열린 엑스플로 74는 77년 민족복음화대성회의 터전을 제공했다. 이처럼 대회는 70년대 한국교회 성장의 기폭제 역할을 했고 민족복음화와 세계 선교의 비전을 제시했다. 박성민 CCC 대표는 "엑스플로 74 후 1년간 1,000개 교회 주보를 모아 분석한 결과 대회 이전까지는 연평균 7-8% 성장했던 교회들이 대회 후에는 출석 교인 수는 33%, 헌금은 64% 늘어난 것으로 분석됐다"라면서 "실제로 한국교회는 이때를 기점으로 매년 20%씩 성장해 80년 초에는 교인이 1,000만 명에 이르렀다"라고 설명했다.

박 대표는 "기독교대한감리교에서 교회가 가장 많이 창립된 해가 75년이라는 분석이 있을 정도로 대회가 한국교회 내 복음 전파의 계기를 마련했다"라면서 "그때 헌신한 분들이 한국교회뿐만 아니라 사회 각계각층에서 중요한 역할을 하고 있다. 대회는 학원 선교와 평신도 선교 운동이 결합되어 민족복음화 운동과 세계 선교로 승화된 결정적 사건이었다"라고 평가했다.

이처럼 한국교회에 지대한 영향을 미친 엑스플로 74가 한국교회에 던지는 메시지는 분명하다. 그것은 영적 부흥이 하나님의 준비된 걸출한 영적 지도자에 의해 진행된다는 것과 복음의 진수를 깨달은 전도자에 의해 한 사람의 영혼이 살아나는 전도의 본질에 집중하라는 것이다. 엑스플로 74가 성공할 수 있었던 비결은 김준곤 목사라는 걸출한 영적 지도자와 복음의 진수를 깊이 경험했던 CCC 스태프들이 단순히 사람을 모으는 데 그치지 않고 소그룹 전도 훈련을 시킨 다음 전도 현장으로 다시 내 보냈기 때문이었다. 엑스플로 74를 준비했던 김준곤 목사는 이렇게 말했다.

100년 전 부흥 현장에 전도가 있었습니다. 회개한 사람들은 즉시 전도했습니다. 전도 없는 부흥은 가짜입니다. 교회가 전도하지 않으면 비만증에 걸려 각종 질병을 일으키게 됩니다. 전도가 가장 중요하다는 인식이 필요합니다.

1974년 여의도광장에서 열린 '엑스플로 74' 행사에 참가한
CCC 창립자 빌 브라이트 박사, 빌리 그레이엄 목사, 김준곤
목사(왼쪽부터)
<출처: CCC 제공>

제57장

장로교 합동 문제

1. 제58회 총회에 바람

하나의 한국장로교회가 사분오열된 것은 불행한 일이다. 그러므로 재합동 운동을 논의하고 구체적인 합동 원칙과 세칙까지 합작되었다. 그러나 그것은 실패작으로 끝나고 말았다. 특히, 1959년 제3차 분열 이후에 재합동에 대한 미련과 끈덕진 합동 운동은 어떤 때는 성숙 단계에서 사그러지기도 하였으나 합동 운동은 줄기차게 교계의 저류를 이루고 있다.

그러므로 최근 합동 총회를 비롯한 대한예수교장로회란 총회 이름 아래 있는 세 개의 총회, 증경 총회장급의 인사들이 합동 운동을 추진해 오고 있으며, 이들의 합동 열의에 따라 구체적으로 합동 추진 운동이 합법화되고 있다. 합동 총회 소속 몇몇 노회들이 이미 노회적으로 합동을 총회에 헌의하고 있으며 앞으로 있을 제58회 총회에서 가부간 취급하게 되었다.

필자는 「기독공보」와 「크리스천 신문」에 봉직하고 있을 때부터 우리 장로교회의 합동 운동에 대하여 "귀일"이란 표어를 내세우면서도 현실적인 문제를 참작하여 가능한 편부터의 합동에서 귀일을 지향해 왔다. 그러한 우리의 뜻이 실현되어 1961년에는 세칭 고려 측과 예장 승동 측이 합동하여 합동 총회가 성립되어 재합동이 제1차적으로 실현되었었다.

이에 따라서 세칭 예장 연동 측은 몇몇 중립 인사들과 함께 통합 총회를 구성하게 된 것도 가능한 편부터의 합동을 가능하게 한 것이라고 볼 수도 있다. 현재의 한국장로교회가 크거나 작거나 간에 총회를 구성하고 있는 세력이 본 총회를 비롯하여 통합파, 기장파, 성경장로파, 호헌 총회파, 재건파, 복구파와 숱한 중립파들이 저마다의 살림을 따로 차리고 있으며, 대한예수교장로회란 공통 명의를 사용하는 단체가 많음으로써 그 소속을 알 수 없는 교회들이 난립 되고 있다.

그러므로 이러한 명예롭지 못한 교회를 자체 정돈함으로써 복음전파에 전력해야만 우리 교회의 사명을 다할 수 있다고 보는 것이다. 그러므로 장로교회의 귀일은 하나의 이상은 될지언정 현실적인 문제가 불가능하다고 보아서, 물론 성령의 하나 되게 하시는 역사가 있다면 모르거니와 가능한 편부터의 합동이 매우 현실적이며 합리적인 합동 운동이라고 본다. 그러면 그 분리 되어있는 장로교회들이 과연 어떤 점에서 합동할 수 있으며, 합동될 수 없는가 이 문제 분석이 기본이 될 것이다.

첫째, 신학 사상이 자유주의적이냐 개혁주의적이냐 혹은 보수주의적이냐에 따라서 합동의 가능을 진단해 볼 수 있다.

여기에서 필자가 진단하기에는 합동 교단을 비롯하여 고려 측, 성경장로회 측, 호헌파, 재건파, 복구파, 중립파는 전적으로 보수주의 신학

편에 들 수 있으며, 통합 측은 반반으로 나뉘어 자유주의 신학 사상을 가진 이들이 있다고 본다. 그리고 기장 측에는 절대다수가 자유주의 신학에 근거하고 있다고 본다. 그러므로 신학적으로 분류해 본다면 2대 조류(二大潮流)로 단정할 수 있다. 여기서 신학적 바탕에서 합동을 실현하는 것은 고차원(高次元)적인 합동 원리이며, 또 성장한 교회로서 마땅한 일이다.

둘째, 같은 보수주의 신학에 바탕을 두고 있는 파벌이 왜 해소되지 않으며, 대동단결하지 못하느냐가 심히 통탄할 일이다.

그 가운데 성경장로회와 호헌파는 세계적인 교회 기구인 ICCC에 가입되어 있으므로 그들의 분리주의(分離主義) 영향이 절대적으로 크게 작용하고 있는 만큼 장로교 합동에 열의가 없다고 단정해야 한다. 그러므로 세계적인 아무런 기구에도 가입하지 않은 보수주의적 교회들은 과거의 생활 감정을 초월하여 합동하는 것이 올바른 교회 지도 체제가 된다.

셋째, WCC 기구를 통한 견해차가 어떻게 조절될 수 있느냐는 매우 의문이다.

한때 통합 측과의 원칙과 세칙까지 위원들 간에 합의되었으나 결국 WCC에 대한 견해가 두 총회 사이에 벽을 크게 이루고 있었다. 그 뒤 통합 측은 이미 WCC 복귀를 결의하였으며, 본 교단은 항구적으로 탈퇴한다는 기본 정책을 변경할성싶지 않는다.

그러므로 솔직히 말한다면 본 교단이 WCC에 대하여 정책을 180도 전향하든지, 합동을 간절히 바라는 통합 측 인사들이 WCC 배격에 대한 과감한 행동이 이루어지지 않는다면 이번의 합동 운동도 운동으로 끝나기 쉬우며, 합동에 대한 열의가 있다는 명분만을 표명하는 것으로 낙찰될 가능성이 짙다고 본다.

그러므로 본 총회의 통합 측과 고려 측과의 합동에 있어서 WCC 문제가 해결되지 않는다면 이루어질 수 없다고 단정한다. 그러므로 WCC에 대한 기본 견해가 같은 고려 측과의 합동은 이론상 가능한 편이라고 본다. 물론 고려 측 환원이란 과거는 그것을 문제 삼을 것이 되지 못한다. 과거의 문제에 집착할 것 없이 합동해서 교회적 사명을 다하는 것이 하나님의 뜻으로 인식될 때에는 모든 인간적 감정을 초월하여 과감한 행동이 요청될 뿐이다.

합동 측과 고신 측과의 합동이 이루어지지 않는 것은 이모저모로 그 이유를 따져 보더라도 이해할 수가 없다. 신학이 같고 세계교회기구에 대한 견해도 같은 이상, 십수 년 따로 살림하던 그 정신 때문에, 또는 경건 생활에 대한 습성이 문제 될 수는 없다. 우리는 성령의 도우심으로 우리의 실생활이 항상 거룩하게 사는 방향으로 가르치며 힘써야 한다. 비단 고려 측과의 합동 문제만 아니라 하나의 교회를 이렇게 저렇게 찢어 놓았다는 지도자의 책임의식이 강하다고 하면 우리가 살아 있을 때 원상을 복구하는 데 과감해야 한다.

그러나 한 가지 명심해야 할 것은 내가 갈라놓은 책임이 있으니 내가 합동을 시켜 놓아야겠다는 생각은 실제로 역효과를 가져오기 쉽다. 그만큼 책임의식을 높이 평가할 수 있으나 때 묻지 않은 인사들에게 합동운동의 제1선을 맡기고 그들의 합동 운동이 성취되도록 배후 기도와 성원에 나서야만 오히려 효과적으로 될 수 있다고 본다.

이상과 같은 나의 견해와 방법론은 교회 정치 제2선, 제3선에 있는 필자의 천박한 소견일는지 모르며, 그러한 기우(杞憂)들은 안개처럼 걷히고 늦어도 내년까지에는 역사적인 합동 총회가 열렸으면 하는 소원은 필자만의 희망이 아닐 것이다. 특히, 합동 측 교단 산하의 신학교 교수들과 통합 측 신학교의 교수급들이 참석하여 합동 총회의 신학적 기초작업이 우선되어야 한다고 본다.

본래 한 신학교에서 봉직하던 이들도 있고, 새로이 쌍방 신학교에 임직 된 분들도 있으므로 과연 그들의 신학, 특히 성경 안에서 일치가 될 수 있을는지 여기에 초점을 두어야 하지 않겠느냐 하는데 주의가 가는 바이다. 하루바삐 성령의 도우심으로 예수 그리스도를 믿는 일과 아는 일에 하나가 되어 하나의 총회 안에서 크리스천의 사명을 다하게 되기를 고대해 마지않는다(1972년).

2. 제61회 총회 전망과 문제들

1) 수난(受難)과 질서 파괴

1912년에 창립된 장로회 총회는 그 지나온 자취가 매우 험난하였다. 일제의 탄압, 공산 치하의 중단, 신학 사상 파동으로 말미암은 비상 정회, 분열 책동 분자들의 난동으로 회의의 지연, 유회, 정회 등등, 해방 후 하나의 총회가 사분오열되어 크게 4개의 총회가 저마다 장로교회의 전통을 잇는다 하며 9월 총회가 올해에도 예정한 날짜, 예정한 장소에 모여 회의를 진행할 것이다.

특히, 합동 총회는 제60회 총회가 예정한 날짜 예정한 장소에 회집하여 개최하였으나 총대의 정당성 여부를 조사하기 위해서 6개월 시한부

정회를 해야 하는 창피스러운 기록도 남기게 되었다. 그러므로 이번 모이는 총회에서는 그런 불상사가 반복되지 않기 위해서 각 노회의 통계표 보고를 받아 확인해야 하는 수고가 따르게 된 것이다. 당연하고도 정상적인 사무처리이다. 그런데 23일 현재 통계표를 보내오지 않은 노회가 몇이 있음은 태만과 비협조를 책하지 않을 수 없다. 따라서 총대들에게 발송해야 할 서류 준비도 지연되는 차질을 가져오게 되는 유감이 있다.

우리 교회는 거룩한 단체다. 거룩하다는 말은 신성하다는 뜻, 성별되었다는 뜻인데, 교회의 지도자들이 주먹구구식이요, 인본주의적이요, 무능, 태만, 비협조적이라면 성직자의 자격이 검토되어야 한다고 본다. 우리는 우리 스스로가 노회나 총회로 모이면서 성노회, 성총회라고 부른다. 그만큼 총대회원들이 말, 행위, 토론과 결정에 있어서 성인(聖人; 成人)답게 나타나야 할 것이다.

하나님은 어지러움의 하나님이 아니시요 오직 화평의 하나님이시니라… 모든 것을 정당하게 하고 질서대로 하라.

이 교훈은 분쟁 중인 고린도교회의 사태를 수습하는 바울 사도의 교훈이었다. 그러므로 이번 총회를 통하여 질서회복 유지에 최선을 다하도록 총대들의 은인자중(隱忍自重)을 촉구해 마지않는다.

2) 환상을 보여 주는 총회

최근 한국의 장로교 총회는 교인들에게 환상을 보여 주지 못하였다. 1950년 총회 이후 총회 때마다 커다란 진통을 겪어야 했다. 물론 그 진통이 다 나쁜 진통만은 아니었다. 자유와 보수, 세속과 경건, 교권과 민주 세력이 정리되며 균형을 잡기 위한 진통이었다. 하나의 역사 과정에서 겪는 몸부림이었으므로 하나의 총회로 보존되지 못하였을망정 분가(分家)라는 개념으로 받아들여질 수 있다면 유익한 진통이 될 수 있을 것이다.

그러나 이러한 분열은 건설을 위한 하나의 아름다운 비전(환상)을 교인들의 마음에, 눈앞에 보여 주지 못한 실책이 뒤를 따르는 것이다. 총회 때마다 우리가 앞으로 무엇을 할 것이냐에 대한 토의, 검토, 의견 집중을 하지 못하고, 너희가 왜 이렇게 하였느냐에 대한 시비로 일관되는 안건처리, 회의 시간의 연장, 감정을 자극, 선동하는 폭언, 실언으로 성회를 소란케 하는 것으로 총대 구실을 다한 것으로 착각하는 것이다.

옛날 일제하의 우리 선배들이 총회로 모일 때는 낮에는 회의, 밤에는 선교사, 전도자의 보고를 듣고 그 사업을 위한 헌금이 뒤를 이었었다. 그 어떤 총회 때 중국 상해에 전도 목사를 파송해 달라는 청원을 위해서 여운형(呂運亨)이 참석하여 열변을 토했으며, 그의 웅변에 감동된 회원, 방청 교인들이 당석에서 2천여 원을 거두는 놀라운 성과도 있었다.

오늘 우리의 총회는 총회 장소가 항상 문제가 된다. 총회는 성회이므로 교인들의 참관을 허락할 수 있어야 한다. 그러나 총대들의 발언이 비열하고 행동이 깡패적이라면 덕이 되지 못하니 교인들의 참관은 신앙적으로 손해가 된다. 그러므로 질서가 잡히고 비전을 보여 주는 총회가 될 때까지에는 장소가 항상 문제가 된다. 다행히 우리는 우리의 유일한 기관인 총회신학대학 시설을 이용한다면 기숙사까지 제공됨으로써 총대의 편의, 교통과 시간 절약에 크게 유익할 것이라 믿는 바이다.

3) 논의되어야 할 문제들

　이번 합동 총회에서도 총대 문제가 대두될 모양이다. 몇몇 노회의 총대 문제다. 이 문제로 개회 벽두에서 시비가 있을 듯하다. 회의의 원만한 진행을 위해서 서로 양보하는 미덕이 있어야 하는데 그 미덕을 지닌 총대가 노회에서 선출이 되었는지 의문스럽다. 1959년 대전 총회 때에 경기노회 총대 문제는 자율적으로 해결하는 기회를 주었다. 스스로 자기를 다스리는 능력을 발휘하도록, 아량이 있는 교회 지도자가 매우 아쉬울 때이다. 그리고 총대 수의 제한을 협의해 오는 노회가 없다면 하나의 숙제로 삼아야 한다.

　7 당회 기준은 총대 수의 팽창을 가져오고 있으므로 10 당회, 혹은 12 당회로 총대 기준이 제한되어야 하지 않을까?

　또 한편 예의 논의되고 힘을 집중해야 할 문제들을 열거하면, 다음과 같다.

　첫째, 만 교회 운동이다.

　조직적으로 각 노회에 지부가 있어서 실질적으로 활동해야 한다. 그러나 계몽, 선전을 위해 팸플릿이나 책자발행이 시급하다. 후원회를 조직하여 모금한다고 할 때 그 헌금으로 자원 확보가 이루어져야 한다. 그때, 그때의 여비, 회의비, 사무비로만 쓰인다면 경제적 손해가 크다. 그러므로 유력한 교인들의 성금으로 기본금을 확보해야 한다.

　둘째, 외국 선교사업이다.

　대만, 태국 선교는 실질적으로 폐쇄된 상태이다. 다만 인도네시아 선교에 선교 명맥을 잇고 있다. 동남아의 정세가 외국 선교에 커다란 애로를 갖다 주는 것이 사실이지마는 가능한 지역을 찾아 선교사 파송을 서둘러야 한다. 전도의 효과를 보아서 외국 선교비를 국내 선교비로 돌려야 한다는 의견도 있으나 외국 선교는 그것으로써 의의가 있다. 그러므로 우리 총회가 1913년 이래 선교하던 그 전통을 계승하여 확장해야 한다.

셋째, 상비 교육부 간사제도이다.

우리 총회의 교육부 사업은 매우 중요하다. 주일 공과, 여름 성경학교 교재는 해마다 발행되어야 한다. 더욱이 주일학생 상대의 커리큘럼을 계통 있게 작성하고 따라서 획일적인 사업이 진행되어야 하는데 올해 여름 성경학교 교재와 같이 주제부터 혼선을 이루고 있음은 유감스럽다. 오늘 우리 총회에 총회 총무, 만 교회 운동 간사와 함께 교육부 간사도 있어서 본격적인 교육 업무를 담당시켜야 한다고 본다. 이것은 특정 인물을 지목하는 것이 아니라 원칙론을 제시할 뿐이다.

4) 교회적 사명은 오직 전도

…오직 성령이 너희에게 임하시면 너희가 권능을 받고 예루살렘과 온 유대와 사마리아와 땅끝까지 이르러 내 증인이 되리라…(행 1:8).

이것은 우리 주 예수 그리스도의 분부다. 그러므로 우리 교회의 사명이다. 이 예수님의 분부는 사도행전에 나타난 오순절 이후 오늘날까지 세계교회가 그 분부에 따라 실행하고 있다. 오늘날 우리나라에 복음이 전파된 것도 미국 교회가 주님의 분부를 실행한 데서 이루어진 것이다.

우리 한국교회도 1907년 노회가 조직되면서 제주도에 선교사를 파송하여 교회가 설립되고 제주노회가 설립되었다. 국내 전도에 힘쓸 뿐만 아니라 1912년 총회가 조직되면서 그것을 기념하여 중국 산동성에 선교사를 파송하였다.

이로써 우리 한국장로교가 외국에 선교하는 교회로 성장한 것이다. 1949년 중국 대륙이 공산화될 때까지 김영훈, 박태로, 사병순, 홍승한, 방효원, 박상순, 이대영, 방지일 선교사를, 1956년 이후 자유대만에 계화삼, 김웅삼, 김영진, 채은수 목사를 파송하였으며, 태국에 최찬영, 김순일 목사를, 인도네시아에 서만수 선교사 등을 파송하였다.

인도차이나반도가 적화(赤化)된 이래 동남아에 선교사 파송하는 일은 막히고 있으나 우리 한국교회는 동남아를 우리의 선교 구역으로 염두에 두고 기도하고, 준비하며, 선교 출동에 준비 태세를 취해야 한다.

우리는 아시아의 제사장교회라는 긍지를 갖도록 기도하고 교인들에게 계몽해야 한다.

따라서 이북이 평화적으로 통일될 때 러시아, 중국어를 습득한 그 어학력을 이용하여 우리의 젊은이들이 러시아 선교사로, 중국 선교사로 파송될 날이 반드시 오리라는 희망을 품어보자.

바울은 유대인의 후손으로 로마의 시민권을 가진 아버지에게서 헬라의 다소에서 출생하여 가말리엘의 문하생으로 학문을 닦았으며, 예수 그리스도의 사도로 부르심을 받은 뒤에는 이러한 환경에서 배운 어학력을 활용하여 유대에서 수리아로, 수리아에서 소아시아로, 소아시아에서 유럽(마게도니야)으로 다니며 복음을 증거하지 않았던가!

그러므로 우리의 젊은이들이 그동안에 배운 영어, 독일어, 러시아어, 중국어, 아랍어 등을 활용하여 세계선교 무대에 진출할 태세를 갖추어야 한다.

5) 만 교회 운동의 봉화

우리 교회는 1965년 3천만을 그리스도에게란 구호 아래 복음화 운동에 횃불을 들었다. 그 후 이 운동은 민족복음화 운동, 전군 신자화 운동 등등으로 번져갔으며, 5천만이 그리스도인이 될 때라야 참으로 평화로운 민족, 번영하는 국가가 될 것이다. 이웃을 내 몸과 같이 사랑하는 정신의 생활 철학이 수립되어야 생명 경외, 인격 존중, 양심 생활이 이루어지는 것이다.

이러한 기독교적 정신 바탕이 없는 곳에는 물질 위주, 지식 위주, 과학 위주 사상에서 인간이 기계화, 노예화되므로 민족상잔, 피의 숙청, 도끼 살인을 백주(白晝)에 감행하게 되는 것이다. 그러므로 유물론적 공산주의 사상을 근본적으로 극복하는 길은 오직 그리스도의 사상이 아니면 찾을 길이 없다.

힘은 힘으로, 무력은 무력으로 대항할 능력을 갖추어야 비인간화된 공산도당의 만행을 극복할 수 있다. 그러나 그들을 마음으로부터 굴복시키는 데는 그리스도의 사랑으로 정복해야만 한다.

로마 제국이 세계를 정복할 때 오직 "힘이 정의다"라고 하였다. 그러나 초대교회의 교인들이 비록 카타콤(洞窟) 생활을 할망정 마침내 사랑으로 로마 제국을 정복한 것이다. 그러므로 우리 교회가 만 교회 운동을 벌이는 그 근본 목표는 5천만의 복음화를 지향하는 운동의 하나이다. 우리 총회가 1985년까지 1만 교회를 확보하게 될 때 다른 교회들도 따라서 성장 발전하게 될 것이다. 우리 교회의 만 교회 운동의 횃불을 형제교회들의 홰에 불을 붙여 준 것이다.

6) 각 교단도 교회 증가 운동 전개

합동 측 교회가 1974년 9월 총회 이후 만 교회 운동에 대한 계몽이 시작되었다. 당시 합동 측 교회는 2,300교회 정도였다. 그러나 1975년 이 운동에 착수한 이래 합동 측 교회의 통계는 상승하고 있다. 7월 말 현재 3천 교회를 확보하게 되었다. 개교회에서, 노회에서, 전도회에서, 사방에 개척교회를 위하여 적극적으로 힘쓰고 있기 때문이다. 현재 우리나라의 교회 통계에 의하면 개신교(국내의 이단 종파 포함-문공부 집계) 52종파, 교회 16,089처, 신도 4,019,313명, 천주교회 2,319처, 신도 1,012,207명으로 건실한 개신교의 교회 수는 12,000여 처다. 그런데 1985년 선교 백주년을 앞두고 각 교회가 전개하는 진흥 운동을 살펴보면 다음과 같다.

① 합동 측 – 만 교회 운동.
② 통합 측 – 매년 3백 교회 증가 운동을 전개하고 있으므로 1985년까지 3천 교회가 증가하면 약 8천 교회.
③ 기독교감리교회 – 5천 교회 운동을 벌이고 있는 데 성공하면 1985년까지에 약 7천 교회.
④ 기독교장로회 – 2천 교회 증가를 목표로 선교 운동을 전개하므로 1985년까지에 성공하면 3천 교회가 확보될 것이다.
⑤ 기독교성결교회 – 80년대까지에 2천 교회를 지향하고 있다. 현재 7백여 교회로 가능하다고 내다보고 있다.
⑥ 침례교연맹 – 80년대까지에 1천 교회 운동을 전개하고 있다. 가능하게 내다보고 있다.

⑦ 나사렛교회 - 80년대까지 5백 교회를 목표하고 있다. 가능하게 본다.

그 밖의 교회들도 전도 사업에 의해서, 자연 증가 때문에 교회가 배가될 것이므로 1985년도에 이르면 3만여 교회가 가능하다고 본다. 현재 신·천주교인 총수가 5백만을 넘고 있으므로 앞으로 10년 후에 교회도 배가되고 교인도 배가 될 것이라고 내다 봐야 한다.

7) **역사적 사명이 중대하다.**

현재 우리나라의 국가 안보는 중대한 국면에 처해 있다. 8·18 도끼 살인 사건은 아직도 해결이 되었다고 볼 수 없다. 유감의 표시로써 무력 남침 의사가 해소된 것이 아니라, 그들은 우리의 방어 태세만 엿보고 있다.

한·미 공동 방위 태세가 어떠한가?

대한민국 국민의 총화단결이 어떠한가?

여기에 조그마한 틈이 있다고 볼 때 그들은 언제나 무력 남침을 감행할 것이다. 이러한 초 비상 시기에 우리 교회들의 9월 총회가 서울에서 (우리는 총신대학에서, 통합은 영락에서, 기장, 고신은 서울에서) 각각 회집한다.

총회, 총대들은 노회의 대표인 동시에 성직자이며, 성직자는 민족의 제사장적 존재이다.

가나안을 향하는 이스라엘 대중 앞에서 당을 짓던 고라의 무리처럼 (민 16장) 교단의 분열을 획책하는 자가 있다면 두려운 저!

교회의 지도자들이 단합을 모색하고 힘을 기울이지 않는다면 하나님 앞에서, 민족 앞에서, 죄인이 되고 저주받을까 조심해야 한다.

우리 함께 기도하고 겸허하게 총회에 임하자!

8) 신학 계보와 인맥

조선예수교장로회 총회가 1907년에 조직된 조선예수교장로회(독노회)의 전통을 계승, 발전시켜 1912년 창립 총회로 새로운 출발을 하게 되었다. 그리하여 일본 치하에서 교회가 수난을 겪으면서도 1942년까지 총회를 유지해 왔었다. 1943-45년까지에는 일본기독교단 조선장로회연맹으로 변질되었고, 1945년 7월에는 일본기독교단 조선연맹으로 어용 교단이 되었다. 그러므로 우리 총회는 1960년 12일 13일에 고려 측과 10년 만에 합동하면서 전통 계승에 대하여 이렇게 천명한 바가 있다.

> 대한예수교장로회 제44회 총회는 1912년 9월 1일 평양에서 제1차 총회로 창립한 총회로부터(일본 교단과 신사 참배를 제의한 동일성을 유지하고, 정통을 계승한 유일한 대한예수교장로회 법통 총회임을 선언한다.

합동 총회는 이렇게 한국장로교회의 역사, 전통을 계승하여 앞으로 뻗어 나가고 있다. 한편 이러한 역사의 전통을 이어가는 데 있어서 총회의 대표자인 총회장과 그 인맥을 살펴볼 때 하나의 신학 계보가 뚜렷하게 나타나고 있음을 발견하게 된다. 그런데 여기서 해방 전과 해방 후 두 시기로 분류해서 고찰해야만 합동 측 총회의 걸어온 자취를 측정할 수가 있다.

1912년 창립 총회 이후 1913, 1914, 1919년에는 선교사가 총회장을 역임하였다. 창립 총회장에 언더우드 선교사(北長), 2대 총회장 엥겔스 선교사(王吉志-濠洲), 3대 총회장 배유지(南長) 선교사로 되어 있으며, 4

대 총회장 김필수(金弼秀) 목사 이후 1942년 제31회 총회장까지에는 한국인 목사가 총회장에 추대되었다. 1919년 제8회 총회장에 사무엘 마펫(馬布三悅, 마포) 선교사를 추대한 것은 3·1운동 직후 총회의 대표자로 선교사를 앞세우는 전략적인 인사 선정으로 추측된다.

1919년 제8회 총회의에 총회장 김선두 목사는 3·1운동에 관련되어 수감되었었고, 부회장 마포 선교사가 총회장에 승진하였다고 볼 수 있으나, 1915년 제4회 총회 이후에 마포 선교사는 부회장에 당선(1915년)된 후 총회장에 승진된 사례지만, 업 아력 선교사는 부회장에 당선되었다가도(1916년) 총회장에 승진이 되지 못하였다. 그리고 제4회 이후 제31회(해방 전) 총회 때까지 총회장에 피선된 이들은 모두 총회 직영 평양신학교 졸업생이었다(선교사 공동경영). 신사 참배를 결의시킨 총회장 홍택기 목사도 평양신학교 졸업생이다.

1946년-1959년 제3차 분열까지 총회장의 인맥은 다음과 같다.

1946년: 배은희 (平神).

1947-8년: 이자익(平神).

1949년: 최재화(非平神).

1950년: 권연호(平神).

1952년: 김재석(非平神).

1953년: 명신홍(平神).

1954년: 인원영(平神).

1955년: 한경직(非平神).

1956년: 이대영(非平神).

1957년: 전필순(非平神).

1958년: 노진현(非平神).

1959년: 양화석(平神).

비평신 출신 중 최재화, 김재석, 노진현 목사는 반 WCC 노선에 서서 투쟁하신 어른들이시나 한경직, 전필순 목사는 1959년 제3차 분열의 중심인물들이다.

그리고 1960-75년까지의 인맥은 어떤가?

1960년: 고성모, 한상동(합동 총회)(平神).

1962년: 이환수(非平神).

1963년: 이수현(平神).

1964년, 67년: 김윤찬(平神).

1965년: 정규오(長神).

1966년: 박찬목(蔡神).

1968년: 손계웅(非平).

1969년: 문재구(蔡神).

1970년: 김창인(高神).

1971년: 정규선(非平).

1972년: 박성겸(平神).

1973년: 박요한(長神).

1974년: 최동진(長神).

1975년: 장성칠(非平).

1976년: 황금천(非平).

1977년: 이기화.

1978년: 한병기.

1979년: 한석지.

1980년: 이영수.

1981년: 최성원.

1982년: 김현중.

1983년: 배재운.

1984년: 최 훈.

1985년: 박명수.

1986년: 안중섭.

1987년: 김길현.

1988년: 이성헌.

이렇게 역대 총회장의 인맥을 살펴볼 때 해방 후 합동 총회의 노선이 일정한 방향으로 나아가지 못하고 갈팡질팡할 수밖에 없었다. 1948년에 WCC(국내 N.C.C) 가입, 1956년 이후 WCC 반대 운동 대두, 1959년에 탈퇴 결의. 1947년 조선 신학생 51명이 김재준 교수의 강의에 대하여 총회 고발 사건 이후 그 51명이 주동이 되어 NAE 운동이 활발하게 전개되었다. 증경총회장 중 한국 NAE 멤버로는 전필순, 이환수 목사 등이었고, 1959년 총회에서 탈퇴하도록 지시하였다.

1962년 이환수 목사의 명의로 RES에 가입하였다가(1963년 총회서 정식 가입 허락) 1972년에 탈퇴하기로 결의하였다. 1959년 ICCC와의 우호적 관계가 있었고, 1961년 총회에서는 우호 관계를 단절하기로 가결하였다. 그러므로 현재 우리 합동 총회는 반 WCC 비 ICCC로서 독자적 노선을 걷고 있으며, 외국 선교(인도네시아 등)에 또는 국내 전도(만 교회 운동)에 치중하고 있을 뿐이다.

　1928년 평양신학교에 새로운 교수 한 분이 취임하였으니 그가 박형룡 박사다. 그는 1938년 봄학기까지 평양신학교에 봉직하여 5백여 명 문하생을 배출하였는데 그의 제자로 총회장을 역임한 분으로는 권연호, 명신홍, 이원영, 양화석, 고성모, 한상동, 이수현, 김윤찬, 정규오, 박성겸, 박요한, 최동진, 장성칠, 황금천, 이기하, 한병기, 한석지, 이영수, 최성원, 김현중, 배재운, 최훈, 박명수, 안중섭, 김길현, 이성헌, 이성택, 윤인식 목사들이다.

　박형룡 박사는 해방 후 총회신학교의 2대 교장으로서 총신 발전에 큰 공을 쌓았으며, 그의 후임으로 문하생 가운데서 명신홍, 박윤선, 김희보 목사가 계대를 이루고 있다. 특히, 해방 후 30년 자유주의 신학 사상의 도전을 과감하게 물리치시면서 우리 합동 총회의 신앙 노선 확립에 초석이 되었다. 앞으로 장신, 총신 출신자들이 은사의 교훈에 따라서 청교도의 신앙 정신으로 교회, 노회 총회의 단합과 발전에 끈기 있는 저력을 발휘하게 될 것을 기대할 만하다고 믿는 바이다.

9) 장로교 정치의 장점

　1917년 9월 제6회 총회에서 웨스트민스터 헌법을 적당히 수정하여 채용하기 시작하였으며, 1967년 9월 제47회 총회에서 다시 수정하여 오늘까지도 사용하고 있다. 그러므로 우리 장로교 헌법은 1643년에 제정된 웨스트민스터 헌법에 기준으로 하는 것이다. 우리가 현재 사용하고 있는 헌법, 정치 총론에 의하면 다섯 가지 정치가 있다.

① 교화정치.
② 감독정치.
③ 자유정치.
④ 조합정치.
⑤ 장로교정치.

정치총론은 우리 장로회 정치에 대하여 이렇게 설명하고 있다. 이 정치는 지교회 교인들이 장로를 선택하려고 하면 노회의 허락을 받아야 하며, 노회 성립은 총회의 허락을 받아야 한다. 동시에 총회는 노회에서 파송한 총대로 구성되고 그 노회는 목사와 당회에서 파송한 장로로 조직된다. 당회는 치리 장로와 목사인 강도 장로의 두 반으로 조직되어 지교회를 주관하고 그 상회로서 노회, 대회 및 총회, 이같이 3심제의 치리회가 있다.

만일 교인들이 선택한 장로들의 당회가 교인의 권리를 침해하였다 하면 당회의 결의를 비난하는 유인물을 산포할 것이 아니라 합법적으로 상회에 제소할 권리가 보유되어 있는 것이다. 교인이 그러한 합법적인 절차를 밟지 않고, 유인물을 산포한다면 당회는 그것을 사실하여 치리해야 하는 것이다. 마찬가지로 장로교회의 정치 원리에 의해서 노회의 결의가 잘못된 일이 있다고 하면 총회에 제소하여 시정하는 것이 질서 있는 단체 생활이 될 것이다. 따라서 총회의 결정에 만일 죄가 있다고 하더라도 합법적으로 시정하기에 힘써야 한다.

그러므로 J. A. 하지의 저서인 『교회정치 문답조례』에서 말한다.

이 모든 회가 각각 자기 지역 안에서는 전권으로 일을 처리하나 교

인 중 누구든지 압제 받는 줄로 알면 상회에 공소할 수 있느니라.¹

이상 모든 회에서 의사 결정의 가부를 물을 때에는 "다수의 의견을 좇아서 결정하고 소수는 복종하느니라."라고 나와 있다.

여기의 모든 회란 당회, 노회, 대회, 총회를 가리키는 것이며, 그 당회, 노회, 대회, 총회는 합법적으로 권리를 보유한 회원들로 조직되고 성수가 된 회를 말한다.

이러한 성회를 구약 아랍 왕 때의 바알의 선지자 450인과 비유한다면 이것은 성경 오해(왕상 18장)요, 성회 모독이라고 볼 수 있지 않을까?

이런 문서를 산포하는 단체는 불온단체요, 그런 문서도 불온문서가 아닐까?

10) 총회의 권한 기능

현행 헌법정치 제12장 총회 제5조는 이렇게 설명하고 있다.

① 총회는 교회헌법(신조, 요리문답, 정치, 권징 조치, 예배 모범)을 해석할 특권이 있고 교리와 권징에 관한 정론을 판단하고, 지교회와 노회의 오해와 부도덕한 행위를 경책하며, 권계하며, 변증한다.
② (생략).
③ 교회를 분열하게 하는 쟁론을 진압하며, 전 교회를 위하여 품행을 단정하게 하고 인애와 성실과 성결한 덕을 권장하기 위하여 의안

---

[1] J. A. 하지, 『교회정치 문답조례』, 박병진 역,(서울: 성광문화사, 1990), 12.

을 제출하여 실행하도록 계도한다.

④ 어느 교회에서든지 교회 재산에 대하여 쟁론이 있어 노회가 결정한 후 총회에 상고하면 이것을 접수하여 판결한다(56 생략).

'총회는 지교회와 노회의 오해와 부도덕한 행위를 견책 권계'할 권한이 있다. 총회, 노회, 당회의 처리를 비난하는 유인물 산포는 부도덕한 행위가 되지 않을까?

총회는 교회의 분열을 하게 하는 쟁론을 진압할 권한이 있다. 총회가 (우호 관계를 단절한 단체) 곧 분리주의 집단인 ICCC와 접촉하는 행위 등은 '분열하게 하는 쟁론'을 유발하며, 분열 행동으로 나아갈 우려, 혼란을 야기하는 행위이므로 '진압'할 권한이 총회에 있지 않을까?

『교회정치문답조례』에 명시된 총회의 권한은 다음과 같다.

① 교회의 도리와 헌법에 관한 하회의 문의와 그 결정에 대한 광고 및 고소를 받아 결정할 일.
②, ③ (생략).
④ 각 지교회로 하여금 연합하게 하며, 친목하게 하며, 교통하게 하며, 서로 믿게 하는 기관이 될 일.
⑤ 도리와 교회정치에 대한 각 항쟁론을 해결할 일.
⑥ 어떠한 지교회, 노회, 대회에서든지 이단을 교훈 하거나 악행을 행하면 총회가 권고하여 책망하며, 방어할 일.
⑦, ⑧, ⑨ (생략).
⑩ 교회를 분열케 하는 쟁론을 금지하며, 진압할 일('진압'이란 낱말의 뜻은 '위엄으로 진정하며 누름'[한글학회 편, 중사전 참고]이란 말이다).

당회, 노회, 총회의 구성원은 목사와 장로들이다. 그러므로 목사와 장로 총대의 책임은 중대하다.

목사의 자격 - 목사될 자는 신학을 졸업하고 학식이 풍부하며 행실이 선량하고 신앙에 진실하여 교수에 능한 자가 할지니 모든 행위가 복음에 적합하여 범사에 존절함을 나타낼 것이요, 가정을 잘 다스리며, 외인에게서도 칭찬을 받는 자요 연령은 만 27세 이상자로 한다(딤전 3:1-7; 정치 4장 2조).

장로의 자격 - 만 30세 이상된 남자 중 입교인으로 흠 없이 5년을 경과하고 상당한 식견과 통솔력이 있으며, 디모데전서 3장 1-7절에 해당한 자로 한다.

> 한 아내의 남편으로 절제하며, 근신하며, 아담하며,…구타하지 아니하며, 오직 관용하며, 다투지 아니하며, 자기 집을 잘 다스려 자녀들로 모든 단정함으로 복종케 하는 자라야 할지며…(딤전 3:1-7).

제61회 총회의 총대 일동은 참으로 자격을 갖추고 있는가?

11) 쟁론의 발생과 해결

먼저 교회 안에서 교리와 정치에 대한 쟁론 사건이 왜 발생하게 되는가? 제2장에서 설명한 것처럼 신앙고백으로 입교하게 되는 지상의 유형교회는 반드시 하나님의 선택을 그 조건으로 하는 천상의 무형교회와 같지 아니하다. 거짓 고백이 가능한 까닭에 가라지와 쭉정이도 낄 수 있고, 양의 가죽을 썼으니 노략질하는 이리도 얼마든지 뛰어들 수가 있다.

그런즉 어찌 교회가 항상 평안할 수만 있겠는가?

택한 백성만의 모임이라고 가정해도 성화의 정도가 달라 쟁론 사건을 유발할 수밖에 없거든 악한 가라지와 노략질하는 이리가 함께 뛰어들 수도 있는 지상교회가 교리나 정치 문제에 쟁론이 벌어진다고 하는 것은 오히려 마땅한 처사라고 할 수밖에 없으리라고 본다.[2]

'노략질하는 이리'란 요한복음에 나타난 "양의 우리에 문으로 들어가지 아니하고 다른 데로 넘어가는 자니 절도요 강도"를 가리킴이 아닐까?

1939년 이후의 친일적인 채필근 신학이나, 김재준 신학에서 수업한 인사들은 어느 부류에 속하는 목자들인가?

묻고 싶다. 가라지는 언제 뿌려졌는가?

"사람이 잘 때"(마 13장) "원수가 이렇게 하였구나"라고 주인은 탄식조로 말하였다.

남의 명의를 도용하며 유인물을 산포하거나 정체불명의 명의로 남의 명예를 훼손하는 유인물을 산포하는 따위의 행동은 "교만하며 무례히 행하는 자"(고전 13장 비교)들이 아닐까?

지난 9월 16일 발행된 「우리 총회의 어제, 오늘, 내일」이란 유인물은 그 발행인이나 편집인이 밝혀지지 않았다.

총회협의회 발행이라고만 명시되었을 뿐 발행소, 발행인, 편집인, 인쇄인이 당당히 밝히지 못하는 까닭은 양의 가죽은 썼으되 노략질하는 이리이기 때문에 자기의 정체를 숨기고 있는가?

거짓 고백자들이 많으면 많을수록 그 교회의 혼란은 더욱 심해진다.[3]

---

[2] 박병진, 『교회정치통람』(서울: 성광문화사, 1990), 135-136.
[3] Ibid., 12.

옳은 말이다. 오늘날 제61회 총회를 앞두고 갖은 모략, 중상하는 불온 문서를 살포하는 것은 혼란을 진정시키는 것보다도 혼란을 조장하는 일이 아닐까?

> …하물며 영적 철부지의 경우는 두말할 필요가 없다. 그러므로 저들을 도의 젖으로 먹이고 키우는 일에 치리권과 권징권은 필수적인 것일 수밖에 없다 함이라.[4]

아멘. 선배 총대들의 시범에 기대를 걸어 본다.

12) 수의 대결을 지양하자

최근 교계에서도 사회 단체와 정당처럼 수의 대결로 단합이 깨어지고, 하나의 쟁점을 놓고 수의 격돌을 자아내고 있는 것은 슬픈 현상이다. 초대교회의 예루살렘 공의회에서도 하나의 사건, 곧 이방인의 할례 문제로 많은 변론이 있는 것은 사실이지마는 수의 격돌은 없었고 사건의 경위를 냉정하게 심의한 후 결론을 내렸다(행 15장). 그러므로 당회, 노회, 총회에 모이는 목사와 장로도 인간이므로 감정의 폭발이 있을 수 있으나 성직자가 그 감정을 조절할 줄 모른다고 하면 성직자의 적성 검사에 낙방이라고 볼 수밖에 없다.

어떤 정당에서는 전당대회가 각목 싸움대회로 전락하여 국민의 빈축을 샀거니와 성회에 참석한 성직자가 사회정당의 행동대원처럼 고함을

---

[4] Ibid., 170.

지르면서 단상에 뛰어오르며, 사무 책상을 뒤엎으며, 난동을 피우는 광경은 사회단체의 타락한 모습을 모방하는 듯하여 총대 1년생은 서글프기 그지없었다.

일제하에서 주기철, 최봉석 목사 등과 박관준 장로 등이 우리 교회의 전통과 신성을 유지하기 위해서 순교의 피를 흘렸는데 오늘날 우리가 성회를 난장판으로 만드는 수의 대결은 하루바삐 지양해야 하지 않을까?!

13) 적재적소(適在適所)에 인원 배치

노회, 총회가 정기로 소집할 때마다 공천부는 개회 전에 회집하여 각 부서의 부원을 배정한다. 대개 3년조로 구성되며 부원이 노회, 총회에 총대로 참석하지 못하면 기득권이 있다고 주장한다. 그럴 수도 있을 것이다. 그러므로 만일 총회의 경우 17 상비부에 21명씩 배정한다고 하면 357명이란 숫자가 동원된다. 이렇게 많은 인원의 배치에서 인기 있는 부서는 정치, 선교, 교육, 면려, 고시부와 재판국이 된다. 그러므로 총회 1일 전에 소집되는 공천부 회의는 총회의 전초전이요, 또 축소판이 된다. 만일 수의 대결이 여기서도 이루어진다고 하면 부원은 일방통(一方通)으로 되기 마련이다. 여기에서 수의 조정을 말하고 있으나 장로교회의 민주주의 체제가 변질될 수도 있다. 그러므로 모든 부서의 인원을 배정함에서는 민주주의적 원칙에 따른다고 하는 고집도 나오게 되는 것이다.

우리는 하나의 총회로서 교단을 형성하고 있느니만큼 수의 대결, 지역별, 혹은 학벌에 따라서 인사문제가 다루어지는 것은 하나의 섹트(Sect) 작용이 합법화되기 쉬운 것이다. 그러므로 하나의 총회로서 각부 사업을 활발히 하기 위해서는 적재적소에 인원을 배치해야 한다. 다만 우리 총회 산하에는 많은 인재가 배출되고 있으며, 그 진출을 꾀하고 있다. 그 많은 인재를 적재적소에 배치하는 일에 너그럽게 포섭해야 한다. 이렇게 해야만 인화 단결이 이루어질 수 있다는 것을 절실하게 체험하였다.

14) 이념에 근거한 지도

우리 교회는 90년의 연륜을 가진 성공한 교회들이다. 초대 교회는 선교사의 지도를 받아 교회를 설립, 지도해 왔으나 이제는 우리가 독자적으로 성경에 근거한 원리에 의해서 교회를 지도해야 한다. 그러므로 이제는 지도체제를 이념에 근거해서 지도해야 할 때가 된 것이다. 가령 하나의 예를 든다면 세계적인 연합기구에 대하여 우리의 기본노선은 이미 결정을 보았다. WCC에 대하여는 영구히 탈퇴한다고 1959년 속회총회에서 결정한 바가 있다.

그러므로 통합 측과의 재합동에 있어서 그것을 내세웠고, 쌍방합동위원들이 합의를 보았으나 통합총회가 1969년 WCC 복귀를 가결함으로써 재합동은 좌절되었다. 또한, ICCC에 대하여는 우호 관계를 단절하였으며, 최근 ICCC의 초청을 받아 도미하였다가 귀국한 인사들이 맥킨타이어 박사의 환영 태도에 환멸을 느끼었다고 솔직한 고백을 하고 있다. 그러므로 그들에게는 관광이 그들의 목적이며, ICCC의 종용을 받아 교회를 분열할 의사가 없음을 표명하고 있으므로 그것은 우리의 우려가 하나의 기우에 지나지 않게 되었다.

15) 만 교회 운동의 적극적으로 추진

합동 총회 총회장 황금천 목사는 그 취임사에서 만 교회 운동과 해외 선교를 적극적으로 추진할 결의를 표명하였다. 황금천 목사는 제3차 분열 이전에 무교회 5백 처에 교회 설립을 추진시키어 성공한 관록이 있는 분이다. 황금천 목사를 세칭 비주류 인사라고 부르나 절대다수의 지지로 총회장에 추대된 것은 그의 전도사업 관록이 높이 평가되었기 때문이라고 본다. 총회 부회장이 상례적으로 총회장에 즉시 승격하기도 하고 비 상례적으로 의외의 인사가 총회장으로 추대되는 변이가 여러 차례 반복됐다. 황 목사도 작년에 고배를 마셨다가 이번에 총회장에 추대되었으며, 남수복 목사가 이번에 또 총회장 낙방의 고배를 마시었다. 종래에는 3 윤번제-영남, 서부, 호남의 윤번으로 총회장과 부회장의 순위가 되어 왔었으나 작년에 그것이 깨어졌다.

그러나 그것을 회복하기 위한 조짐으로 이번 부회장에 호남 인사 이기하 목사를 쌍방이 공동으로 합의 투표한 것은 윤번제의 정상화 회복을 위한 하나의 포석으로 생각할 수도 있다고 본다. 그러므로 앞으로 한국교회는 일체의 지방색이나 세속적인 호칭, 곧 주류, 혹 비주류라는 낱말 사용을 삼가야 하는 동시에 그러한 대립상태를 해소하는데 적극적인 성의를 기울여야 한다.

우리나라의 인구 동태는 2천 년대에 남한 인구만도 8천만 명을 초과하게 되리라는 관측이 발표되고 있다. 그러한 인구 동태를 감안하여 우리 총회에서 만 교회 운동을 일으키고 있으므로 다른 교회에서도 민족 복음화 운동으로 2천 교회, 3천 교회 운동 등등이 전개되고 있음은 매우 고무적이다.

그러므로 우리 총회가 이번에 횟집 되었을 때 유감스럽게도 심각한 사태가 벌어지기도 했었으나 소위 난동 사건에 개입하였던 인사들도 고요히 자기들의 행동을 검토할 때 부끄러움을 느끼게 되리라고 믿으며, 마음속 깊이 통탄의 기도가 있으리라고 믿는 바이다.

이제 합동 총회 산하의 3천 교회 70만 신도들은 한마음 한뜻으로 민족 복음화 운동이 구체적으로 실현되어 나타난 만 교회 운동에 적극적인 참여를 하지 않을 수 없다. 많이 심으면 많이 거두고 적게 심으면 적게 거두는 것은 자연 법칙인 동시에 하나님께서 많이 심는 자들에게 풍성한 수확을 주실 것이라 믿는 바이다. 아멘.

부록 1

WCC 부산 총회에 대한 평가

'기독교인들의 유엔'인 세계교회협의회(WCC) 제10차 부산 벡스코 총회(2013. 10.30-11.8)가 10일간 열렸다. "생명의 하나님, 우리를 정의와 평화로 이끄소서"라는 주제로 열린 이번 총회에는 세계 110개국, 347개 교파 및 교단에 속한 기독교인 5,000여 명이 참여했다. 감리교, 루터교, 성공회, 장로교 등 개신교와 동방정교회 외에, 회원 종단은 아니지만, 가톨릭까지 다양한 그리스도인 목회자와 신학자 등이 모여 세계교회가 나아갈 방향을 토의했다.

오늘날 한국교회의 중요한 문제는 WCC 제10차 부산 총회에서 있었던 자유주의자와 중도복음주의 신학자들의 배교 행위이다. 부산 총회에서는 세계복음주의연맹(WEA),[1] 국제로잔복음화 운동,[2] 로마 가톨릭,[3] 침례

---

[1] 김지방, "우리는 WCC와 협력 관계," 「국민일보」 2013년 11월 4일, 10면에서 "WEA 신학위원장 토마스 슈마허(Thomas Schumacher)는 부산 총회 선교선언문에 동의와 전적으로 공감을 표명했으며, WEA와 WCC는 서로 예의를 다하고 친절하게 대하는 관계"라고 밝혔다.
[2] 강민석, "WCC와 영적 한 뿌리… 대화와 협력하겠다," 「국민일보」 2013년 11월 6일, 12면에서 "WCC 초청으로 이번 부산 총회에 참석한 재미교포인 국제 로잔 총재 마이클 오는 주제회의 연설에서 지상명령을 성취하기 위해서 WCC와 대화를 적극적으로 환영한다"라고 했다.
[3] 김준영, "WCC 트베이트 총무 바티칸 방문," 「기독교신문」 2013년 3월 23일, 제193

교세계연맹 등의 지도자들이 우호적으로 참석하여 네트워크를 구축하였다. 오순절교단의 기하성, 기성, 백석교단의 참여와 일부의 중도복음주의 단체들과 지도자들이 손을 잡고 배교 활동을 하였다. 이러한 배교 활동은 이 세상의 것을 다소 용인하면서부터 시작하였다고 볼 수 있다.[4]

일반적으로 배교 행위는 현재의 교리나 신앙 운동 자체가 역사적인 교리에 분명하게 어긋나는 것을 말한다. 정통 교리는 성경의 진리를 교회가 체계적이며 종합적으로 고백한 것이다. 따라서 참 교회는 교리를 떠나서는 존재할 수 없다. 교리가 타락하게 되면 신학의 방법론과 행동의 원칙까지도 역시 타락하게 된다.[5] 어떤 것은 역사적인 교리를 표면적으로 배반하지 않고 있으므로 단순히 종교 배반이라고 그렇게 얼른 낙인찍기는 어려워도 실질상은 배교 행위라고 할 수 있다.

한국의 중도복음주의 신학자들이 주장한 "WCC 부산 총회가 한국교회의 영향을 받아 복음적으로 변화되리라"는 예측과 설득은 빗나갔으며 오히려 이러한 오판으로 한국교회가 교리와 진리에 대한 민감성만 상실하고 말았다.

호, 12에서 "WCC 부산 총회 선교선언문을 로마 가톨릭의 동의하에 이루어졌으며 WCC의 교회연합과 일치 운동의 배후에는 로마 가톨릭이 있다. WCC 총무 트베이트는 2014년 3월 7일 가톨릭 프란치스코 교황과 바티칸에서 교회 일치와 세계 평화를 위한 지속적인 협력을 하기로 의견을 모았다"라고 했다.

[4] 갓 모로우 편집, 『선교학 사전』(서울: CLC, 2014), 1054. "WCC의 뿌리는 윌리암 케리가 1812년 케이프타운에서 선교대회를 개최하여 "전세계의 모든 기독교 교단들이 총 연합을 이루고 서로 의견을 교환할 것을 제안하면서 시작되었다." 이 대회의 강조점은 일치(unity)였는데 선교에 대한 공통적인 헌신과 함께 일하고 기도한 경험의 결과로 나온 것이다. 이러한 일치는 그리스도와 선교에 대한 공통된 헌신에 기초하였고 교회 정치나 예배상 차이점은 부분적이었다."

[5] 에드워드 휜슨, 『청교도 신학』, 박영호 역 (서울: CLC, 1994), 16.

중도복음주의 신학자들은 WCC에서 일하는 분들을 인간적으로 좋아하며 그들이 비록 진보적 견해를 가졌으나 우리의 형제들이며 형제가 더 잘되기를 원하여 조언하는 심정이라고 했다. 그들과 개인적으로 친분을 가지며 더 큰 믿음을 가지도록 사랑으로 설득하고 도와주며 열린 대화를 하고 존경해야 한다고도 가르쳤다. 따라서 많은 한국교회의 목회자와 성도들이 그들의 포용과 관용의 논리에 어리둥절하고 혼란을 초래하고 말았다.

WCC 부산 총회의 배교의 실상은 그들이 중도복음주의 학자나 목사들의 이름으로 배교 활동을 하였다는 것이다. 그들은 복음주의 입장을 열심히 내걸고 "교리가 구원을 주는 것이 아니라고 주장하며 배교 행위를 하였다."[6] 우리의 입장은 분명해야 한다. 교리가 바로 서야 교회가 바로 서고, 교리가 바로 서지 못하면 교회는 넘어질 수밖에 없다.

우리의 입장은 겉모습의 배교를 말하는 것이 아니라 내용으로서 실질상 배교 행위를 하는 것을 말한다. 우리는 실질상 배교 행위로서 성경 말씀의 배교를 가장 중요하게 생각한다. 일제 강점기 때는 신사에 참배한 교회가 거짓 교회이며, 그 시대가 교회 배교 활동의 시대였듯이 현시대는 말씀의 본질을 흐리는 WCC의 배교 활동에 참여하는 것이 배교이다. 특히, 성경 말씀의 본질을 흐리는 WCC 자유주의의 무분별한 교회 일치와 연합 운동을 한국교회는 주의해야 한다. 왜냐하면 본질은 어디가고 그들의 이론과 주장만이 남아 있기 때문이다.

WCC 부산 총회의 배교 활동은 세계교회 앞에 강렬하게 더욱 치열하게 그 정체를 드러내었다. 자유주의 신학의 비뚤어진 교회 일치 운동

---

[6] 김영한, "WCC 부산 총회에 대한 신학적 평가," 「크리스찬투데이」, 2013. 12. 4. 제592호, 23.

이 배교를 양산하였다. 우리는 참 교회와 거짓 교회를 구별해야 한다. WCC의 자유주의 교회들의 교회연합과 일치 운동은 배교 활동이라고 분명히 규정하고 나팔을 불어야 한다. 신앙고백이 다른 자들과 연합하는 것은 배교하는 것이며 그냥 예배만 드린다고 해서 다 참 교회가 아니다.

오늘날 한국에는 기독교를 표방한 많은 자유주의 단체들이 있다. 그들은 본질은 고려하지 않는다. 그들은 기독교의 모습만 하고 있으면 다 교회인 줄 알고 교회연합과 일치 운동을 해 나가고 있다. 이것이 대세이다. 사실 그들의 교회연합과 일치 운동의 근본 목적은 기독교라는 종교의 힘을 과시하고, 이만큼 성장했으면 이제 한 목소리를 내야 하는 것이 좋지 않으냐 하는 데 있다. 기독교의 본질인 영혼 구원에 관심을 두지 않는다. 그들은 WCC 총회의 거대한 종교 행사를 종교올림픽과 종교 UN으로 생각하고 그것을 이루어서 이 사회에 한국교회의 힘을 보여 주자는 것이다. 이것은 흡사 예수님께서 십자가를 앞에 놓고 있을 절박한 순간에 주의 나라가 임할 때 자신들을 하나는 오른편 하나는 왼편에 앉게 해 달라는 요한과 야고보의 높아지려는 어리석은 행동과 비슷하다.

이것은 현대의 바벨탑을 쌓고자 하는 것과 비슷하지 않은가?

진정한 교회의 모습이 어떤 것인지에 대한 본질적인 반성과 회고가 없지 않은가?

교권자들에게 있어서 교회는 그리스도 안에 있는 구원의 본질 안에 또는 하나님의 거룩한 경륜 안에 존재하는 것이 아니라, 자기 개인의 목적 가운데 자기 시대의 이익과 명예 안에 존재한다. 그래서 한목소리를 내고 힘을 과시하고 무언가 세속적 권력과 정치적, 사회적 영향력을 행사하겠다는 것이다.

우리 이름을 내고 온 지면에 흩어짐을 면하자(창 11:4).

　부산 총회가 명예욕에 사로잡힌 몇몇 초대형교회 목회자들이 중심이 되어 정부 예산과 성도들의 헌금으로 막대한 예산 약 200억 원을 투입하여 진행되었다.[7] 그들은 정작 자신들이 하나님 앞에서 무엇을 하는지를 모른다. 소외된 자, 가난한 자를 대변한다는 부산 총회가 비싼 호텔에서 먹고 자는 것이다. 에큐메니컬 연합 운동과 연합 단체들은 언제든지 배교의 위험에 있고 또 배교 활동 중에 있다.
　WCC와 세계의 교회가 타락하게 된 큰 원인 중의 하나가 이 다수결이라는 민주주의를 운용해 나가는 방법론을 하나님이 내신 계시를 확인하는 문제에까지 원용한 데서 비롯되고 있다. WCC는 95% 이상이 찬성할 때에만 정책을 결정할 수 있는 컨서스(consensus) 결의법의 우월성을 강조한다. 따라서 종교다원주의, 동성애, 용공을 주장하는 소수의 의견을 무시하지 않으나 다수는 반대한다고 말하면서 넘어간다. 부산 총회에 대해 우려했던 에큐메니컬 신학, 종교다원주의, 용공주의, 선교선언문, 동성애 문제 등에 대해서 포괄적으로 고찰하고자 한다.

---

[7] 이상윤, "WCC 부산 총회에 대한 평가," 「기독교신문」, 2013년 11월 17일, 제2178호, 6에서 WCC 재정개발국 간사인 이상윤은 "부산 총회를 위해서 세계교회협의회가 100억 원의 예산을 집행하고 한국준비위원회도 같은 크기의 예산을 집행했다"라고 했다. 2014년 9월에 착공 예정인 WCC 제네바 신축 건물 공사비가 500억 원 정해졌으며 한국교회의 헌금을 바라고 있다.

1. WCC 부산 총회의 한 마당 축제

WCC 제10차 부산 총회가 "정의와 평화로 이끄소서"라는 주제로 열렸다. 한국 전통악기인 용머리로 장식된 징 소리가 세 차례 울려 퍼지며 141개국 2,863명의 참가자가 기립함으로 시작되었다. 무당집에 가면 종을 쳐서 귀신 앞에 "이제 왔습니다" 하듯이 그들이 공중권세 잡은 사탄 앞에 징을 북채로 울리며 '하나님의 회'를 가장한 '사탄의 회'임을 스스로 드러내었다.

징 소리와 함께 국악찬양이 연주되고 예배위원들과 아르메니안 정교회의 카레킨 2세 총대주교가 대형 십자가를 앞세우고 촛대와 성경, 물, 나무, 음식 그리고 사당을 연상시키는 성상을 들고 나가 제사상처럼 차려진 제단 위에 올려짐으로 WCC 부산 총회 개회 예배가 시작되었다. 예배가 진행되는 한편에선 재를 뿌리는 무속적인 퍼포먼스를 벌이고 같은 마당에서 국악찬양과 억울한 영혼을 달래는 초혼제가 함께 진행되었다.

한국 전통 가옥의 안뜰인 마당의 이름을 내걸고 사모아의 청년무용단, 사물놀이패들의 축하와 친교가 이루어진 207개의 프로그램은 잔칫집 흉내로 충분했다. 특히, 마당(ex 153)에 동성애자(LGBT-레즈비언, 게이, 양성애자, 성전환자)[8]를 위한 홍보 부스에서 동성애를 위한 책자와 유인물, 전단지를 배포하고 있었는데 동성애를 지지하는 WCC의 입장을 잘 보여주었다. 이들은 우리의 색동무늬를 동성애자의 무지개 깃발로 활용하는 듯 보였으며 총회 전시장에서 판매하고 있는 십자가들 가운데는 일반적인 형태의 십자가와 함께 여러 종류의 오컬트 십자가가 있는

---

[8] LGBT Forum of Lesbian, Gay, Bisexual and Transgender Christian Groups.

것을 발견할 수 있었다.

그중에는 템플기사단의 십자가와 그 오른쪽에 바포멧을 연상시키는 Y자형 십자가가 보이고, 왼쪽 끝에는 페르시아의 여신 마스라스(Mathras)를 상징하는 타우(Tau)십자가도 보였고 특히 세계의 십자가 전은 특별했다. 이들은 불교의 부처와 도교의 하눌님과 성경의 예수님을 똑같이 우리를 구원하는 구세주라고 가르치고, 신앙적 체험을 위해 참선(관상기도)을 할 것을 장려하였다. 결국 이들의 의도가 드러났는데 그것은 힌두교에서 말하는 논리 즉 "모든 종교는 신의 다양한 모습에 불과하다"라는 것이다.⁹

WCC 부산 총회는 한 마당 축제로 시작하여 한 마당 축제 총회로 끝을 맺었다. 서로 인정하고, 서로 존중하고, 서로 사랑하자는 축제 마당이었다, 다양한 문화 축제, 다양한 전통 축제, 다양한 종교다원주의 천국 축제와 "함께 순례를 떠납시다"라는 기원으로 막을 내렸다.¹⁰

협의회에선 공개적인 거수투표나 '가하면 예 하시오, 아니라면 아니라고 하시오' 하는 형태의 일방적 소통 방법은 찾아보기 힘들다. 따라서 일방적 주장이 채택되긴 불가능하다. 세계 각국, 다양한 종파들의 의견 차이가 큼에도 경청하고 토의하면서, 지구적 위기 극복을 위해 함께 힘을 모을 연대를 위해 끊임없이 기도했다. 이해할 수 없었던 것을 이해하고 회개하는 현장이 있었다. 총회에선 각 종파가 이끄는 기도회가 이어졌다. 한국의 새벽 기도를 체험한 영국 존버니언침례교회 켄 워

---

9 정현국, "복음분수령 앞의 WCC," 「개혁공보」, 2013년 11월 15일 제795호, 12.
10 부산 총회의 축제로 말미암아 총회 전 이번 대회 개최를 반대했던 대전 예수 생명교회 박승학 목사는 직접 총회에 참석한 뒤 "아픔을 겪고 있는 세계 기독교인들의 이야기를 듣고, 이를 공론화할 수 있는 장소였다"라고 찬성자로 바뀌었다

커 목사는 "런던에서 한인교회와 건물을 같이 쓰는데 새벽마다 시끄럽게 부르짖는 한국인들의 통성 기도가 사실 불편했는데 이제 이해할 수 있을 것 같고 런던에 돌아가면 새벽에 한국인들과 함께 기도해 볼 것"이라고 말했다.

총회 참가자들은 대회 기간 중 주말인 지난 11월 2-3일엔 임진각과 비무장 지대, 광주 민주화 운동, 경주 역사 문화 등 주말 프로그램별로 나누어 한국의 역사와 문화를 체험했다. 이 가운데 40여 명은 부산 수영동 '일본군 위안부 할머니들의 민족과 여성 역사관'을 방문했다.

이 전시관의 허복희 간사는 "1937년부터 일본군이 조선인 10대 소녀 20여만 명을 '공부시켜 주고 돈 벌게 해 주겠다'라며 꾀어내거나 납치해 끌고 갔다. 일본인 장교에게 성병을 옮긴 위안부를 불로 달군 막대기로 지져 자궁을 들어내고 임신할 경우 배를 갈랐다"라고 말했다.

그러자 참가자들은 "오!," "오 마이 갓," "우후!" 등의 탄식을 쏟아 냈다.

일본 웨슬리재단 총무 히카리 코카이(52) 여성 목사는 "그동안 한국 여성들이 단순히 돈을 벌기 위해 그런 일을 한 것으로 알고 있었다. 일본인의 한 사람으로서 매우 고통스럽고 부끄럽다"라고 사과했다.

총회 전 이번 대회 개최를 반대했던 대전 예수생명교회 박승학 목사는 직접 총회에 참석한 뒤 "아픔을 겪고 있는 세계 기독교인들의 이야기를 듣고, 이를 공론화할 수 있는 장소였다"라고 밝혔다. 총회가 30여 년 만에 채택한 새로운 선교 정책도 생명과 정의, 평화라는 주제에 맞췄다.

"전도는 하나님 통치의 가치와 모순되는 억압과 비인간화의 구조와 문화에 맞서는 것을 포함한다."

2. WCC 에큐메니컬 신학의 문제

WCC는 교회 연합과 일치라는 명목으로 성경 말씀의 진리를 하나의 타협 거리로 여긴다. WCC는 정통 교리의 삼위일체론, 성경론, 기독론, 구원론, 교회론 등을 따르지 않고 자유주의 세속신학과 종교다원주의, 반개종주의, 혼합주의를 표방하고 구현에 왔다.

1) WCC의 성경론의 문제이다

WCC는 성경 66권을 정경으로 보지 않는다. 성경 무오와 권위보다는 전통의 산물로 본다. WCC의 신학자 엘렌 프레세만 반리어는 "성경은 오랜 기간 기록되고 다시 기록되며 거기에 해석이 첨가된 인간의 책으로서 그 속에 서로 모순되는 내용이 포함되어 있다"라고 했다.[11] WCC는 성경 인용을 할 때 진보적 신학자들의 방식을 그대로 따른다. 성경은 교회와 개인의 경험을 기록한 책으로서 상대적인 권위만 가지므로 절대시하지 않는다.

그들은 성경의 원저자를 하나님으로 인정하지 않는다. WCC는 '에큐메니컬 성경해석학'을 주장하면서 성경 기록을 일종의 해석학적 작업의 산물로 여긴다. 그러므로 성경의 가치는 해석자의 수준과 체험을 넘을 수 없다. 해석자의 다양한 해석의 상황적 의미를 전통으로 부른다. 그들에게는 성경이 오직 전통의 형태로만 작용한다.[12]

---

11 정규남, "생명을 잃은 WCC로부터 한국교회의 거룩성 지킵시다," 「기독신문」, 2013년 10월 23일, 제1935호, 6.
12 문병호, 『왜 우리는 WCC를 반대하는가?』(서울: 대한예수교장로회총회, 2014), 42.

2) WCC의 기독론의 문제이다

WCC의 배교의 장본이 된 신학의 가장 중요한 거점의 하나는 기독론에 있다. 우리에게 전통적으로나 역사적으로 전승된 예수 그리스도에 대한 바른 관념에서 벗어났다는 데 있다. 처음부터 그리스도를 전연 별다른 인물로 그려 놓은 건 아니다. 기독론을 다 승인하는 것 같으면서도 사실상 중요한 부분에서 부인하고 있다.

WCC의 주장은 결국 "그리스도가 정의와 평화를 가져오게 하라고 하셨다"라고 강변한다. 그들에게 있어서는 "그리스도가 결국 그런 분"이기 때문에 그렇게 비뚤어진 방향으로 나아간다. 또 배교는 덮어 놓고 그냥 이루어지는 것이 아니라 "고도의 필연성을 가지고 전진"하는 것이며, 바른 신앙을 가진 사람들이 볼 때는 '배교'라고 하지만 당사자들은 "이것이야말로 기독교의 바른 구원"이라고 한다.

WCC의 배교 과정도 이처럼 설명할 수 있다.

"예수님이 나를 구원하셨다"라고 하는 큰 개념은 알고 있다. 그러나 세부적이고 현실적인 것에는 무관심하다. 그냥 "예수님은 나를 구원하셨지"라고 끝내버린다. 그럴 때 다른 세부적인 것, 즉 동정녀 탄생이라든지, 십자가의 죽음, 육체의 부활이라든지, 날마다 현실에서 나와 함께 하시는 것 등은 다른 사상으로 대치된다.

그래서 이런 식으로 변질된다.

"예수님이 구원 주이시면 됐지 꼭 동정녀에서 나셔야 할 필요가 있느냐 혹은 "예수님을 믿으면 됐지, 꼭 부활했다는 것을 믿어야 하나?"

이것이 WCC 자유주의 사람들의 기독론이다.

3) WCC의 구원론의 문제이다

구원이란 궁극적으로 무엇인가?
구원이 사회 개량이나 사회에 새로운 질서를 도입하는 것인가?
개인이 예수 믿고 천당 간다는 것으로 끝나는 것인가?

오늘날 큰 문제는 구원이 현실 세계에 어떻게 적용되어서 무슨 역할을 하게 되는가 하는 실천 생활의 문제이다. 다른 신에 고유한 가치와 지혜가 있는 것은 하나님의 일반 은총이다. 다른 종교에도 그 나름대로 가치와 경건이 있다는 것은 인정된다. 그러나 이것을 구원으로 연결할 수는 없다.

부산 총회 둘째 날 전체 주제인 "생명의 하나님, 정의와 평화로 우리를 이끄소서"에 보면 구원론의 문제가 십자가에서 우리의 죄 문제가 해결되어 세상에 참된 정의와 평화가 온다는 것보다는 인간의 노력으로 세상의 부정의와 억압받는 상황을 극복하는 것을 구원으로 보고 있다.

WCC는 교회들이 세계의 여러 가지 분쟁의 관계나 첨예한 관계에 들어가서 간섭하고 함께 협력해서 세계 평화를 이루고 안정을 이루도록 노력을 해 나가는 것을 구원으로 보고 있다. 이것은 교회의 정치적 권력화와 문화적 논의의 세속화의 모습이지 참 교회의 모습이 아니다.

4) WCC의 교회론의 문제이다

그들은 교회의 가시적인 일치만 강조하고 교회의 권징은 말하지 않는다. 참 교회를 유지하고 교회의 순결성을 보존하기 위해서 권징은 필수적이다. 그러나 성경에 위배되는 교리나 행동들이 발생해도 아무런 제재나 권징을 하지 않는다. 교회 일치만을 추구하여 어떤 단체든지 수용하며 세력 확장에 역점을 두며 오히려 인권을 옹호한다.

우리는 신앙고백이 같지 않은 WCC와 손잡으면 순결한 교회를 이룰 수 없다. 참 교회의 연합과 일치에 대한 전반적인 견해는 교회는 신앙고백이 같아야 일치할 수 있다는 것이다. 우리는 오히려 교파나 교회 분리의 원칙을 인정한다. 충분히 수긍할 만한 교리상, 신앙상의 이유, 또 빛과 어두움이 서로 합할 수 없다는 원칙 아래에서 거룩해야겠다는 즉 성별 되어야겠다는 주장 때문에 나뉘는 것은 충분히 정당화할 수 있다.

이것은 교회 분리에 대한 '거룩성의 원칙'이다. 우리는 구별되고 성별하기 위한 분리를 인정해야 한다. 하지만 권력을 잡고 우월한 자리에 앉고 싶어서 나뉜다면 분쟁이지 정당한 분리는 아니다. 또한, 분리한 교파가 그것이 정당하다는 것을 드러내기 위해서는 "그 나뉜 사람들이 하나님의 말씀 가장 바른 도리 가운데 확고히 서서 나아감으로써 그 열매를 사회적으로 역사적으로 중시해야만" 한다.

우리는 순수한 고백공동체로서 한국교회를 유지해야 할 이유가 있다.

종교개혁 시대에는 자신들이 믿는 고백을 지키기 위해 얼마나 노력하며 목숨까지도 내버렸던가?

그 당시 성직자가 성백의 옷을 입느냐 입지 않느냐 하는 단순한 문제를 가지고도 목숨을 내놓아야 할 때가 있었다. 이런 점에서 볼 때, 현 한국교회의 무분별한 신앙고백을 따지지 않은 WCC 에큐메니컬 신학의 교회연합과 일치 운동은 정말로 그리스도의 몸을 세우는 것인지 아니면, 교권주의를 형성하고 다시금 어떤 세속적인 힘을 가져보겠다는 것인지 자문해 볼 필요가 있다.

3. 선교선언문의 문제

WCC 부산 총회가 채택한 선교선언문인 "함께 생명을 향하여: 기독교의 지형 변화 속에서 선교와 전도"의 구호는 불평등, 분열, 갈등을 타파하고 피조 세계의 아픔과 상처를 치유하고 화해시키자는 뜻은 고무적으로 보인다. 그리고 112개 선교선언문은 삼위일체 하나님의 틀 안에서 성령의 선교를 강조하는 것처럼 보인다. 그러나 여전히 예수 그리스도의 십자가의 복음이 없는 종교다원주의와 개종 전도 금지의 문장들이 자리 잡고 있다.

하나님은 살아있는 신앙인들의 삶과 전통 안에서 활동하며, 그 하나님은 복음이 전해지지 않는 곳, 피선교지에 우리보다 앞서가서 계시므로 우리의 선교는 그곳에 이미 존재하는 하나님을 증거가 되는 일이라고 한다. 이것은 역사적 기독교의 선교가 아니다. 선교선언문의 일부 항을 다음과 같이 요약할 수 있다.

    4항: 하나님께서는 인간의 구원만을 위해 아들을 보내신 것이 아니다.
    9항: 다원성은 교회들이 만나는 도전이다.
    23항: 땅 위의 모든 생명의 요구들을 존중하는 새로운 겸손 없이는 구원이 올 수 없다.
    28항: 성령이 우리와 함께하신다는 주장은 우리가 할 수 있는 것이 아니고, 우리의 삶을 보고 다른 사람들이 인정해 주는 것이다.
    45항: 만물을 위한 하나님의 뜻인 생명의 충만함을 방해하는 권력에 저항하고 투쟁할 것이다.
    82항: 개종이 전도를 실행하는 합법적 방법이 아니라는 것을 인식하는 것이 중요하다.

93항: 영적 다원주의: 하나님의 영은 생명을 긍정하는 모든 문화 속에서 발견될 수 있다. 우리는 다른 신앙전통들 안의 성령 활동을 온전히 이해하지 못한다. 우리는 생명을 살리는 다양한 영성들 안에 고유한 가치와 지혜가 있다는 것을 인정한다.

94항: 대화란 종교적 차원에서 볼 때 우리보다 앞서서 구체적인 삶의 정황 속에서 그들과 함께해 오신 하나님을 만난다는 기대와 더불어 시작할 때만 가능하다.

100항: 문화들의 다원성은 우리의 믿음과 상호 이해를 더 깊게 만드는 성령의 선물이다.[13]

선교선언문 23항은 땅 위의 모든 생명을 존중한다. WCC는 모든 생명(요 10:10)에 대해 자연적인 목숨, 모든 피조물의 생명체들이 가진 생명(bios)으로 정의한다. 그러나 성경이 말하고자 하는 바는 양들을 위해 목숨을 바친 선한 목자의 대신 속죄 사역의 결과로 얻어지는 영적이며 영원한 생명(zoe)을 가리키며, 그리스도의 십자가의 죽음과 부활의 기쁜 소식을 온 세계에 전하므로 영생을 얻게 하는 구속 개념을 말한다.

선교선언문 82항은 "개종이 전도를 실행하는 합법적인 방법이 아니다. 우리는 일부 그리스도인들이 폭력적 수단이나 권리의 악용을 통해 개종을 강요했기 때문에 때때로 전도가 왜곡되었고 그 신뢰성을 상실하였다는 것을 알고 있다"라고 밝히고 있다. 개종이 전도의 합법적인 방법이 아니라면, 종교 대화를 하여 타 종교의 삶의 정황에서 하나님을 만

---

[13] WCC 제10차 총회 한국준비위원회, 『세계교회협의회 신학을 말한다』(서울: 한국장로교출판사, 2014), 72-107.

나는 것을 강조하는 태도는 제도적, 법적인 강제 전도를 금지하는 명제로는 적합하다.

그러나 양심에 입각한 자유로운 대화에서 나오는 사랑의 간증과 설득으로 이루어지는 전도와 복음화를 비적합한 것으로 보고 있는 것은 잘못된 것이다. 사실 강제 전도는 복음에 합당하지 않으나 양심에 입각한 자유 전도는 복음이 우리들에게 명하는 바이다. WCC는 선교 활동을 사회변혁을 포함하는 것으로 보고, 전도는 대화라고 생각하기 때문에 당연히 개종 전도에 대해서는 부정적이다.

개종을 시키기 위해 폭력을 사용했던 역사가 있으므로 인권 보호 차원에서 이런 극단적인 방법을 우려하는 것은 이해가 된다. 그러나 과거 부정적인 강제 개종 사례가 있었다고 해서 개종 자체를 불법이라고 규정한 것은 WCC가 개종 전도 금지를 견지하고 있다는 비판을 받을 수밖에 없다. 또 선교선언문은 모든 문화와 종교의 가치를 존중한다는 태도를 밝히고 있으므로 근본적으로 개종 전도에 관심이 없는 선교로 판단되고 있다.

선교선언문 83항은 "전도는 우리의 믿음과 확신을 다른 사람들과 나누는 것이며, 그들이 자신들의 종교 전통을 고수하든 하지 않든 간에 그들을 제자의 길로 초대하는 것이다"라고 한다. WCC는 선교 목적이 그리스도를 전해 구원을 얻도록 하는 것이 아니라 세상의 평화에 있다. 따라서 WCC는 다양한 그리스도교 내 종파는 물론, 타종교인들도 전도가 아니라 연합과 포용의 대상으로 본다.

선교선언문 93항의 "성령은 신비로운 방법으로 일하시기에 우리는 다른 신앙 전통들 안의 성령 활동을 온전히 이해하지 못한다. 우리는 생명을 살리는 다양한 영성들 안에 고유한 가치와 지혜가 있다는 것을 인정한다"라는 문장은 성령의 구속 사역과 섭리 사역을 구분하지 않고 있다.

성령이 신비스러운 방법으로 다른 신앙 전통들(불교, 이슬람교, 힌두교 등) 안에 활동하고 있다는 것이다. 그러므로 선교는 다른 신앙인들을 개종시키는 것이 아니라 이들을 "선교의 동반자로 만드는 것"을 의미한다. 그리고 종교 대화란 "다른 종교 안에 이미 계신 하나님을 만난다는 기대와 더불어 시작한다"라는 명제도 하나님의 일반 섭리적 사역과 특별 구속적 사역을 구분하지 않고 있다.

선교선언문 94항은 종교 간 대화에 대해 명확한 언급이 나온다.

> 종교적 차원에서 대화란 우리보다 앞서서 사람들의 구체적인 삶의 맥락 속에서 그들과 함께 현존하신 하나님을 만난다고 기대하고 시작할 때만 가능하다. 하나님은 우리보다 앞서 그곳에 계시기에, 우리의 과제는 이미 선재 하신 하나님에 대해 증언하는 것이다.

이 내용은 이슬람, 불교, 힌두교, 도교 등 타종교 신봉자들의 삶과 전통 안에서도 하나님이 활동하고 계신다는 뜻으로 해석할 수 있다. 종교 대화에서 다른 종교 안에 이미 계신 기독교의 하나님을 만난다면, 종교적 개종이란 들어설 여지가 없게 되는 것이다. 부산 총회의 여타 문서에서도 타종교와의 대화를 강조한다. WCC의 선교관은 타종교에 대한 포용적인 태도를 강조하며, 세계의 불의한 사회 구조의 변혁이며, 세상을 향한 봉사이다. 전도의 방법은 개종이 아니라 대화이다.

WCC는 자신들이 종교다원주의자라고 말하지는 않는다. 으레 자주 사용하는 모호한 구사법을 활용하고 자신들은 종교다원주의를 표방한 적이 없다고 말한다. 그러나 명확하게 타종교에는 구원이 없다고 하지 않는 것은 종교다원주의를 부정하지 않는 것이다.

4. 동성애 문제

총회 이틀째 전체 회의 일치성명서 채택을 위한 회의 때였다. 러시아 정교회 대외협력위원장 힐라리온 대주교가 특별 발언을 요청했다. 세속주의 세태를 한탄한 그는 "동성애, 동거, 동성 커플의 아이 입양 등이 결혼에 대한 전통적 가치를 파괴하고, 부모의 개념에 혼동을 주고 있다. 이는 성경의 가르침과 다르다"라고 발언했다. 이에 대해 많은 '총대'(총회 대의원)들이 '반대'를 의미하는 파란색 카드를 흔들었고, 찬성하는 총대들은 '동의'를 의미하는 오렌지색 카드를 흔들었다.

일부 총대는 "많은 이들이 성 정체성의 문제로 고통받고 있고, 차별을 당하는 현실에서 교회가 약자들을 품어야 한다"라고 주장했다. 갑론을박이 계속되자 알트만협의회 의장은 "협의회는 다른 생각에 대해 안전하게 담화할 수 있는 곳이고, 방금 우리는 그러한 것을 경험했다"라며 마무리를 지었다. 성경 말씀은 동성애를 창조 질서에 어긋나는 죄임을 지적한다.

> 동성애는 가증한 일(레 18:22).
> 남자와 동침하면 가증한 일을 행함인즉 반드시 죽일지니(레 20:13).
> 동성애자는 하나님 나라를 상속받지 못할 것이라(고전 6:9).
> 동성애는 부끄러운 일(롬 1:7).

WCC 총무 올라프 트베이트(Olav Fykse Tveit)는 동성애 문제에 대해 다음과 같이 말했다.

> 동성애가 WCC 주제인 일치를 방해해서는 안 된다. 이 주제는 계속해서 나눠야 할 좌담이 되어야 한다. 개인적인 생각으로는 이 동성애 문제가 상대방을 정죄하는 위치에 가지는 않아야 한다. 우리는 다 다르다. 정죄 토픽으로 올라가서는 안 된다. 계속해서 이야기할 주제이다.[14]

네빌 칼람 세계침례교연맹 총무 역시 이렇게 말했다.

> 전 세계교회가 다양한 표현을 하고 있지만 우리는 너무 똑같은 모습만 찾으려다 보니 교회 안에서조차 인종 차별이라는 용이 머리를 들고 있다. 빈곤과 착취, 질병의 상황을 개선하기 위해선 자기 중심성을 벗어나 일치의 부르심으로 나아가야 한다.[15]

또 폐회 예배 설교자 남아공성공회 사제 미카엘 랩스리는 동성애(LGBTI) 공동체에 대해 "여러 시대에 걸쳐서 여러분(성 소수자)이 고통을 경험한 것에 대해 종교적 사람들로서 우리가 한 역할에 대하여 깊이 유감스럽게 생각하며, 모든 종교 지도자가 저와 똑같이 사과하는 것을 나의 사는 날 동안에 볼 수 있기를 바란다"라고 언급했다. 우리는 동성애를 죄로 규정하지만, 동성애자는 사랑과 전도의 대상으로 여기지만, WCC 참여 교단의 대다수는 동성애를 죄라고 여기지 않고 인권 보호의

---

[14] 올라프 트베이트, "WCC 클로징 인터뷰," 「기독교보」, 2013년 11월 16일, 제1096호, 8.
[15] 구본철, "WCC 부산총회 후기," 「기독교보」, 2013년 11월 10일, 제1096호, 8.

대상으로만 생각하고 있는 것으로 해석된다.¹⁶

우리는 세계의 평화가 예수 그리스도의 십자가와 구속 사역을 말과 행동으로 전해 온 인류가 그리스도를 믿고 영생을 얻는 데서 가능하다고 믿고 있다. 그러나 WCC는 모든 그리스도교가 일치를 이루고 타종교와 연대해 불의한 사회와 정치 구조를 바꿔 놓는 정치 행위를 통해 세계 평화가 온다고 주장하고 있다. 이 때문에 그리스도를 유일한 구주로 인정하지 않는다는 비판을 받고 있다.

5. 북한 선교와 용공주의

WCC 부산 총회는 용공주의에 대해 총회 문서에 명시적인 언급을 하지 않았다. 총회 문서로 볼 때 내용으로 가까운 것은 "한반도 평화 통일 선언문"이라고 할 수 있다. 이 평화 통일 정책은 북한 공산 정권의 통일 정책과 거의 비슷하다. 이 문서에서 WCC는 북한교회(즉 조선그리스도교 연맹이나 봉수교회, 칠곡교회)를 인정하고 남북교회 교류를 강조했다.

휴전 협정을 평화 협정으로 대치하고, 또 유엔의 대북 경제 제재와 금융 제재를 해제해야 한다고 촉구했다. 한반도를 둘러싼 미군을 포함한 모든 외세가 한반도에서 모든 군사 훈련 중단을 하고, 군대를 철수할 것을 주장하기도 했다. 또한, 남한에 있는 UN 사령부를 해체하고 한반도에 배치된 모든 핵무기를 제거할 것을 주장했다.¹⁷

---

16 노충헌, "보수교단 염려는 기우 아니었다," 「기독신문」, 2013년 11월 13일 제1938호, 7.
17 Ibid., 16. 김삼환 목사는 11월 8일 부산 벡스코 비즈니스 홀에서 열린 WCC 총회 마지막 전체 회의에서 WCC 한준위 대표회장 자격으로 참석해 "유엔의 북한 경제 제

그러나 소위 지하교회 성도들이 신앙적인 이유로 박해를 받는 데 대한 북한 정부의 행위를 중단해야 한다든지, 북한의 전쟁 도발 위협이 중지되어야 한다든지 하는 데 대해서는 일언반구의 언급도 없었다. 전체적으로 '한반도 성명서'는 진보 진영과 진보적 교회들이 그동안 주장해 온 내용과 다른 바 없다.[18]

더불어 용공 시비는 과거 WCC의 사회주의에 대한 지원 역사를 더불어 살펴 판단해야 한다. WCC가 적극적으로 사회주의 체제 구현을 위해 힘썼던 것은 아니고, 인도적 차원이 포함되었더라도 공산주의 세력에 지원한 역사가 있으므로 용공이 아니더라도 과거 공산주의에 지원한 바 있다는 식으로 용공 시비를 규정해야 한다.

6. 부산 총회에 반대하는 국민의 소리

'WCC 부산 총회 반대 운동연대'는 총회 기간 중 세 차례 반대 집회를 진행했다. WCC 부산총회 반대를 위한 '국민의 소리'는 100만 명 서명 운동을 펼쳤다. 조영엽 박사 외 7인은 스위스 제네바 본부를 항의 방

재를 찬성하며 박근혜 대통령을 지지한다"라고 발언했다. WCC 총대들이 "유엔의 경제 제재 해제를 촉구하자"라는 결의로 WCC가 채택한 공식 성명서를 정면으로 반박하고 나서 혼란과 자중지란을 일으켰다.

[18] 조영엽, "WCC 10차 총회비평 보고서," 「크리스찬연합신문」, 2013년 11월 17일, 제500호, 11, "WCC는 조선기독교연맹에 1988년에 8만 달러를 지원하여 봉수교회를 건축했으며 봉수교회는 북한에도 종교의 자유가 있다는 허위 선전장으로 사용되고 있으며, 외국 사람들을 유치하여 외화벌이 창구로 이용되고 있다. 또 WCC는 북한에 12,000명의 개신교도와 3,000명의 가톨릭 신자, 그리고 가정교회들이 있다고 허위 선전을 하고 있다."

문하여 100만 명 서명 날인한 것을 제시하고 시위를 했다.

1) 대통령의 불참

WCC 이단성에 대한 한국교회가 갖는 경각심을 통찰하여 역대 WCC 총회 중에 개최 국가 대통령이 참석했으나 한국 대통령은 지혜로운 판단을 하여 참석하지 않았다. 그러나 WCC는 반대 집회자들에 대해 대화 상대로 여기지 않았고 경비원과 경찰을 동원하여 무자비하게 대응하였다.[19]

개막 전날인 10월 29일 벡스코 광장에는 전국에서 모인 5만 명의 반대자가 시위를 했다. 이날 설교자로 나선 박영우 목사(광주 안디옥교회, 통합)는 다음과 같이 강조했다.

> "WCC는 적그리스도의 앞잡이"라는 제목의 설교를 통해 "진리 수호를 위해 구원의 진리가 왜곡되지 않게 하기 위해 종교다원주의, 혼합주의의 온상인 WCC의 잘못된 부분을 지적하고 WCC 측의 교묘한 술책을 배격해야 한다. WCC는 기독교가 아니며 기독교의 이름으로

---

[19] 이상윤, "부산총회에 대한 평가"에서 이상윤 목사는 현 WCC 재정개발국 간사로 정확한 판단을 하고 있다. "부산총회에서 WCC를 대놓고 비난한 신학자들로는 조영엽 박사와 최덕성 박사를 꼽을 수 있다. 이들의 공개된 비판적인 논문에 나타난 대로라면 WCC 비판의 신학적 소양은 상당하며 일정 수준의 연구 활동과 반대 세력의 공개적인 활동은 앞으로 활성화될 것이 확실하다. 상대적으로 WCC의 족적은 이들이 주장하는 대로 하나님의 선교(missio dei) 노선에 서서 복음 전도의 온전성을 지키지 못하였고 행동신학으로 지난 시간 기독교 선교의 시대 정신 창출이라는 목표에 매달린 것은 틀림없다."

치러지는 WCC 부산 총회를 이 때문에 반대한다"라고 설교했다.[20]

광주 김대중컨벤션센터에서 개최된 WCC 반대 광주지역교회 연합집회는 2만 명이 참석하여 반대 운동에 동참했다. 벡스코 현관 앞 마당에서 매일 20명 이상의 성도들이 피켓 시위를 했으며, 철야 기도회와 단식 기도를 하는 목사와 선교사도 있었다.

2) 다양한 공동체의 일부

WCC의 트베이트 총무는 "WCC는 다양성 속 일치를 추구한다. 이 일치는 예수를 구세주로 고백하는 믿음 속에서의 일치이며, WCC 반대자들도 역시 세계 기독교 안에 존재하는 다양한 공동체의 일부"라는 선문답 같은 언급을 했다. WCC의 월트 알트만 의장 역시 "현재 거론되는 의혹들인 동성애나 종교다원주의에 대한 WCC의 공식 입장은 없다. 소수자를 무시하기 위한 것은 아니지만 그들을 정당하기 위한 어떤 프로그램이나 정책이 없는 만큼 WCC를 동성애나 종교다원주의, 용공이라고 매도하는 것은 옳지 않다. 그리고 반대는 언제나 있어 왔다"라면서 별 관심이 없다는 뜻을 표명했다.

3) 반대 시위

총회 현장 인근에선 연일 "협의회 악마들아 물러가라," '예수 천국,

---

[20] 양승록, "왜 예수 외에는 구원 없다는 고백을 못 하는가?" 「들소리신문」, 2013년 11월 17일, 제1502호, 7.

불신 지옥' 등의 푯말을 든 시위대들이 총회장 주변을 맴돌며 시위를 벌였다. 그러나 대부분 참석자는 이런 시위대를 향해 웃으며 손을 흔들어 주었다. 또 총회장에서 반대자들을 위한 기도가 열리기도 했다.

총회 반대자들은 1인 시위자가 든 "WCC kills church"(WCC가 교회를 죽인다) 팻말이 말해 주듯 기독교 내 다른 종파들까지도 개종 대상으로 삼고 있는 배타적 선교 전략이 협의회의 포용성과 일치 때문에 지장을 초래한다는 우려를 표했다. 반대자들이 자기 교회나 교파 이기주의적 생존 논리를 내세우며 시위를 벌이는 가운데도 총회장 참석자들은 교회의 보폭을 지구촌의 아픔을 보듬는 쪽으로 넓혔다.

4) 피켓 시위

"예수만이 구주이고, 다른 종교에는 구원이 없다"라는 피켓을 든 한 남성이 벡스코에서 시위하고 있었다. 총회 참가자들은 다양한 의견을 들을 수 있어 좋았다고 한목소리로 말했다. 독일에서 온 프란츠 제버 교수(프랑크푸르트대학교)는 세계가 당면하고 있는 문제를 한자리에서 들을 수 있었고, 종파와 교단이 다른 사람들과 의견을 나눌 수 있어 의미가 깊었다고 말했다.

네덜란드에서 온 로버트 반 더 바르트는 이번 총회를 포함 5번째 총회에 참석하고 있다고 했다. 그는 역대 총회 중 부산이 최고의 시설과 시스템을 갖추었다고 했다. 총회 반대 집회를 하는 이들과 깊은 대화를 나누지 못한 점이 아쉬웠다고 했다.

미국에서 온 빅토르 카시노는 가톨릭 신학생으로 2015년 사제 서품을 받는다. 종교 간 대화에 관심이 많은 그는 GETI(세계에큐메니컬신학원) 참가자로 부산 총회에 임했다. 에큐메니컬 좌담과 전체 회의 등을 통해 세계에서 벌어지는 분쟁과 HIV 문제 등을 알게 됐다고 했다. 주말 프로그램으로 광주 양림교회를 찾은 빅토르는 밥상 공동체를 보고 충격을 받았다. 미국의 성당에는 예배 후 식사 문화가 없다면서 예배 후 공동 식사하는 모습이 꼭 성만찬처럼 보였다고 했다. 빅토르는 기회가 주어진다면 WCC 총회를 다시 찾을 것이라고 했다.

5) 신자유주의 표출

제10회 총회가 보여주기에 급급했다는 의견도 나왔다. KETI(한국에큐메니컬신학원) 지도 교수로 참가한 김기석 교수(성공회대학교)는 총회의 화려함을 지적했다. 김 교수는 신자유주의를 물씬 풍긴 WCC 총회가 신자유주의에 도전한다는 게 흥미로웠다고 했다. 무엇보다 한국 에큐메니컬 운동의 중심에 선 한국기독교교회협의회(김영주 총무)가 행사의 중심에서 벗어난 것은 아쉬운 대목이라고 했다.

익명을 요구한 한 목사는 일치를 꿈꾸는 그리스도인이 한자리에 모인 것은 좋은 일이지만, 행사가 외형적인 부분에 치우친 것 같다며 아쉬워했다. 일례로 11월 7일 열린 수요 예배는 외국인 참가자들에게 과시하려는 듯했다며 진지하게 열린 개막 예배와 비교됐다고 지적했다. 그는 생명과 생태를 강조하는 총회장 내부에 종이컵이 쏟아져 나오는 등 아쉬운 점도 많았다고 했다.

6) 파송 예배

11월 8일 오후 2시 부산 벡스코 컨벤션홀에서 열린 파송 예배는 "주께서 왕위에 오르신다"라는 찬송으로 시작했다. 기도에 나선 장상 아시아 회장은 사랑의 뿌리를 내리게 하사 그리스도인의 교제와 봉사로 성장하고, 삶 속에서 주님의 뜻을 이루게 해 달라고 했다.

설교는 남아프리카공화국(남아공) 마이클 랩슬리 성공회 사제(기억치유연구소 소장)가 했다. 그는 1973년 남아공으로 파송됐고, 인종 차별 철폐 운동을 하던 1990년 4월경 인종 차별 단체 측이 보낸 편지 폭탄에 두 팔과 한쪽 눈을 잃었다. 랩슬리 사제는 사고로 죽지 않고 살아남게 된 이유는 죄악·미움·죽음보다 정의·평화·생명이 훨씬 강하다는 사실을 증언하기 위해서라고 고백했다. 총회 참가자들에게 정의와 평화를 위해 함께 투쟁하는 협력자로 거듭나기를 바란다고 했다.

WCC 제10차 부산총회가 파송 예배를 끝으로 9박 10일간의 일정을 마쳤다. 이번 총회에서는 30년 만의 선교선언문을 비롯해 한반도 평화와 통일에 관한 선언문 등이 채택되었다. 인간의 탐욕이 세상을 죽이고 있다며 종교 간 연대를 강조했다. 랩슬리 사제는 "지금도 인종 차별 철폐뿐 아니라 성차별과 어린이 폭력에 대한 투쟁은 계속되고 있다"라며 평화는 요원하다고 했다. 만일 서로 평화롭게 살기를 바란다면 '확대 에큐메니즘' 정신으로 기독교 아닌 다른 종단과도 연대해야 한다고 덧붙였다.

성직자를 향한 조언도 빠뜨리지 않았다. 그는 오늘날 성직자는 설교를 줄이고 사람들 이야기에 귀 기울여야 한다고 했다. 타인의 고통을 들어줄 마음이 있다는 것은 곧 정의를 위해 함께 일할 수 있는 것이라고 했다. 성 소수자 그룹 LGBTI 공동체에 사과를 전하기도 했다. 그는 "모든 연령대에서 여러분(성 소수자)이 고통스럽게 살았다. 모든 종교의 지도자가 (저와) 똑같이 사과하는 것을 볼 수 있기를 바란다"라고 했다.

예배 후 참석자들은 주위 사람을 꼭 안아 주며 "예수 그리스도가 당신과 함께하신다," "하나님의 평화가 여러분과 함께할 것"이라며 헤어짐의 인사말을 전했다.

한편, 예배 도중 한 남성이 무대에 난입하면서 예배가 잠시 중단되기도 했다. 흰색 복장을 한 그는 마이크를 움켜쥐고 회개하라고 외쳤다. 무대 아래에서도 한 여성이 회개하라고 외쳤다. 행사 관계자 10여 명이 붙어 남성을 무대에서 끌어 내리고 이들을 예배당 바깥으로 내보냈다. 무대에 뛰어든 남성은 WCC 총회 기간 내내 벡스코 주위를 맴돌며 총회 반대 시위를 해 왔다.

7) 결론

WCC 제10차 부산 총회는 2013년 11월 8일 폐막되었다. 이제 WCC의 배교 행위 시대에 한국교회의 말씀 맡은 성직자의 책임과 성도 개인들의 교회 선택이 매우 중요하다는 생각이다. 목사와 교회가 배교해 나갈 때 그 교회의 교인들은 특별히 나쁠 것이 없으면서도 그냥 같이 악화 가운에 빠져들어 간다. 우리는 성도 개인에게도 참 교회를 선택할 수 있는 책임이 있다고 가르쳐야 한다.

성도 개인이 다는 몰라도 말씀을 많이 듣고 성경적 교회인지 혹은 비성경적 교회인지를 분별하고 어떠한 교회를 선택해야 할 것인가에 대해서 책임이 있음을 가르쳐야 한다. 참 교회 선택은 궁극적으로 교인 개인의 책임인 것이다. 물론 그 성도 개인이 WCC에 대해서 모를 수 있고 또 알면서도 그 교회를 벗어나지 못하는 이유로서 인간적인 정과 말씀을 분별하지 못하는 등의 이유를 언급할 수 있다.

교회의 배교의 과정에 대해서 먼저 이스라엘 백성이 광야 생활을 끝내고 가나안 땅에 들어가서 하나님을 버리고 점차로 이방신을 섬기게 되는 과정과 연관해 보자.

이스라엘 백성이 처음에는 하나님을 섬기다가 나중에 이방신을 섬길 때 그렇게 변질되는 과정에는 중요한 다리가 하나 있다.

그 다리가 무엇인가?

그들은 여호와 하나님에 대한 신관의 큰 개념은 그대로 가지고 있지만, 현실적인 문제에 대해서는 그 개념이 점점 희미해져 갔다. 그래서 그 희미해진 부분이 나중에 다른 사상으로 점점 대치되면서 배교하게 되었다. 그러나 신론에 대한 큰 개념은 바뀌지 않았기 때문에 정작 본인들은 신관이 바뀐 것으로 인식하지 않았다.

이스라엘 백성은 하나님의 이름을 함부로 부를 수 없으니까 처음에는 "아도나이"라고 부르든지 '바알'이라고 부르기 시작한다. 처음 아도나이나 바알이라고 부를 때는, 반드시 이교신을 두고 한 말은 아니며, 애굽에서 자신들을 인도한 하나님으로서 알고 불렀다. 그러나 이런 하나님이 현실적으로 점점 더 깊고 실제적인 신개념으로 새로워져야 할 것인데 그렇지 못하고 희미해지기 시작하였다. 그 후 그 자리에 이교신의 개념이나 그 속성이 들어와 점점 처음의 하나님 개념이 대치되어 나중에는 이교신의 개념이 더 압도하게 되었다.

WCC 부산총회의 배교의 현실이 발생하는 조건과 그 조건을 받아들이는 최우선 원인은 무엇인가?

(1) 세속주의이다

배교적 현실이 발생하는 세속주의는 세상의 문화를 좋게 받아들인다. 큰 탁류 속에 함께 휩쓸려 갈 때 생기는 것으로 성도 개인의 육적인 생활인 "권력에 대한 대응과 평화 천명," "정의와 평화를 위한 경제," "정의, 봉사, 창조를 위한 책임"에 관심을 쏟는다.[21]

(2) 비성경적인 사이비의 가르침을 받아들이는 데 있다

참된 일치가 아닌 것을 참된 일치로 알고, 참된 연합이 아닌 것을 참된 연합으로 알고 주장한다. 참된 신앙이 아닌 것을 참된 신앙의 바로미터로 보게 된다. 이런 배교적 조건이 형성된 현실 하에서 배교의 원인이 되는 큰 요인은 '육신에 속한 생활'이다. 경제 개혁을 다루는 삶의 경제, 빈곤의 근절을 위한 탐욕의 극복, 정의와 평화를 위한 투쟁에 관심을 둔다. 이와 같은 정치적 행위는 처음에는 교회에 서서히 뿌리를 내림으로써 시작하지만, 나중에 큰 물결로서 움직이게 되는 것이다.

우리는 부산 총회의 물주 역할을 한 몇 곳의 초대형교회들의 배교 행위에 대해서도 언급해야 한다. 한국교회가 교회 기업이 되어가고 있으며, 목사는 교회를 기업으로써 잘만 운영하면 훌륭한 교주가 되고 세습을 잘하면 된다. 그래서 참 기독교(Christianity)가 아니고 세상이 비웃는 교회교(Churchianity)가 되어가고 있다. 기독교의 참된 정신과 교육이야 어디로 가든지 상관없고 교회 하나가 초대형교회로 성장하여 나가면 좋지 않으냐는 식이다. 예수님을 하나님으로 부르고 있는데 무슨 상관이

---

[21] WCC 제10차 총회 한국준비위원회, 『세계교회협의회 신학을 말한다』, 6-7.

냐는 식이 된다.

(3) 사실 WCC의 배교 행위는 처음부터 시작한 것은 아니었다

초기 에큐메니컬 운동은 아주 복음적이고 선교적 정열로 가득한 신학적 일치감에 기초하였다. 이러한 복음적이고 선교적 정열이 사라지자 이 운동은 변질되기 시작했다.[22] 서서히 부산 총회에서도 변질됐으며, 역사의 종국에는 결국 적그리스도를 보고 하나님이라고 인정할 것이다.

WCC 배교의 큰 핵심은 말씀의 변질에 있다. 자유주의 신학, 종교다원주의, 비뚤어진 복음주의 신앙, 말씀의 변개 등이다. 이 모든 것은 비뚤어진 신앙에 기초하고 있다.

우리는 가장 핵심적으로 복음 선교란 무엇인가?

신앙이란 무엇인가?

신령한 생활이란 무엇인가?

이에 대해 올바로 말해야 한다. 신앙과 구원의 도리를 기본으로 설명해 나가야 한다. 참다운 신앙의 모습이 무엇인가에 초점을 두어야 하며, 그것이 삶에서 어떻게 드러나야 하는지에 대해 강조해야 한다. WCC의 비뚤어진 신앙의 자태가 어떻게 비뚤어진 기독교를 만들고 있으며, 어떻게 하나님의 나라를 가로막고 있는지, 그것이 얼마나 사단적인지, 얼마나 배교 행위인지를 보여 주어야 한다.

오늘의 시대가 어두워도 주님께서는 주님의 일을 하신다. 우리 시대가 아무리 캄캄한 밤이라 해도 참다운 구원의 교리와 복음은 사라지지 않는다. 그러므로 바알에게 무릎 꿇지 않은 이가 참다운 복음을 선포하

---

[22] 스갓 모로우 편집, 『선교학 사전』(서울: CLC, 2014), 1056.

기 마련이다. 상수리나무 밤나무가 베임을 당해도 그루터기에서 새싹이 나는 것처럼(사 6:13) 우리의 사명은 한국교회의 유일한 그루터기요 새싹의 소망이다.

WCC 부산 배교 총회는 끝났다. 우리는 이제 성경을 사랑하고 예수 그리스도 중심의 유일의 구원 진리를 전파하고 참 교회의 복음을 사수하는 사명을 감당하는 신앙의 용사들이 되어야 한다. 바른 신학을 효과적으로 변증하여 WCC의 배교 행위를 막는 것이 우리 모두의 숙제이고 책임이다.

부록 2

한국 문서선교의 역사와 방향

2014년은 스코틀랜드 선교사 존 로스(John Ross)가 성경을 한국어로 번역한 지 130년이 되는 해다. 아직도 많은 나라가 자국어로 번역된 성경을 갖지 못했으며 세계성서공회연합회(United Bible Societies)는 2011년 12월 말 기준으로 하나님의 말씀이 최소한 단편(쪽복음)이라도 번역된 것은 세계 6,600 언어 중 총 2,538개의 언어로 번역되었다고 발표하였다.[1] 이는 전 세계 언어의 절반에도 미치지 못하는 숫자이다.[2] 2,000이 넘는 종족들이 아직도 자신의 모국어로 기록된 성경을 갖지 못했다.

감사하게도 우리나라는 선교 초기에 성경 번역하는 작업이 함께 시작되었다. 우리나라에 기독교가 전파된 것은 18세기 후반부터이다. 로스의 성경 번역 이전에도 중국에서 들어온 기독교 변증서인 『천주실의』가 읽히고 있었고, 프랑스의 로마 가톨릭 선교사 마리 다블뤼(Marie N. A. Daveluy) 주교에 의해 교리서가 번역되었으나, 개화기에 들어서야 문서선교가 활발히 진행되었다. 따라서 한국교회의 문서선교 운동은 교회의 시

---

[1] http://www.bskorea.or.kr/bskorea/pr/news_read.aspx?idx=152&category=&keyword=&page=1, 대한성서공회 홍보뉴스 인용.
[2] 김영재, 『한국교회사』(서울: 이레서원, 2004).

작과 더불어 시작되면서 한국 근대사에 엄청난 공헌과 흔적을 남겼다.³

1. 한국 문서선교의 역사

1) 성경 번역

개신교 선교사로서 우리나라에 처음으로 발을 디딘 이는 화란 계 독일인 칼 구츨라프(Karl. A. F. Gutzlaff) 목사다. 구츨라프 선교사는 『하멜표류기』를 읽고 동남아를 순회하던 중 1832년 7월 서해안의 한 섬에 상륙하여 40일간 체류하는 동안 한글로 주기도문을 번역하였다. 이때 그는 모리슨(Robert Morrison) 선교사로부터 해안 지역 주민들에게 반포해 달라는 부탁과 함께 중국어로 번역된 한문 성경을 많이 받아와서 조선의 서민들과 접촉하여 전도하였다. 그가 한국에 체류한 기간은 너무 짧아 당장 큰 결실을 얻지는 못했지만, 성경책 반포로 복음의 씨앗을 뿌렸음에 의의가 있다.⁴

27세의 젊은 로버트 J. 토마스(Robert J. Thomas) 목사는 중국 산둥성에 주재하고 있다가 한국에 대해서 전해 듣고 한국 선교의 뜻을 품게 되었다. 그는 1840년 스코틀랜드에서 회중교회 목사의 아들로 태어나 런던대학의 신학 과정을 마치고 1863년 하노버교회에서 목사 안수를 받고 런던선교회 선교사로 임명받아 부인과 함께 중국에 부임하였다. 1864

---

3 한영제 편, 『기독교대백과 사전』(서울: 기독교문사. 1994), 1118.
4 고현봉, 『간추린 교회사』(서울: 기독교문서선교회, 2002), 181.

년 아내와 사별하고 북경으로 옮겼으며 1865년 9월에 한국 해안을 답사하기 위해 백령도에 왔을 때는 5개월간 체류하며 한국말을 배우기도 하고 성경을 나누어 주기도 했다.

중국에 있던 토마스 선교사는 리델 신부에게서 한국의 병인박해 소식을 듣고 그해 1866년 7월 미국 상선 제너럴셔먼호가 한국으로 출발할 때 통역으로 동승하여 한국으로 향하였다. 그해 8월 하순 한강으로 잘못 알고 대동강 하류를 거슬러 쑥섬에 이르렀다. 쑥섬에서 평안감사와 통상교섭을 하려 하였으나 잘 안 되고 상호간의 불이해로 충돌하게 되어 배는 화공(火攻)으로 불타고 승무원 24명(백인 5명, 아시아인 19명)이 참살을 당하였다.

토마스 선교사는 언덕을 헤엄쳐 올라가 한문으로 된 성경책을 전하다가 박춘권의 칼에 맞아 순교하였다. 그의 시체는 토막 나 강변에서 불태워졌다. 그러나 그로부터 한문 성경을 전해 받은 박춘권은 후일 예수를 믿고 구원받아 오늘날의 장로직인 '영수'라는 직책을 받았다. 토마스 선교사가 흘린 순교의 피는 한국 개신교의 선교를 열어주는 계기가 되었다. 그가 한국으로 출발하면서 '런던선교회'에 보낸 편지에는 이렇게 쓰여 있다.

> 며칠 전 박(朴) 가라는 사람이 제게 말하기를 "평양에 배포된 책을 한 권 입수하여 정독했습니다. 야소교 책이 매우 좋소이다"라고 했습니다. 이번에 나는 상당 분량의 기독교 서적들과 성경책을 준비해 떠납니다. 조선 사람들에게 환영을 받을 것이라 기대합니다.[5]

---

[5] 채기은, 『한국교회사』(서울: 기독교문서선교회, 2006), 33-34.

스코틀랜드장로교 선교사 존 로스(John Ross) 목사는 매부 존 매킨타이어(John McIntyre) 목사와 함께 1871년 가을 만주로 탐색 여행을 하였으나 한인들이 첩자로 의심하여 접촉할 수 없어 실패로 돌아갔다. 다음 해 2차 여행에서는 이응찬을 만났다. 그는 의주인으로 만주에 장사 목적으로 갔다가 로스 목사와 만나 한국어 교사가 되었고, 그리스도인이 되어 로스 목사와 매킨타이어 목사와 함께 누가복음 번역에 참여하였다.

1876년 이응찬은 매킨타이어 목사에게 세례를 받아 한인으로서는 최초의 개신교 세례 교인이 되었다. 이응찬 이외에도 의주인 이성하, 백홍준, 김진기, 이익세 등이 세례를 받았으며 백홍준은 권서인(성경책이나 전도 책자 등을 사서 읽도록 권하는 사람)이 되어 본국에 돌아와 전도하였다.

이성하도 권서인 되어 국내에 여러 차례 모험적으로 돌아와 성경을 반포하고 후일에 의주교회와 교회학교에서 봉사하였다.[6] 그 뒤 1878년 홍삼 행상으로 만주에 건너갔던 서상륜은 장티푸스에 걸려 중태에 빠져 있을 때 로스 목사와 만나 생명을 건지고 1879년 로스 목사에게 세례를 받고 봉천에 가서 성경 번역과 출판 사업에 종사하였으며 권서인이 되어 만주를 거쳐 고향에 돌아왔다.[7]

로스 목사는 성경 번역 사업을 시작하여 1882년 '누가복음'과 '요한복음'을 최초로 번역하고 1884년에는 '마태복음'과 '마가복음'을, 1887년에는 『예수 셩교 젼셔』라는 이름으로 신약성경을 완간하였다. 그는 성경책 이외에도 『한영 문전 입문』을 엮었다. 최초의 수세자들은 이 번역 성경을 가지고 국내에 들어와서 전하며 전도하였다. 백홍준은 1883

---

[6] 성갑식, 『한국기독교신문잡지백년사: 1885-1945』(서울: 대한기독교서회, 1984), 22.
[7] 채기은, 『한국교회사』, 36-37.

년 의주, 위원, 강계 등지에서 배포하였다.⁸ 반년도 못되어 십여 명의 신자를 얻었으며 주일마다 모여 예배를 드렸다.⁹

하지만 로스의 번역은 그 원본이 한문 성경이었으며 번역에 참여한 사람들이 모두 관서 인들이었기에 사투리가 많았다.

> 압라함의 자손 다윗의 후예 예수 키리쓰토의 족보라(마 1:1).
> 마암 궁빈한 쟈 복이문 텬국이 져의 나라이 되고(마 5:3).
> 나는 참포도 남기오 나의 아반이는 농민이라(요 15:1).
> 속키 오리라 하니 아멘 쥬 예수야 오시라(계 22:20-21).¹⁰

로스 목사뿐 아니라 일본에서 선교하던 목사들이 우리나라의 지사인 이수정과 협조하여 1884년에 마가복음을 번역하여 『신약 마가전 복음 언해』라는 제목으로 발행하였으며 언더우드(Horace G. Underwood) 선교사는 일본에 들렀을 때 그 쪽복음을 받아 우리나라에 들어왔다.

1887년 10월에는 성경번역위원회가 조직되어 우리말 성경 번역에 착수하였으며 1895년에 마태, 마가, 누가, 요한, 사도행전이 시험 번역되었고 1900년에 신약 전체가 완역되었다. 이 성경 번역에는 레이놀즈(Reynolds), 김정상, 이승두의 노력이 컸다.

그리고 1900년에는 '영국성서공회,' '미국성서공회,' '스코틀랜드공회'가 우리나라에 와서 함께 협조해서 일하기 위해 합동성서공회, 곧 오늘의 '대한성서공회'를 창립하게 된 것이다. 그리하여 1900년 4월에

---

8 김영재, 『한국교회사』(서울: 이레서원, 2004), 105.
9 채기은, 37.
10 채기은, 48.

『신약젼셔』를, 1910년에는 『구약젼셔』를 번역, 출판하였는데 이것을 『구역』이라 한다. 그리고 1935년에 『개역성경』이 출판되어 오늘날까지 사용되고 있다.[11]

당시는 흥선대원군의 쇄국 정치가 한창이었던 때였으며 성경을 국내에 반입한다는 것은 목숨을 각오한 것이었다. 사람들은 한국에 성경을 들여올 때 들키지 않기 위해 말씀이 적힌 종이를 한 장씩 떼어 새끼줄로 꼬아서 가지고 들어온 후 다림질해 펴서 읽고 베껴서 전하였다.

우리나라에서 한글 성경이 빠르게 보급될 수 있었던 것은 중국이나 일본 성경처럼 해독하기 어려운 문어체가 아니라 구어체로 번역되었기 때문이다.[12] 초창기 번역된 쪽복음은 일반 주민들이 사용하는 말(주로 평안도, 함경도 말)이 사용되었다, 예를 들어 "태초에 말씀이 계시니라"(요 1:1) 는 구절이 그 당시에는 "태초에 도가 있음매"라고 번역되었다. 성경의 번역은 기독교의 보급과 신앙 성장에 큰 영향을 끼쳤다. 당시 번역된 성경은 권서인에 의해 만주에 전해지고 국내로 반입되었다.

아펜젤러 선교사는 1888년 가을에 배재학당의 교사 일부에 인쇄 시설을 차려 놓고 인쇄소 이름을 삼문출판사라고 하였는데 여기에 한글, 한문, 영어 등 세 나라 활자를 갖추어 세 나라 글로 인쇄할 수 있었다. 여기서는 잡지, 신문, 교재를 출판하였다. 그 설립 목적은 기독교 문서를 만들어 한국인과 재한 외국인에게 보급하려 함이었다.

삼문출판사는 소책자, 전도지, 책과 그 밖의 인쇄물들을 동양 어느 곳에서보다도 한국 안에서 깨끗하고 값싸게 인쇄하였으며, 또한 배재학당 학생들에게 학비를 벌어 쓸 수 있도록 일자리를 제공해 주었다. 이것

---

[11] 채기은, 48.
[12] 최수일, 『간추린 기독교 선교 역사』(서울: 예영, 2011).

이 우리나라에서 현대적 인쇄와 출판의 시작이라 볼 수 있는데, 존 번연의 『천로역정』을 번역하여 발간하였고 서재필의 「독립신문」을 편집·인쇄하기도 하였다. 이 인쇄소는 1899년 5월부터 1900년 5월까지 1년간 100만 페이지를 인쇄하였다고 한다.[13]

1960년대 후반에는 한국인 번역위원들이 헬라어 원문에서 신약성경을 번역하여 『신약 새 번역』(대한성서공회, 1967)을 내놓았는가 하면 신, 가 연합하여 공동번역 성경을 출간하기도 했다. 80년대에 들어서는 다수의 기독교 출판사들이 독자적인 성경 번역을 내놓았는데, 현대인의 성경(1977/85, 생명의말씀사), 현대어 성경(1971/91, 성서교재간행사), 쉬운 성경(2001, 아가페) 등을 내놓았다.

2) 찬송가 편찬

우리말로 번역된 찬송가는 1893년에 출판되었다. 최초의 신자가 된 이들이 중국 만주에서 전도를 받았던 만큼 한문 역 성경과 한문 찬송으로 신자의 생활을 시작하였을 것이고 한국식 찬송가의 요구가 시급하였을 것이다. 그리하여 장로교와 감리교의 선교사들은 공동으로 찬송가를 발행하기로 합의를 보아 위원을 선정하였다. 감리교의 존스 목사와 장로교의 언더우드(Horace G. Underwood) 목사가 그 위원으로 선정되었는데 얼마 되지 않아서 존스 목사는 귀국하였고 언더우드 목사는 직접 영어 찬송가를 우리말로 번역하고 다른 사람들이 번역한 것도 수집하여 일본에서 출판하였다.

---

[13] 채기은, 65-66.

그 뒤 감리교에서 1897년에 "찬미가"를, 미국북장로교에서 "찬셩시"를, 1900년 침례교회에서 "복음찬미"를, 1911년 성결교회에서 "부흥성가"를, 1912년엔 "구세군가"를 각각 출판하였다. 그 뒤 1928년 장로교와 감리교 연합으로 "신정찬송가"를 출판하였으나 공동사용에 실패하고 장로교회에서 1935년에 "신편찬송가"를 따로 출판 사용하였다.

1945년 8월 15일 조국의 해방과 더불어 당시 사용되었던 "신정찬송가"와 "신편찬송가" 그리고 "부흥성가"를 통일하여 장로교와 감리교, 성결교가 연합한 "합동찬송가"로 사용하여 왔다. 그리고 1962년 예장 승동 측과 고려 측이 합동 기념으로 "새찬송가"를 출판하여 예장합동 측, 고려 측 등의 보수교회 계통이 사용하였으며 그 밖의 찬송가로는 "개편찬송가," "합동찬송가," "성가," "가톨릭 성가" 등이 출판되었다.

1981년 한국찬송가공회를 조직하여 1983년 11월 20일부터 전국교회가 초교파적 연합 찬송가인 "찬송가"로 통일 출판하여 사용하고 있다.[14] 통일 찬송가는 선교 100주년에 이룩한 교회 일치와 연합 사업의 결실로써, 한가지 찬송가 부르는 기쁨과 감격을 주었다. 그러나 교회의 공적 찬송가로서 내용과 편집 면에서 전문성이 결여되어, 표기 방법, 작사자, 작곡자의 표시에 오류가 많으며 예배를 위한 찬송이 부족하다는 점등 아쉬운 점들이 지적되었다.

이런 점들을 보완하여 "21세기 찬송가"를 발행하여 현재 대한예수교장로회(합동, 통합), 기독교대한감리교, 기독교대한성결교회, 한국기독교장로회, 대한예수교장로회(고신), 기독교한국침례회가 2007년부터 공식 행사에 사용하고 있다.

---

[14] 채기은, 66-67.

3) 신문, 잡지 등 정기 간행물

(1) 신문

「조선그리스도인회보」가 1897년 2월 2일, 「그리스도신문」이 1897년 4월 1일에 각각 창간되었으며 1910년에 「예수교회보」, 1911년에 「그리스도회보」, 1915년 「기독신보」가 창간되어 오늘에 그 지령을 계승하고 있다. 현재의 「한국기독공보」는 1946년 7월 16일에 창간된 「기독교공보」의 후신이며 「크리스천신문」은 1960년 7월 9일에 창간되었으며 「기독신보」, 「교회연합신보」, 「기독교연합신문」 등이 있다.

(2) 잡지

최초의 월간 잡지 「교회」는 1889년 창간되어 10년간 발간되었다. 「아희생활」은 아동 잡지로 1926-44년, 「아이동무」도 1933년-55년 각각 발간되었다. 그 밖의 잡지로 「신생」, 「진생」, 「활천」, 「시조」, 「성서연구」, 「기독교사상」, 「새가정」, 「교회와 세계」, 「현대종교」, 「생명의 삶」 등이 발행되고 있다.

(3) 신학 잡지

「신학지남」은 1938년 3월 20일에 평양신학교(조선예수교장로회 신학교)에서 발행하여 오늘에도 계속 간행하고 있으며 감리교에서는 1900년 12월에 존스 목사가 발행인이 되어 「신학보」를 창간하였다. 이외에도 각 교단의 신학교, 목회전문대학원들이 독자적으로 신학 논문집을 정기적으로 발행하고 있다.

(4) 목회 잡지

「월간목회」가 1976년, 「목회와 신학」이 1989년 창간되어 일선 목회자와 신학생들에게 목회와 설교에 필요한 자료들을 제공하고 있고, 1985년부터 발행된 「빛과 소금」은 목회자와 신학생뿐만 아니라 일반 성도들에게 필요한 기사를 제공하고 있다.

(5) 선교 잡지

1901년 장로교의 빈톤이 「코리아필드」를, 감리교의 존스가 「코리아 메도디스트」를 각각 발행하였으나 1905년에 「코리아미숀필드」로 병합하였다. 80년대 이후로 수많은 선교 단체와 전문인 선교 단체들이 결성되면서 선교 소식지와 기독정보자료집을 출간하였다.

(6) The Korea Review

헐버트의 편집으로 1901-1906까지 계속되었는데 그 당시의 시사잡지로 중요하다.[15]

2. 한국 문서선교의 현황

과거 한국에서 문서의 형태를 통한 사역은 언어나 이동 등의 문제로 선교사의 역할이 제약을 받을 수밖에 없었던 어려운 국내 상황에서 선교의 돌파구 역할을 했었다. 오늘날 국내의 문서 사역은 그 형태도 더욱

---

[15] Kim Bon Ki, *History of Korean Journalism* (the Korea Information Service Inc. 1965), 108.

다양해지고 역할도 특정 지을 수 없을 정도로 다양해졌다.

오늘날 한국에는 약 150여 개의 기독교 출판사와 300여 개의 기독교 서점이 있다. 기독교 출판 시장은 매우 크게 확장되었으며 '한국기독교 출판협회'(KCPA, Korea Christian Publication Association)나 '복음주의기독교 출판협의회'(ECPA, Evangelical Christian Publisher Association)라는 단체도 활동하고 있다. 그러나 안정된 규모의 출판사들은 30개 회사로 그리 많지 않으며 대부분의 기독교 출판사들이 전문성이 부족하며 영세한 규모로 경제적으로 어려움을 겪고 있다.

그러나 동시에 기독교라는 울타리 안에만 국한되어 세상과 소통하지 못하며 배타적인 색채를 지니고 있다는 비판 또한 받고 있다. 어떤 면에서는 날로 변화해 가는 세상 문화의 시류를 따라가고자 급급하지만, 토대의 부족으로 대중의 외면을 받는 고루함도 지니고 있다. 문서 사역을 목표로 하는 문서 또는 서적들은 그 목적 의식이 과도하게 뚜렷한 나머지 세상과의 소통마저 거부하는 때도 있다.

기독교 출판사들을 중심으로 이루어지고 있는 문서 사역이 오늘날 어려움에 부닥쳐 있는 것은 대중의 인기에 부합하려 하는 잘못된 동기와 대중문화의 흐름을 빨리 따라가지 못하는 능력의 역부족 때문이다.

오늘날 국내에서는 신학적이고 어려운 책들은 많이 팔리지 않고 부담 없이 읽을 수 있는 경건 서적들이나 쉽고 가벼운 책들이 많이 팔리고 있다. 이러한 흐름을 좇아서 많은 기독교 출판사들은 대중적인 인기상품을 모방하거나 주로 쉽고 가벼운 책들을 기획하는 경향을 보인다. 그러나 최근 경제 불황으로 출판사와 서점들이 매우 어려움을 겪고 있다.

바쁜 오늘을 살아가는 대중들은 편의성을 따라 움직이게 된다. 작은 서점들은 속속 문을 닫고 있으며 도서뿐만이 아닌 여러 콘텐츠를 제공할 수 있는 대형서점들로 사람들이 몰린다.

그렇다면 대중들은 어디서 책을 구매하는가?

오늘날 온라인 서점이 전체 도서 판매의 30%를 차지하고 있다. 그러므로 기독교 출판계도 오프라인 판로에만 치중할 것이 아니라 온라인 판로를 개발하고 대중들에게 가까이 다가갈 수 있어야 한다. 더불어 전자책 콘텐츠 개발에도 관심을 기울여야 할 것이다. 지금은 대다수의 사람이 모바일 기기를 소유, 사용하고 있다. 앞으로 더 다양하고 많은 모바일 콘텐츠들이 쏟아질 것이며 대중들의 요구도 늘어날 것이다. 기독교 출판계도 이에 관심을 기울이며 앞으로 요청될 전자책 콘텐츠들을 제공할 준비가 되어있어야 할 것이며 모바일 기기들을 선교의 도구로 사용할 수 있어야 할 것이다.

3. 한국 문서선교가 나가야 할 방향

오늘날 급변하며 다양한, 그리고 다문화적인 한국의 상황 속에서 문서사역은 어떤 방향을 취해야 하는가?

문서 사역이 어떠한 목적의식을 가지고 이루어져야 할지 그리고 어떠한 역할을 담당해야 할지 간단히 생각해 보아야 한다.

문서 사역은 글로써 진리를 전달하고 보존하여 후대에 전수해야 할 그 근본적인 역할을 잊지 말아야 한다. 문서화된 진리의 서술은 공동체를 더욱 견고하게 하며 같은 의식을 공유하는 것을 쉽게 한다. 따라서 기독교적 세계관을 갖춘 전문 지식인들이 양성되어야 할 것이며 문서사역을 통하여 더욱 많은 기독교 지성인들이 배출될 수 있을 것이다.

또한, 문서를 통하여 끊임없이 사람을 변화시키고 진리를 알게 하며 하나님을 아는 지식에 이르게 하는 생수의 강의 역할을 잊지 말아야 한다. 말로써 전달되면 그 생생함은 더욱 효과가 크지만, 시간이 지나면 퇴색하며 변하게 된다. 하지만 글로써 전달될 때 반복적으로 확인할 수 있으며 거의 변함없이 보존할 수 있다. 저자들은 떠나도 복음 문서는 계속 남아 전수될 수 있다.

오늘날 다문화 되어가는 한국 사회에서 문서선교를 통하여 보이지 않는 담을 허물고 소외되거나 배제되는 계층이나 집단이 없을 수 있도록 노력해야 한다. 세대 간의 격차에 따른 접근법을 모색해야 할 것이다. 최첨단을 앞서가는 세상의 물결을 올라타거나 거스를 수 있어야 한다. 고여 있는 물이 되어서는 안 될 것이다.

2012년 1월 22일 자 「뉴욕타임스」의 인기상품 목록의 최상위권에 기독교 서적 여러 권이 올랐다. 그 책들은 『다섯 가지 사랑 언어들』(The Five Love Languages), 『리얼 결혼』(Real Marriage), 『소년 천국 체험기 3분』(Heaven is for Real), 『어떻게 1,100만 명을 죽이나요?』(Do You Kill 11 Million People?), 『전조-미국에 대한 하나님의 심판 경고』(The Harbinger?a warning of God's judgment to America) 등이다.[16]

이러한 현상은 요즘 경제 불황으로 위기감이 고조된 미국인들의 관심사를 어느 정도 읽을 수 있게 한다. 그들은 그 어느 때보다 더욱 위로와 사랑을 받기 원하며 미국에 진리와 공평이 필요함을 인식하며 사회뿐 아니라 정치계에 요구하고 있다.

우리나라에서도 2011년 통계에 의하면 『성경과 5대 제국』, 『지성에

---

[16] http://www.christiantoday.us/sub_read.html?uid=19680&section=sc73&section2, 2012-01-26

서 영성으로』,『하나님의 타이밍』 등이 일반인들 사이에서도 인기가 있었다. 기독교인들 사이에서 베스트셀러는 『하나님의 대사』, 『내려놓음』,『같이 걷기』,『그 청년 바보 의사』 등이었다.[17] 2007년에는 『두란노 Book Review』의 "2007 국내 기독교 출판 Best 10"에 따르면 『내려놓음』,『긍정의 힘』,『자신감』 등이 베스트셀러로 꼽혔다.[18] 2005년 기독교 출판계의 베스트셀러의 코드는 '일과 신앙의 성공' 그리고 '감동'이었다.『하늘에 속한 사람』, 『가난한 자는 복이 있나니』,『성경이 만든 사람-백화점 왕 워너 메이커』,『갈대 상자』 등이 이에 대해 보여 주었다.[19]

한편 최근 우리나라에서 큰 반향을 일으킨 도서 중 하나가 마이클 샌델 교수의 『정의란 무엇인가』였다. 「월스트리트저널」은 올해 6월 이에 대해 "한국인들은 세계 여느 나라 국민과 마찬가지로 2008년 금융 위기에서의 회복 정도가 개인마다 다르며, 부유층의 상황이 훨씬 낫다는 인식이 커지면서 공정성과 기회 등보다 큰 문제와 씨름하기 시작했다"라고 평가했다. 그러면서 미국은 38%의 응답자가 미국 사회가 불공정하다고 답변한 것과 달리 한국은 74%의 응답자가 불공정하다고 답변했다고 전했다.[20]

우리나라 역시 경제적인 장기 침체의 경고등에 불이 켜지고 삶의 현장 곳곳에서 위로와 희망의 빛을 찾고 있다. 경제적 안정이나 향상뿐만 아니라 영화 "광해"가 천만 관객을 동원할 정도로 우리나라 국민은 헌

---

[17] http://www.cts.tv/news/news_view.asp?PID=P368&DPID=130125 2011-12-29
[18] http://blog.naver.com/PostView.nhn?blogId=rlxkrlxk&logNo=150037314556
[19] http://www.newsnjoy.or.kr/news/articleView.html?idxno=12575/ 2005-7-25
[20] http://online.wsj.com/article/SB10001424052702303506404577445841573895570.html?mod=WSJ_hp_us_mostpop_read 2012-06-08

신적인 정치적 리더십을 요구하고 있다. 이러한 현실을 기독교 출판사와 문서선교사들은 읽고 비전을 제시할 수 있어야 할 것이다.

문서선교는 현세대에 예언자와 같이 현재와 미래에 대한 진단과 비전을 제시해 줌으로써 그리스도의 복음을 듣게 하는 일 아닌가?

이에 기독교 출판사는 현시대와 사회를 반영하는 기획력을 갖추어야 할 것이다. 이때 신정론과 관련한 신학 서적뿐 아니라 경건 서적들을 잘 기획할 필요가 있다. 또한, 문서선교는 제약적인 선교 영역의 한계를 뛰어넘을 힘을 실어주는 도구의 역할 또한 유지해야 한다. 문서 사역은 타문화 선교 사역에 있어서 선교사가 일일이 찾아가지 못하는 영역들을 감당할 수 있다.[21] 여러 가지 주된 또는 부수적인 선교적 제약들을 뛰어넘을 수 있으며 선교사의 언어 능력이 부족하더라도 그 부족함을 채울 수 있다. 또한, 시간과 공간의 제약을 훨씬 덜 받으면서 공유될 수 있는 문서라는 도구를 통해 기독교 공동체를 이루며 교육이 이루어질 수 있을 것이다.

오늘날 쏟아지는 활자의 홍수 속에서 우리가 사용하는 문자 하나하나에 하나님의 마음을 담아서 다음 세대에도 복음 문서라는 도구를 통하여 더욱더 많은 사람이 예수 그리스도를 만날 수 있게 되기를 바란다. 한국교회 목회자들이 강단에서 설교도 중요하지만 좋은 양서들을 성도들에게 소개해야 한다. 신앙 서적을 통해서 영적 양식을 공급받도록 해야 한다. 복음 문서는 성경 다음의 67권째의 메시지이다.

---

[21] 김성태, 『선교와 문화』(서울: 이레서원, 2003), 78.

CLC 도서소개

최재건 지음 / 신국판 양장 / 1512면

본서는 19세기 가톨릭교회의 수용부터 해방 후 현대 한국교회까지 다양한 주제로 한국교회사를 살피면서, 특히 주목할 만한 것은 해방 이전 한국개신교의 의료선교와 교육선교에 대한 부분으로 국내외의 풍부한 사료들을 기반으로 깊이 있게 다루고 있다는 점이다.